위장된 지방자치

김희창이 쓰는 지방자치 시리즈 제2호

위장된 지방자치

김희창이 쓰는 지방자치 시리즈 제2호

김희창 지음

한국학술정보㈜

다시 시작한 지방자치가 어느덧 19년을 지나고 있다. 제도가 정착되는 기간을 고려하면 길지 않다고 볼 수도 있으나 시민사회가 속으로 품은 정치의식과 견주어 보면 결코 짧은 세월도 아니다. 모든 분야가 하루가 다르게 빠르게 변하고 있고 좋든 싫든 우리는 그 변화의 중심에서 무엇인가 대비하지 않으면 제대로 살아남을 수 없는 것이 오늘날의 현실이다. 글로벌 환경에서 지방정부의 역할이 강조되는 이유이기도 하다. 그런데 지방정부를 움직이는 실천적 기제인 지방자치의 변화는 매우 더디다. 솔직하게 드러내 놓고 협조와 참여를 통해 문제를 해결하기보다는 여전히 과거의 정치 · 행정체제에서 굳어진 그릇된 관행들을 유지하려는 경향을 보일 때가 많다. 진정한 변화는 모든 것을 드러내 놓는 것으로부터 시작되어야 하는데 우리의 지방자치는 그때그때 위장(camouflage: 카무플라주는 '위장'이라는 프랑스 말인데 사실 이 말은 이미 우리들에게 매우 친숙한 말이다. 어려서부터 '컴프라치'라는 말을 많이 하고 들으며 자랐기 때문이다)하며 가리려고 하고 있다. 말하자면 자치 현장에서 발생한 문제들이 무엇인지 잘 모르게 흩어진 것들을 손에 잡히게 한데 끌어 모아 자꾸 세상 밖으로 내놓음으로써 문제의 핵심을 가능한 한 많은 사람들이 공유하게 만드는 일이야말로 매우 중요한데 그렇게 하고 있지 않다.

민주정부 시작 이후 참여정부에 이르기까지 비슷한 모양으로 그래

왔듯이 지방자치가 가야 할 본질을 눈앞에 두고 빙빙 돌리는 위장偽裝의 반복은 이제 그 고리가 끊어져야 한다.

　민주시대의 희망으로 기능해야 할 지방자치가 더 이상 소수의 기득권층을 위해 볼모로 잡히는 것은 대한민국의 장래를 위해서도 불행하다. 최소한의 자치권도 보장받지 못한 상태에서 중앙에 있는 사람들끼리 그들만을 위한 금(기준)을 그어 놓고 자치원칙을 논하려 드는 것도 시대에 역행하는 일이다. 그들은, 깨어 있는 세상 사람들 모두가 '지방으로의 지향'이야말로 시대의 요구이자 우리의 생존이라고 아무리 강조해도 자기들의 영역이 보호되지 않는다면 그것은 한낱 구호에 불과한 것일 뿐 아무것도 아니라고 여기는 듯하다. 세상이야 어찌 돌아가든 지금처럼 중앙으로 집중된 권력을 유지할 수만 있다면 지방자치를 혼수상태로 만들어 가는 일쯤은 아무것도 아닌 것 같은 느낌 말이다. 그래서 나는 우리의 지방자치를 켜켜이 덮고 있는 이 위장camouflage을 걷어 내고 싶었다.

　지방자치가 좁은 의미로 해석될 때는 단순히 우리의 생활이기도 하지만 조금만 깊게 들여다보면 정상적인 민주주의 실현을 위한 불가피한 권력게임이 수반되는 일이기도 하다. 특히 중앙집권의 그늘이 구석구석 배어 있는 우리나라에서는 더욱 그렇다. 온전한 '지방'이 되기 위해서는, 수백 년 동안 중앙으로만 집중되어 온 권한을 어떻게 배분할 것인가 하는 것부터 논의되어야 한다.

 그러나 그 작업이 생각보다 그리 녹록하지 않다는 것을 지난 20년 동안 우리는 상당히 구체적으로 배웠다. 지방자치의 올바른 작동을 위해, 많은 부분이 비틀어져 있는 지방자치법 하나만 제대로 개정해도 상당한 성과를 보일 것이 분명한데도 아직까지 이를 해결하지 못하고 있다. 거기에다 기존의 중앙관료사회의 지방에 대한 오만함, 지방정부 구성원의 패배의식 그리고 각 계층별 민선民選에 의해 구성된 주민의 대표조차도 이에 대해 현실적이면서 지속적인 대책을 강구하지 못하고 있는 실정은 이 문제의 해결이 얼마나 어려운 일인지 깨닫게 한다.

 빈번하지는 않지만 시민사회 구성원들이 설사 이에 관해 현실적 접근을 시도한다 해도 대부분 단편적이고 파편화된 지엽적 현안이거나 개인 혹은 특정한 그룹의 이해利害에 집중하는 경향을 보인다는 판단에 이르면 솔직히 시민권력은 영영 회복하기 어려운 것이 아닌가 하는 절망에 이를 때가 있다. 하지만 그렇다고 해서 시민사회가 바르게 성장해야 하는 목표를 포기할 수는 없다.

 그동안 적지 않은 시간을 지나오면서 자치 운영과정에서 생겨난 문제해결을 위해 시도되었던 사례들이 여럿 있었다. 하지만 대부분은 이론을 바탕으로 하는 학술적 접근방식에 역점을 둔 것이었다. 간혹 사례모음 형식이 있기도 했지만 실제 자치 운영 현장에서 나타난 문제들을 드러내 놓는 실험은 상대적으로 적었다. 이와 같은 상황은 결국 지방자치의 본질과 관련한 심층적인 분석이나 구체적 접근이 쉽지 않은 일반시민들로 하여금 지방정치에 선뜻 다가서지 못하게 하는 결과가 되기도 했다.

따라서 필자는 오래전부터 당연히 공유해야 할 민주적 가치인 '지방자치'가 상당 정도 의도된 위장偽裝으로 인해 그 인식 자체에 심각한 문제가 있다고 판단하고 일반론에 근거하여 제기되었던 각종 사례나 지극히 주관적인 관점에서 논의되었던 결과들로부터 과감히 탈피하는 작업이 매우 절실하다고 여겨 왔다. 지방자치가 시작된 후 10년이 경과할 즈음이면 기존에 유지되었던 수많은 낡은 제도가 바뀌면서 탄탄한 자치기반을 만들었던 역사가 있다. 정립된 학설은 아니지만 일본을 포함한 선진국에 나타난 소위 '지방자치 10년 주기설' 같은 것이 우리나라에서도 그대로 재연되었으면 좋겠다는 기대가 무척 컸었지만 아쉽게도 이미 많이 비켜 갔다. 그래서인지 지방자치 개막과 더불어 강산이 두 번 바뀔 만큼의 긴 세월 동안 지방의회에서 실물자치의 경험을 가진 사람으로서 지방정치 실행과정에서 발생했던 생생한 사실들과 그에 따른 의견을 세상에 알리는 데 더이상 주저하는 것은 바람직한 겸손이 아니라고 생각했다.

정리된 내용들 가운데 어떤 것은 이미 여러 경로를 통해 다루어진 내용도 있을 수 있고 경우에 따라서는 선정된 주제의 논거에 관해 상당한 이견이 있을 수도 있다. 그렇지만 앞뒤 심각하게 의식하지 않고 책을 내기로 용기를 낸 것은 지방자치 운영과정에서 발생한 문제가 더 이상 제도권에만 머무르는 것은 제대로 된 자치 발전에 결코 도움이 되지 않는다는 판단에 따라 그 논의를 대중 앞으로 끌어내고 싶어서였다. 위장된 자치를 드러내는 것 말이다.

　선진사회에서 시민권력을 획득하는 과정이 피와 고통으로 점철되었듯이 우리나라의 지방자치 또한 저절로 얻어진 것이 아니다. 지금으로부터 그리 머지않은 과거에 잃어버린 시민권력을 되찾기 위해 시민들 스스로 펑펑 쏟아야 했던 피와 눈물의 대가로 쟁취한 자유의 기반이다. 더 이상 우리 시민들을 '지방정치 및 지방행정의 중심'에 세우는 일에 구차한 토가 달리도록 허용되는 여타의 환경은 반드시 제거되어야 한다는 것이 필자의 신념이다. 아울러 그 신념이 왜 그렇게 성장하게 되었는지 독자들은 이 책을 통해 구체적으로 확인하게 될 것이다.

2010년 4월
인천 동춘동에서
김회창

제2부 이것만 고쳐도 기본은 간다

제3부 자치단상

제1부

위장된
지방자치

1.

지방자치찬가讚歌 속에 시민은 애초부터 없었다

'오늘은 좋은 날 차茶는 무료'

1987년 6월 29일 아침 서울 소공동 소재 '가화다방' 앞에 써 붙여 놓은 문구다. 1987년 6월 이후 언제부터인가 나는 어지간한 상황에서는 좀처럼 '섬뜩하다'는 말을 쓰지 않으려는 특별한 절제를 키워 오고 있다. 담이 좋다고 호기 삼아 부려 보는 객기가 아니다. 남은 세월 사는 동안 1987년 6월 여름의 기억보다 섬뜩한 일이 더 이상 없었으면 좋겠다는 기대가 작용한 탓일 게다. 그때는 모든 것이 엉망이었던 시절이다. 도저히 탄생해서는 안 될 흉포하기 이를 데 없는 한 인간이 정치지도자로 둔갑하여 온 나라를 휘저은 지 10년도 모자라 무모하기 짝이 없는 영구집권을 하겠다고 호헌(4·13호헌조치)을 결정하고 국민들을 위협(당시 전두환 정권은 서울대 박종철 학생을 천인공노할 금수의 짓으로 비참하게 죽이고도 호헌으로 돌아서는 한심한 선택을 하였다) 하자 모든 국민들은 그야말로 누구라 할 것도 없이 눈알이 쏟아져 내릴 정도의 극한 분노에 치달았었다.

그렇게 나라가 한심했던 그때 나는 현역병과 방위병으로 혼합 편성된 마산에 위치한 보병부대의 기동타격대 책임자로 근무하고 있었다. 그러고는 어느 날 청천벽력 같은 명령을 받게 된다. 행정운영동으로는 마산시 '월영동'이지만 '댓거리'라 불리던 곳에 위치한 '경남대학교'를 무력으로 점령하라는 거였다.

"마산은 역사적으로 반정부 기질이 강해서 소요가 급속히 확대될 우려가 있으니 이를 효과적으로 차단하기 위해서는 우선적으로 이 대학을 선점해야 한다."는 것이 내가 당시 지휘부로부터 받은 명령의 요지다. 그리고 그 과정에서 "폭도(당시 전두환 정권은 선량한 시민조차도 그들의 뜻에 맞지 않으면 폭도로 규정하는 일은 아무것도 아니었다)들이 진압병력에게 대항하면, 처음에는 '아스팔트' 그래도 안 되면 '종아리' 또 그래도 안 되면 '대퇴부' 그리고 마지막 순간에 안전이 보장되지 않으면 가차 없이 사살하라."는 것이었다. 세상이 하도 혼란스러워 계엄령을 발동하게 될지도 모른다는 군내 파편화된 소문을 간간이 듣긴 했지만 사태가 이렇게 전개되리라 누가 알았겠는가. 시민들이 폭도라니! 매일 아침저녁으로 하숙집을 오가며 정겨운 인사를 나누던 우리의 이웃이 폭도니까 총을 쏘아 죽이라니! 기가 막혔다.

강원도 철원 지오피 철책선 근무를 마치고 대구에서 대학생 병영교육을 담당하는 교관을 하면서 대학생들을 마주할 때마다 딴엔 형편없이 망가진 군의 명예를 세워 보려고 안간힘을 쓰며 '적어도 나는 국민이 인정하지 않는 개 같은 정권의 주구走狗는 되지 않겠다.'고 얼마나 깊은 다짐을 했는데 지금 이 몸은 꼼짝없이 그의 개가 되어야 하는 상황이 아닌가!

(……)

하늘이 도와 출동하는 일은 생기지 않았지만 23년이 지난 지금도 그때 나를 바라보던 중대원들의 눈망울을 생각하면 섬뜩하고 아찔해서 가슴을 쓸어내리곤 한다. 만약 누가 내게 이제껏 살면서 가장 잘한 결단 가운데 하나를 특별히 꼽으라 한다면 나는 서슴지 않고 그때 그 섬뜩한 경험 이후 군문을 떠난 것이라 말하고 싶다. 이는 내스스로 지금까지 군에 보내 온 애정과는 완전히 별개의 문제다. 그리고 이런 극단의 사례들이야말로 민주주의가 없는 나라에 반드시 기생하는 최악의 바이러스 같은 거라 생각하면서 필자가 지방자치에 몰입하는 각별한 이유이기도 하다.

그로부터 두 김 씨(영삼과 대중)의 정치적 야망이 빚어낸 비굴한 세월을 넘어 흉하기 이를 데 없는 가장무도회 같은 노태우 정권에서 지방자치가 시작되었다는 사실은 두고두고 곱씹어 봐도 역시 떫다. '보통사람'이라고 소리쳤던 그를 결코 보통 이상이라고 생각해 본 적도 없지만 '보통'이 지닌 철학적 의미가 무엇인지 고민해 본 경험이 없을 것 같은 그가 그리도 외친 '보통'에 자신도 모르게 조소嘲笑가 솟구치는 것은 영원히 내 소관이 아닐 듯싶다.

> "'풀뿌리 민주주의 30년 만에 부활' 이로써 우리는 지난 61년 5·16 쿠데타로 중단됐던 주민자치의 풀뿌리 민주주의를 실현하게 되었다." 대통령(노태우)은 특히 "지방자치는 국민의 참여 속에서 아름다운 꽃을 피울 수 있는 만큼 국민들도 의회와 그 일꾼들이 많은 일을 성실히 수행할 수 있도록 성원해 달라."고 당부했다.

이것은 1991년 4월 15일 기초의회를 시작으로 지방자치가 재개될 때, 동아일보가 1면 머리기사로 다루었던 표현의 일부다. 이 장에서 지방자치에 대한 언론의 보도태도를 논제로 삼고 싶은 마음은 애당초 없지만 위 동아일보에서 보는 것처럼 당시 지방자치 재개에 걸었던 국민들의 기대는 무척 컸었다. 다소 현실적이지 못한 가정일지 모르나 자치 초기부터 우리의 언론이 균형 있는 열정을 보여 주었다면 지방자치가 지금처럼 이렇게 초라한 모습으로 주민들로부터 신뢰를 잃지는 않았을 것이다. 물론 객쩍은 상상이다. 지방자치 일정에 따라 간헐적으로 자치에 대한 관심을 보이기는 했지만 단발성 사건 위주의 보도가 전부였다. 자치 재개 초기에 그들은 내심 지방자치의 발전에 관해 그들의 진정성이 무엇인지 보여 주는 데 매우 인색하게 굴었다. 동시에 상당기간 동안 모호한 태도로 일관했었다는 점도 부인하기는 어려우리라.

그들이 그 같은 태도를 취하게 된 데에는 다음 두 가지 이유가 작용하였기 때문으로 판단된다. 먼저 당시 민주화의 성공을 통해 쟁취한 특별한 상징으로서의 지방자치에 관해 약간이라도 부정적인 토를 다는 집단이나 사람은 그 이유가 아무리 논리적이고 설사 합당한 근거를 지니고 있다고 해도 충분히 매도될 정도로 당시 사회는 격해 있었다는 점이다. 그때로서는 민주화 말고 여타의 담론이 들어설 공간이 허용되기 어려웠고 기타 일상의 사회적 평가 또한 모두 민주화에 조준되었던 상태라 이것 이외에는 어떠한 컨트롤기제도 거의 작동되지 않을 것 같은 시기였다. 본의든 아니든 이 상황을 거스르면 바로 '보수꼴통'으로 낙인찍혀 엄청난 상처를 각오해야 했다.

정치적 상황에 따른 권력지형의 변화에 관한 속성을 훤히 꿰고 있던 언론들이 지방분권과정에서 발생하는 그들의 입지축소에 적잖이 당황했을 거라는 생각이 든다. 이를테면 썩 내키지 않는 상태에서 자치찬가에 동참은 했지만 '시민사회'(필자가 보는 '시민사회'는 특정지역이나 역사의 특정 시대에 속하는 배타적 개념이 아니라 상황에 따라 특수한 방식들로 표현된 개인들의 집합적 삶의 보편적 표현)의 등장을 환영하는 일에 열성을 다하기가 왠지 부담스러웠을 거라는 점이다. 즉 모든 국민들은 이제 민주화되어 기 펴고 살게 되었다고 잔치를 벌이며 흥겨워하는데 정작 그 잔치의 축하를 위해 나팔을 불고 흥을 돋워야 할 악공들이 결정적인 시기에 딴청을 부리는 꼴 같은 거 말이다.

이미 밝혔지만 괜한 혐의를 지금에 와서 언론에 씌우려는 뜻이 아니다. 언론의 역할이 그만큼 지방자치 발전과는 불가분의 관계를 형성한다는 사실을 잊지 않고 싶은 것이 전부다. 거의 20년이 지난 상태에서 여전히 초보적인 문제들이 해결되지 못하고 있는 것은 이를 증명한다고 볼 수 있다. 그때 악공들이 신이 나서 노래를 부르고 춤을 추고 흥을 돋우었다면 우리의 지방자치 잔치는 매우 성공적으로 진행되었을 것이고 그런 축복을 받고 치러진 잔치의 주인공들은 미래의 번영을 위해 건강한 다산多産을 도모했을지도 모를 일이다.

아무튼 풀뿌리 민주주의 정착을 위해 충분한 능력을 발휘했어야 할 그들이 다른 꿈을 꾸고 있었다는 저간의 평가는 한국지방자치사韓國地方自治史에 오점으로 기록될 것 같다. 당시 언론들이 지방자치에 관심을 갖는 방법은 매우 단선적이었다. 마치 뉴스 보겠다고 여기저기 돌려 봐도 내용은 물론 진행순서마저도 거의 똑같은 것처럼 대부분 그런 식이었다. 매년 돌아오는 의회개원기념일이나 민선단체장 취임기념 즈음해서 특집이라고 내놓는 품평은 대개 관련 전공교수에 의한 칼럼 형식의 개념적 접근이 고작이기 일쑤였다. 불비하기 이를 데 없는 자치제도를 포함한 근원적인 자치토양을 보완하는 문제에 관해서는 거의 관심을 기울이지 않았다.

이러한 분위기는 언론으로 하여금 마치 약속이나 한 듯이 지방자치를 가치창조적이고 미래지향적인 '자유의 틀'로 키워 가기보다는 촌스럽기 이를 데 없고 부끄럽기 짝이 없는 집단으로 몰아 놓고 부정적인 사례를 다투어 까발리는 수준 낮은 경쟁에 몰두하게 하였다.

그 같은 사태는 결국 시민들로 하여금 헌법이 보장한 유권자로서의 권한을 효과적으로 행사하는 문제에 관해 기초적인 사고를 정립하고 실험해 보는 기회마저도 차단당하는 결과를 초래하였다. 자치 초기에 중요한 역할을 감당해 주리라 기대했던 주요 언론이나 정치집단들은 엄청난 대가를 치르고 쟁취한 '자유'를 어떻게 키워 갈 것인지에 관해 유용한 정보를 제공하고 관련지식을 공유하는 데 비굴할 정도로 인색했다. 대신 시민들의 표피적 감정만을 자극함으로써 시민의 관심을 제도권과 유리하는 데에는 각별한 정성을 쏟는 듯했다.

사정이 이쯤 되다 보니 초장부터 지방자치가 주민의 '합법적 대표'라는 자부심 아래 스스로의 역량을 키워 가는 토양은 조성되기 어려웠다. 기본적인 훈련 기회도 없이 걸핏하면 얻어맞기만 하면서 방어적 내성을 키우는 데 급급해 결국 무능하고 신뢰할 수 없는 집단으로 규정됨으로써 얻은 것은 시민들로부터의 따돌림이었다. 계속 언급되겠지만 자치 부활 초기부터 어느 누구 하나 애정을 가지고 가르쳐 주는 사람이 없었다. 게다가 지방자치법을 포함한 관련제도 자체도 민선으로 들어온 지방의 대표들이 자율적으로 무엇을 할 수 있도록 부여한 권한이 거의 없는 상태여서 딴에는 한번 해보겠다고 움직이면 좌충左衝이요 겁먹고 돌아서면 우돌右突이니 어쩌면 이 결과는 처음부터 예견되었던 것이라고 해야 할 것 같다. 더욱 심각한 문제는 이런 꼴을 본 한국의 정치사냥꾼들이 가만히 있을 리가 없었다는 사실이다. '정치'라는 이름으로 못 할 것이 없는 닳고 닳은 '정치꾼'들에게 지방자치 하겠다고 나온 자치초년생들은 그야말로 잘 익은 먹잇감이요 아무리 생각해 봐도 권력의 앵벌이(?)로서 이보다 더 좋은 재료는 없었다. 그러나 어쩌랴. 불행하게도 우리나라 지방자치가 본의 아니게 처음부터 '권력앵벌이'의 손에 이끌리게 된 것을. 자치라는 것이 학문상의 추상적 의미를 정의하는 것이 아니라면 그것은 곧 기관을 구성하는 대표代表들을 말하는 것이 아닌가.

이왕지사 앵벌이 얘기가 나왔으니 앵벌이가 한국의 지방자치와 어떻게 닮았는지 한번 살펴보기로 하자. 우리말큰사전은 앵벌이를 "불량배의 부림을 받는 어린이가 구걸이나 도둑질 따위로 돈벌이 하는 짓 또는 그 어린이"라고 정의하고 있다. 사전의 뜻풀이를 떠올리면서 앵벌이와 우리의 지방자치를 연상시켜 보면 우선 다음 두 가지 상이 떠오른다. 첫째, 앵벌이는 자력으로 생계를 꾸려 가기가 어렵고 돌봐 주는 이가 없는 경우가 허다하며 설사 있다 하더라도 시원치 않아서 희망이 전혀 보이지 않아 암울하다는 점이다. 자치 재개 당시부터 지금까지 지방분권 제대로 하라고 사심 없는 학자들이 무려 20년을 하루같이 그렇게 목을 놓아 울었건만 결국은 "누구네 개가 짖나?" 하는 반응으로 일관한 정치권과 중앙정부는 세월만 낚고 있으니 자력갱생은 원천적으로 불가능하다는 점이 닮았다. 자유 잘 가꾸라고 피 흘려 민주유산 남겨 주었더니 시민은 간 데 없고 중앙집권에만 숙달된 보스boss 정치인들이 주동해서 한 일이란 겨우 지방자치 결딴내고 지방정치 팔아 지방권력 부나비들을 양산하는 데만 몰두하는 결과를 낳았으니 희망 없어 암울한 것 또한 앵벌이와 닮았다. 둘째, 앵벌이에게는 부여된 자유가 거의 없을 뿐 아니라 두목의 위협과 협박에 늘 노출되어 있어 정신적으로 항상 강박증에 시달려야 한다는 점인데 그걸 닮았다. 셋째, 앵벌이는 스스로 그 자리를 벗어날 수 있을 만큼의 문제의식과 자생력을 키워야 비로소 소굴에서의 탈출이 가능한데 안타깝게도 언제나 비굴한 안주安住를 선택한다는 점이다. 즉 지금 자신이 처한 입장이 얼마나 부당하고 민주적이지 못하다는 것을 알고 그것을 극복할 방안을 찾아 나서야 하는데 그러지 아니하고 체념한 듯 안주하는 모습이 닮았다는 말이다.

"권력의 주인인 우리가 뽑아 주어서 부리는 유세가 아니다. 가끔 관청과 관련된 일이 생겨 혼자보다는 주민의 대표를 통하면 좀 수월하겠지 싶어 다가서 보면 이미 달라진 그 눈빛이 너무나 부담스러울 때가 많다."고 토로하는 시민들이 근래 들어 아주 자주 눈에 띈다.

"그들이 가진 관심은 온통 '공천관리'에 가 있다." 절대 틀린 말이 아니다. 이미 그들에게는 유권자가 우선이 아니다. 그들 중 대부분은 오직 공천이 밥이고 산소酸素요 곧 명줄인 것이다. 사정이 이쯤 되면 그들을 통해 주민의 기본적인 권리가 신장되기를 기대하는 것은 이미 난센스다. 지방자치의 중심에 서 있는 대표들은 그 직을 유지하는 한 언제든 주민과 지역의 공익을 위해 유권자와의 소통은 절대적인 가치이자 사명이다. 하지만 그들의 관심은 오직 자기만을 예쁘게 보아 줄 정당의 크고 작은 두목(?)들에게 향해 있다. 정당별 민주화 정도에 따라 다소 차이가 있기는 하다. 하지만 지금까지는 대체로 '대명천지에 뭐 이런 나라가 있나?' 싶을 정도로 그 정도가 심각하다. 더욱 절망스러운 것은 지방자치 중심에 있는 주민대표 가운데 상당한 숫자가 정당에서 공천만 보장해 준다면 지방자치야 어떻게 돌아가든 본인하고는 별로 상관이 없다는 반응을 보이고 있다는 사실이다. 수천억 원에서 수조 원의 예산을 심의하다가도 위원장이라는 명칭의 작은 수령(?)들이 부르면 일단 열 일을 제쳐 두고 달려간다. 호출을 했는데 안 나타나기라도 하면 그건 불충이고 그로 인해 수령에 대한 충성도가 떨어지는 것으로 비쳐지기라도 하면 자신은 바로 살생부에 오를지도 모른다는 생각을 하며 두려워한다. 주민들이 왜 자신을 의사당에 보냈는지 그 기본을 구분할 여력이 없다. 후술하겠지만 이 같은 비민주적인 상황을 벗어나야 진정으로 지방자치가 주민 품으로 돌아올 수 있다. 명색이 주민의 표를 받고 제도권에 들어온 대표들이 기초적인 자치의식도 없이 정당의 크고 작은 두목들이 휘두르는 칼에 겁먹고 마치 마리화나에 중독된 환자들처럼 그냥 그렇게 체념하면서 지방정치는 가쁜 호흡을 이어 가고 있다. 지방자치찬가 속에 애당초부터 시민이 빠지면서 생겨난 대한민국 지방자치의 실체다.

2.

위만 보고 자란 권력과 지방자치

처음부터 우리나라 지방자치에 시민이 빠져 있다고 목청을 높였고 앵벌이를 닮았다고 풀었으니 솔직히 이제부터는 앞뒤 좌우 특별히 가릴 일도 별로 없어 보인다. 그렇다고 막가자는 것은 아니다. 오늘의 지방자치 결과가 설사 절망에 가까운 모습을 보인다고 해도 그 책임을 지금의 제도권에 진입해 있는 특정한 그룹에게만 씌울 수는 없다. 적어도 이 땅에 발을 딛고 사는 사람이라면 모두 공범(크게 혹은 작게 부정적 결과에 부조했다는 뜻)이라는 것이 그 이유다.

민주화의 상징으로 자치를 도입하고 지역별 정부의 크기에 따라 사람만 뽑으면 그동안 잃어버리고 살았던 '자유'가 만져질 수 있을 거라고 기대했다면 그건 너무 안이하다. 손톱만큼이라도 독재정권의 폭압에 가쁜 호흡을 해 봤던 사람이라면 참자유가 그렇게 쉽게 얻어질 것이라는 생각도 하지 말았어야 옳았다. 그렇게 안이하게 여겼다면 그것은 산 자는 물론이고 민주화과정에서 살殺을 맞아 본의 아니게 북망산에 누워 있는 망자에 대해서도 돌이킬 수 없는 모욕이다.

사람을 선거로 뽑는다는 것은 잃어버린 시민권력을 찾아오는 데 필요한 아주 작은 시작에 불과한 일이다. 이를테면 1만 피트feet 상공에서 자유낙하가 가능한 베테랑 공수병parachutist이 되기 위해 혹독한 '지상훈련'을 겪어야 하는 것처럼 말이다. 이런 '지상훈련'도 거치지 않고 '정상적인 민주주의'가 이 나라에 올 거라고 기대한다면 그건 미친 짓이다.

민주주의를 말하면서 공수병을 예로 드는 것이 다소 생뚱맞아 보일 수도 있겠으나 오해는 하지 마시라. 보통의 경우 약 한 달 동안 치러지는 '지상훈련' 과정은 입에 단내가 날 정도로 견디기 힘들고 착잡한 일이지만 그 과정을 냉정하게 생각해 보면 다양하게 벌어지는 위험상황에서 자신의 올바른 생존을 위해 그만큼 명줄을 확실하게 보장해 주는 것도 없다. 그런데 지금의 지방자치는 마치 과정은 필요 없고 단지 낙하산을 뗐으니까 일단 뛰어내리기만 하면 구름이 사이사이 지나가는 푸른 하늘을 날게 될 것이라는 꿈만 꾸는 것 아닌가 싶어든 예다.

대도시는 말할 것도 없고 산골의 면서기까지 아침에 출근하면 문을 어떻게 열고 들어와서 무엇을 먼저 해야 하며 무엇을 끝내 놓아야 하고 또한 집에 갈 때는 문을 어떻게 잠그고 가야 하는 것까지 중앙정부가 자기들 의지대로 일일이 매뉴얼로 만들어 놓고 통제하고 감독하고 있다면 과연 틀렸다고 말할 수 있을까? 1천 살도 더 먹은 중앙집권의 뿌리를 고스란히 남겨 둔 채, 이제 우리의 대표들을 우리 손으로 뽑았으니까 잃어버렸던 '시민권력'도 곧 찾아질 거라고 기대한다면 그것은 너무 순진하지 않은가.

개인적으로 라이브(http://live.shimin.net) 변정수가 가지는 고민을 무척 좋아하지만 그가 쓴 『만장일치는 무효다』에서 언급한 "어떤 정치세력이 국회나 지방의회에서 다수당이 되어도 자신의 피부에 와 닿는 삶의 질의 변화는 아주 미미하고 또한 그게 정상적인 민주주의다." 라고 적은 대목에 대해, 속 깊은 그가 무슨 의도로 그랬는지 당장은 알 수 없으나 적어도 그의 표현대로 '여의도유치원'인 국회는 몰라도 지방의회 특히 '지방자치의 꽃'인 기초자치단체는 완벽하게 성공할 수 있다고 보는 사람인지라 그의 그 견해를 확인하지 못한 것과는 상관없이 선뜻 동의하고 싶지 않다. 그렇다고 대부분의 유권자 지위에 있는 사람들이 한국의 지방자치를 바라보는 시각이 이와 비슷하게 닮아 있다는 점을 부인하고 싶지도 않다.

한국정치(지방자치 포함)를 말할 때 '저열하다', '창피하다', '저급하다' 이렇게 말하면 정말 재미가 없다. 그렇게 말하면 마치 한국정치에 무슨 희망이라도 있는 것처럼 착각에 빠질 수도 있기 때문이다. 노무현 대통령 말마따나 그냥 솔직하게 '쪽팔린다'고 해야 제맛이 나고 그래야 그 절망의 크기가 선명하게 다가와 희망을 구체적으로 설계할 수 있지 않을까 싶다. 불행하게도 당장으로서는 지방자치가 그 쪽팔리는 중앙정치를 벗어날 길이 있어 보이지 않는다. 희망하건대 전부는 아니라 하더라도 국회의원 가운데 그래도 지방자치의 중요성에 관해 인식이 제대로 정립된 어지간한 숫자만이라도 확보되었으면 좋겠다. 국회의원 자리를 법원에 등기라도 낸 것처럼 미련 떨지 말고 언제든 정한 목표를 달성하면 곧 '시민'으로 돌아온다는 결심만 굳혀 준다면 한국의 지방정치(지방자치)는 더 이상 개똥밭에 구르지 않을 수도 있다고 확신한다.

연전에 연수차 네덜란드에 가서 그 나라 국회를 방문할 일이 있었는데 마침 그날 국회의원 한 사람이 그만두었다는 소식을 들었다.

"일이 너무 힘들고 고단해서 그로 인해 가족관계에 문제가 생겨 그만둔다."고 했다. 곰곰이 생각해 보면 이것을 잘했다고 할 수는 없겠다. 그렇지만 적어도 비정상은 아니지 않은가. 국회의원으로서 감당해야 할 벅찬 업무를 감안하면 오히려 이게 정상일 수도 있다. 자기를 선택해 준 지역구민들을 위해 최고의 우선순위를 '일'에 두다 보면 이같이 중간에 그만두는 케이스를 모범적이라고 할 수는 없을지 몰라도 최소한 자신을 지지해 준 유권자에게 일말의 양심이라도 있음을 증명해 보이는 일 아닌가.

국정감사 나오면서 피감사기관이 주는 술 받아먹고 해롱거리는 일을 아무렇지도 않게 여기는 우리하고는 너무나 차이가 크다. 초보적인 옳고 그름도 판단하지 못하면서 습관처럼 받아먹은 술로 인해 문제가 터지자 구차한 명줄 한번 이어 보겠다고 여기저기 힘깨나 쓰는 사람 찾아다니며 구걸하다 겨우겨우 벗어난 뒤 동창회란 동창회, 동문회란 동문회 다 찾아다니며 문제가 원만하게 해결되었다고 떠벌리고 다니는 모습이 우리를 지치게 한다. 이것도 모자라 사이트란 사이트는 다 채워 가며 "법적으로 본인은 문제가 되지 않는 것이 확인되었다."라고 동네방네 나팔을 불고 다니는 꼴은 민망을 넘어 너무 슬프다.(그러던 자가 지금은 탄탄한 국영기업 사장으로 가 있다. 대한민국은 참 좋은 나라다) "정원의 한 모퉁이에서 발견된 작은 새의 시체 위에 초가을의 따사로운 햇볕이 떨어져 있을 때 우리를 슬프게 한다."는 안톤 시나크Anton Schnack의 마음은 댈 것도 아닐 만큼 어이없다. 물론 여의도에 그런 유의 사람만 있었거나 있는 것은 아니다.

"나는 임기 중 국회의사당 들어가는 계단에 깔린 빨간 양탄자를 한 번도 밟지 않았다. 내 마음을 알지 못하는 사람들은 내가 그것을 밟지 않은 것이 무슨 대수냐고 의아해할지도 모르나 그것은 나 자신에게 한 약속이기에 지켰다. 양탄자를 밟는 순간 자신도 모르게 권위적인 생각이 들 것이고 그렇게 습관 되면 국민들을 위해 봉사하겠다는 초심이 흐려질 것 같아서 단 한 번도 밟지 않았다." 멋지게 의정활동을 마친 『인간시장』의 저자 김홍신의 고백이다.

전자와 같은 인간들이 끊임없이 나타나는 것은 정치토양과 연관이 있겠지만 그에 앞서 원래부터 내려오는 그 집안의 DNA(Deoxyribo nucleic acid: 디옥시리보 핵산)에 관해 의문을 가져 볼 필요가 있지 않을까? 즉 종자가 그럴 수 있다는 말이다. 좀 안된 이야기지만 집안의 내력에 그런 인자가 있으면 이건 거의 약이 없다. 노련한 과학의 힘으로 약간의 수정과 당사자 스스로 뼈를 깎는 노력에 의해 어느 정도 절제는 가능하겠지만 말이다. 나이 들면서 한 가지 점점 더 딴딴하게 굳어지는 믿음이 있다. '종자'를 개량하려는 각고의 노력이 있지 않고서는 기본사고가 열성인자를 우성으로 돌아오게 하는 길은 어쩌면 불가능한 일일지도 모른다는 절망적 확신이 그것이다.

미셸 푸코Michel Foucault가 『감시와 처벌』에서 "감옥이란 것은 범죄발생률을 줄어들게 하지도 않고 범죄와 범죄자의 수를 일정하게 하거나 오히려 더 증가하게 한다."는 결론이 갖는 절망처럼 말이다. 아주 옛날은 접어두고라도 최근 국회의원에 뽑힌 사람들 대부분은 인간이 만든 객관적인 자질기준에 충분한 합격점을 가지고 있는 경우가 많다. 따라서 일일이 검증해보지 않고 '종자론'을 거론하는 것은 경망스러울 수 있다. 그러나 객관적으로 상당한 자질을 가진 이들이 그렇게 될 수밖에 없는 불가피한 사정을 확인하는 자체를 소홀히 하는 것은 문제가 있다. 물론 우리 사회가 너무나 짧은 기간에 다양한 정치적 스펙트럼이 형성되었고 그 과정에서 급속하게 전개된 다원화된 문화를 제대로 보지 못한 탓을 용인해야하는 면도 있을 것이다. 동시에 무지와 무관심 그리고 시대의 요구를 수용하지 않으려는 빈약한 사회철학이 그 공간을 메워 버린 면도 어느 정도 인정은 해야 할 것 같다. 다만, 그러면서도 우리가 이처럼 폐쇄적 사고를 형성하고 또한 유지할 수 있었던 진짜 배경은 무엇인가를 관찰하는 일은 자치발전과 상관관계가 있어 보인다.

그러한 차원에서 악취가 진동하는 불량유교가 우리들의 의식세계에 괴상한 똬리를 틀고 있었기에 가능했다는 점에 관해 새로운 인식체계를 세우는 일은 상당한 의미를 갖는다고 본다.

19년 전이나 지금이나(약간씩 엷어지기는 하지만) 상상보다 많은 지방의원들이 농반진반(어떤 때는 아주 노골적으로)으로 하는 얘기 가운데 으뜸인 "우리가 죽으면 지방(紙榜: 종잇조각에 지방문을 써서 만든 신주)에 '의원'으로 쓸 수 있느냐?" "지방紙榜에는 사무관 이상을 쓴다고 하는데 우리도 가능한 것이 아니냐?" 하는 논쟁을 심심치 않게 본다. 근대적 의미의 지방자치라는 제도가 서양에서 만들어져 지구촌에 퍼진지가 130년이 넘었는데 21세기 대명천지에 시민이 중심임을 강조하는 이 서양제도를 앞에 놓고 고리타분한 공자를 논하는 꼴을 보게 되는 일이 얼마나 가소로운 일인가. 근래 보기 드물게 제대로 된 '유교통' 김경일은 일찍이 『공자가 죽어야 나라가 산다』에서 유교의 폐해를 이렇게 분석하고 있다.

한국은 100년도 채 안 되는 사이에 한일합방, 6·25전쟁, IMF라는 국가적 파란을 세 번이나 당했다. 거의 국가가 사라져 버릴 만한 붕괴가 50년이 멀다 하고 주기적으로 찾아오는데 그 이유가 뭘까?

멍청한 위정자가 그때마다 나타나서? 아니다. 그 이유는 유교문화 속에 내재되어 있는 자체적 모순들 때문이란다. 즉 이 사이클을 그려 보면 이런 것이다. ① 새로운 정치세력의 초기에 부르짖는 도덕의 깃발 ② 과거청산을 위한 초법적인 힘 ③ 룰rule의 파괴 ④ 전문가 집단의 위치박탈 ⑤ 객관적 경보장치의 무력화 ⑥ 사회계층별 전문시스템 부식 개시 ⑦ 외부충격 또는 내부혼란으로 붕괴 ⑧ 수습을 위한 새로운 도덕 깃발 게양(미워도 다시 한 번의 희망부여). 이 사이클에서 중요 대목은 '초법적 힘'의 발휘를 위해 각 분야의 전문가 입지를 무력화하고 그 자리를 정치적 작용에 의한 어설픈 인력들이 메움으로써 적절하게opportune 작동하여야 할 전문가들의 경고 사이렌을 울리지 못하게 한다는 점이다. 경고 사이렌이 울리지 못함으로써 사회 전체의 기능들은 마치 골다공증에 걸린 환자처럼 내부적으로 부식되어 조금만 충격을 주어도 바로 붕괴로 치닫는다. 그 예를 김경일은 김영삼 대통령에 빗대 다음과 같이 들고 있다.

"김영삼은 그 습관을 버리지 못하고 한나라당의 공천갈등과 관련 그의 아들 김현철이의 공천을 염두에 둔 듯한 '정당에 있어서는 정치가 법보다 우위에 있는 것'이라는 발언을 하였다. 또한 일본의 정신없는 각료 하나가 '일본이 식민지 지배 시절 한국에 좋은 일을 많이 했다.'는 망언을 하자 김영삼은 즉각 '버르장머리를 고쳐 놓겠다.'고 발언하여 양국 간의 분위기를 냉각으로 만들었다. 문제는 2년 뒤 우리가 IMF 위기를 겪게 되고 일본에 구제금융을 요청했을 때 일본은 외면했던 것이다. 여기서 그 요청을 외면하고 안 하고를 논의하는 것은 의미가 없겠다. 다만, 그가 가진 리더십에 무한한 회의가 든다는 사실이다."

대통령의 언행이 합리적 절차에 의한 의사결정과정을 통해 완성된 것이 아니라 근본주의적 유교정신에 기반을 둔 태도를 취하고 있다는 점이다. 공자바이러스는 이렇듯 내성이 강한 특징을 갖게 한다. 내친김에 '김경일의 유교분석'을 조금만 더 보고 가야겠다. 그는 이 땅에 사는 인간들을 세 가지 세대로 나누어 유교가 끼친 폐해를 다음과 같이 설명하고 있다.

먼저, 유교문화의 진수를 맛본 인간들 부류다. 천수를 다해 가고 있는 그들이지만 여전히 많은 수의 사람들이 유교의 마지막 그림자를 붙들고 놓지 않는다. 머리가 돌 것 같은 권위와 복종을 인간사회의 마지막 이데올로기로 착각하고 있는 유교근본주의자들이다. 이 인간들은 명령에 익숙하며 토론에 약하다. 입은 언제나 굳게 닫혀 있고 눈초리는 여간해서 움직이지 않는다. 그리고 언제나 심각하다. 이들에겐 공자가 절대 수호신이다. 그리고 이들은 글씨를 모두 붓으로 배웠다는 사실이다. 다음은 정말 불쌍한 세대인데 이들은 유교사회의 폐해를 심각하게 입었다. 6·25를 전후해서 태어난 이들은 전쟁의 폐허 속에서 올바른 교육을 받지 못했다. 어수선하기 이를 데 없는 사회적 환경에서 유교 교육만이 교육의 전부인 것으로 알고 있는 세대로부터 교육을 받았다. 그리고 이들은 한국전쟁 이후 미국에서 건너온 구호품을 먹으며 자랐다. 이들 세대의 옆구리에는 항상 두 권의 책이 들려 있었는데 그것은 한문과 영어책이었다. 이들은 영어책을 한문책처럼 읽었고 그 깊은 뜻을 헤아리기만 몰두했지 영어가 '말'이라는 사실을 깨닫지 못했던 것이다. 그 결과 단어의 뜻은 알지만 말은 전혀 못 하는 쪼다들이 되고 말았다. 그래서 이들은 글에는 강하지만 기계에는 젬병이어서 컴퓨터 작동과 영어로 인간의 가치를 판단하게 된 오늘날 그들의 역할이 없어졌다. 재교육 시간도 없다. 남은 인생이 긴 데도 말이다. 이들은 유교가 자신을 얼마나 망쳐 놓았는지에 대해서 알지 못한다. 그것은 너무나 은밀한 음모였기 때문이다. 마지막으로 요즘의 젊은 세대들이다. 그들에게는 한문책도 영어책도 없다. 대신 그 자리를 만화책이 채웠다. 그들은 강의실에서 모자를 쓰고 칠판글씨를 싫어하며 도무지 설명을 싫어한다. 15초 간격으로 웃겨 주지 않으면 다음 학기에는 폐강도 각오해야 한다. 이들에게는 성별도 없다. 이놈 저년 끌어안고 밀치며 장난에 빠진다. 이들은 컴퓨터 도사다. 책을 읽는 속도만큼이나 자판을 쳐댄다.

말에도 싸가지가 없어 보인다. 이들은 체면치레를 위해 눈치를 보지 않는다. 대학간판에도 크게 마음을 두지 않는다. 남녀 교제에 있어서도 기존의 굴레에 연연해하지 않는다. 그러나 사소한 자유 한 조각이라도 그것을 위해 목숨을 걸 만큼 그들은 자유론자들이다.

문제는 엄청나게 다른 모양과 가치를 지향하는 이들 3세대가 한 공간에 모여 있다는 사실인데 언제까지 다람쥐 쳇바퀴 돌듯 정신적 부식을 교묘하게 강요하는 썩은 유교의 끈을 잡고 갈 것이냐 하는 점이다. 이데올로기로서의 가치 그리고 시대를 반영하는 지향점 가운데 어느 것 하나도 이룰 수 없는 '부식의 문화'를 유지하기 위해 자기의 주인이 진정으로 누구인지를 애써 외면한 채, 위만 보고 키운 권력이 우리의 진정한 자유를 소중하게 다루리라는 기대는 무모하다. 주민을 중심에 두고 '주민에 의해' 운용되는 서양의 제도를 운영하면서 주민의 요구를 귀찮아하거나 못 본 체하고 더러는 립 서비스로 민주를 가장하면서도 주민을 통치의 대상으로 여기는 데 슬쩍슬쩍 적극적이기도 하다. 오직 위만 보고 자란 권력은, 주민의 손에서 빼앗아 간 '권력'을 지방자치를 통해 시민들이 직접 만져 보도록 허용하는 것을 결코 반기지 않는다.

예를 들어 한국에서 스스로 서민이라고 하는 사람들이 너나없이 모두 "어느 놈이 뽑히든 서민들의 일상사와 무슨 상관이 있어! 다 그놈이 그놈이지." 하는 것에 동의한다고 치자. 그러면 그로부터 결과가 어떻게 나올까. 정말 그놈이 그놈 아닐 수도 있을까. 아니다 결코 아니다. 그러면 그놈이 그놈 된다. 그러면 어떻게 해야 하나? 어느 놈이 뽑히는가에 따라 일상사가 반드시 바뀔 수도 있다는 확신을 가져야 한다. 그러기 위해서는 지금까지처럼 뽑히려는 사람이 언제든지 주인공이 되는 상황에서, 이제는 뽑는 사람이 주인공이 되도록 환경을 유권자가 인위적으로 바꾸어 줘야 한다. 지방정치에 나서는 대상들에게 이 방법은 매우 효과적이다. 그 방법은 뒤에 소개하겠지만 이것이 전제되지 않으면 지금처럼 고만고만한 두목만 보고 자란 3류 권력은 지방자치를 통해야 비로소 누구나 쉽게 만져 볼 수 있는 권력을, 어떡해서든지 유권자로 하여금 영원히 만져 보지 못하도록 지방자치를 천하게 굴릴 것이다.

3.

한국의 지방자치, 유권자를 배신하기 쉬운 구조다

지 금이야 「공직선거법」이 개정·보완(이전의 「공직선거 및 선거부
정방지법」)되는 과정에서 사라졌지만 지방선거 초기 선거운동
의 일환으로 유권자를 상대로 벌인 유세장의 장면을 떠올리면 썰렁
하기 그지없다. 쏟아 내는 말이 맞는 말인지 아닌지는 차치하더라도
아무리 목이 터져라 하고 떠들어도 그를 주목해 주는 사람은 기껏해
야 그의 부인을 포함한 직장에 안 간 식구 약간, 같은 지역에 사는
친한 일가친척 일부 그리고 평소 인간적으로 지냈던 이웃 몇 사람이
전부다.

그러면 왜 이렇게 지방선거에 관심을 보이지 않는 것일까? 지방자
치를 통해야만 비로소 주권자로서 권력을 손으로 느껴 볼 수 있는
데도 말이다. 그 이유는 간단하다. 자치제도가 도입되어 명목상 유권
자에 의해 대표가 탄생했다고 해서 멀리 있었던 권력이 동시에 찾아
오는 것이 전혀 아니기 때문이다. 여기서 말하는 '권력'이라는 뜻은
'귀두龜頭로 밤송이를 까라.'는 흉측한 발상에서 비롯된 폭압적 형태
의 권력이 아니고 민주적 절차에 의한 합법적 권한의 배분을 말하는

것이다. 지방자치가 도입되면서 마땅히 각각의 지방정부가 마음껏 능력을 발휘하며 자율적으로 살림을 할 수 있는 최소한의 필요한 양만큼의 권력은 되돌려 주었어야 했다.

그러나 이것이 거의 주어지지 않았다. 사정이 이쯤 되면 내 손으로 단체장, 의원 뽑아 놔 봐야 말이 단체장, 의원이지 그건 아무것도 아닌 것이 된다. 지역주민들이 누려야 할 당연한 풍요를 위해 그들의 손으로 뽑은 대표가 자발적으로 할 수 있는 권한이 거의 없다면 그건 일종의 자치를 가지고 사기詐欺를 친 격이다. 여기에다 비민주적이고 불합리하기 비할 데 없는 괴상한 풍토에서 비롯된 과정을 거쳐 공천을 받고 출마하는 상황에 직면하게라도 된다면 지역주민은 꼼짝없이 선거하는 기계일 뿐 권력을 스스로 한번 만져 보겠다는 애초의 꿈은 이미 나하고는 아무 상관이 없게 된다. 더욱 기가 막힌 것은 주민들 스스로가 엄청난 선거비용(2006년 5·31 기준 공식선거비용 보전액이 1천983억 원 여기에 후보별 개인적으로 노출되지 않은 비용을 감안하면 가히 천문학적인 비용이다)을 들여 자신들의 대표를 뽑았으면서도 정작 주민들은 그들의 대표를 신뢰하지 않는다는 점이다. 오히려 그런 불신이 매우 당연하다는 식이다. 언제나 그런 것은 아니지만 대체로 대한민국 사람들은 지방선거로 뽑힌 자신들의 대표를 우습게 아는 습성을 가지고 있다. 아주 좋게 말해서 상대적으로 편하게 다가설 수 있다는 점이 작용한 탓이라 할 수도 있겠으나 그 배경을 좀 더 근원적으로 살펴보면 전혀 그렇지 않다. 권력의 실제 이동 여부와 관련이 있기 때문이다. 적어도 선거를 통해서 지방정부 주요 구성인원들까지 뽑는 나라가 되었다면 당연히 가장 가까운 거리에서, 지금까지 너무나 멀어 만져 보지 못했던 권력(분권을 통한 권한배분)을 주민 스스로 만질 수가 있어야 했는데 그것을 경험하지 못하기는 예나 지금이나 똑같은 상황에서 자기들의 대표를 애지중지할 하등의 이유가 없다는 말이다. 말하자면 우리를 대표하여 열심히 일을 해 달라고 뽑았다는 것은 명목적 대의大義일 뿐이다.

안으로 숨어 있는 그들의 내재적 의식은, 세련된 정책을 개발하는 지방정부의 경영능력 또는 엄청난 규모의 세금감시(예산운용)를 포함한 우리의 일상에 도움을 주는 입법(조례입법)을 도모하는 입법기관으로의 정상적 기능에 대한 기대가 전혀 없다고 할 수는 없지만 치명적인 만큼 약하다. 대신에 "그런 껍질 노릇(잘못하면 건달 되기 십상이라는 인식의 만연에 근거한)을 하려고 그 많은 돈 처들여서 '나는 적어도 너처럼' 선거에 나가지는 않는다."는 비아냥거림 수준의 부정적 뉘앙스가 짙게 배어 있다.

다음 세 가지 사례는 유권자가 지방자치를 보는 인식이 왜 그렇게 부정적으로 형성되게 되었는지에 관해 의미 있는 단서를 제공하리라 본다. 우선 기초자치단체장의 예를 한번 보자. 오래전부터 공직에 몸을 담았던 단체장은 보통수준의 도덕적인 문제만 걸리지 않는다면 최악의 경우는 발생하지 않는다. 그러나 공직을 포함한 유사조직의 경험이나 객관적으로 인정할 만한 학습과정(학벌로 이해하지 않기를 바란다) 없이 정당만을 기웃거리다 혁혁한 돈金 공로에 힘입고 입성한 케이스는 아주 결딴난다고 보아도 무방하다. 아주 병신 되기 십상이다.

이런 일도 있었다. 이 단체장은 거의 무학에 가까웠지만 돈이 아주 많은 사람인데 공천과정에서 엄청난 규모의 현금(직접보지 못했으니 무성한 소문은 그저 참고로 할 수밖에 없겠다)을 바치고 추천을 따내 용케 당선되었다. 그러나 그는 공조직의 일상적인 용어조차도 소화하기 어려워 매사 엉뚱한 소리로 조직의 웃음거리가 되기 일쑤였고 급기야 그를 완전한 '바보'로 만드는 일이 터지고 말았다. 이를 얕잡아 본 한 공무원이 어느 날부터 결재를 올릴 때 기안문을 한문으로 작성해 올리기 시작했는데 바로 그때부터 문제가 생긴 것이다. 단체장이 이를 판독(?)할 수 없었던 것이다. 고민하던 그는 결국 한문을 잘 아는 사람을 별도의 사비를 주고 은밀히 고용해 결재서류를 싸들고 집에 가서 해독해 가며 결재서류를 읽었다. 그렇게 한 행정이 잘될 턱이 있겠는가. 잘되었다면 이곳은 이미 인간세상이 아니다. 물론 이 경우는 아주 특이한 사례이겠지만 정도가 꼭 이렇지는 않아도 이와 유사한, 밝혀지지 않은 사례는 훨씬 많다고 보아야 한다. 적절한 사람을, 아래로부터 민주적이고 합리적인 절차에 의해 추천하는 방식이 아닌 현역위원장(주로 국회의원)을 중심으로 한, 거의 점지 형태의 권위적이고 원시적인 구조로 운영되는 공천방식은 이같이 극단적인 결과도 만들어 낸다.

다음은 지방의원 가운데 한 광역의회 의장의 극단적인 케이스를 살펴보자. 이 인사는 수년에 걸친 기초의회 경험도 있지만 그제나 이제나 업무능력을 인정받은 적은 단 한 번도 없었다. 오직 당에 충성한 공로로 의장도 되었다. 개인적인 자질로 보아서는 보통의 활동도 힘에 겨운 지경이라는 것이 중평인데도 말이다. 이 사람의 일과는 온통 행사에 쫓아다니며 직원이 써 준 문구를 읽는 것이 전부일 정도였다. 신기한 것은 그런데도 늘 신이 나 있다는 사실이다. 그리고 더 신기한 일은 시장市長이 곁에 있기라도 하면 써 준 인사말을 낭독하다가도 시도 때도 없이 갑자기 '고생하시는 우리 시장님을 위해 박수 한번 쳐 달라.'고 괴상하기 이를 데 없는 추임새를 넣어 청중들로부터 빈축을 사는 일이 자주 벌어진다는 사실이다. 그리고 공개·비공개 석상을 가리지 않고 "나한테 말만 하면 무엇이든지 다 해 줄 수 있다."고 장담하기를 좋아했다. "야! ○○ 국장! 20억이면 되냐? 내가 줄게." 아무리 봐도 그의 합법적인 권한을 고려해 볼 때 그 자신이 스스로 줄 것은 아무것도 없는데도 그는 늘 그렇게 말한다. 21세기를 사는 보통사람들이 볼 때 그는 꼭 바보 같다.

다음은 이와는 완전히 반대 케이스로 지극히 겸손하면서도 밤낮을 가리지 않고 열심히 공부하며 일하는 의원의 사례를 보자. 대학에서 경영학을 공부하고 굴지의 대기업에서 근무한 경력이 있어 조직관리를 포함하여 상당한 식견을 가지고 있으면서도 모르는 것이 있으면 대학은 물론이고 관련분야 연구소, 심지어 그 업무와 관련된 동사무소 직원을 만나서라도 묻고 확인하고 부족한 지식과 정보를 채우고 얻으려고 애를 쓴다. 현장을 확인함에 있어서도 매우 극성맞다. 예를 들어 가로등 관리가 안 된다고 판단되면 비평만을 하는 것이 아니라 본인이 고가차를 동원하여 직접 타고 올라가 글로브를 꺼내 전구의 수명, 구입연도, 현재의 상태 등을 꼼꼼히 파악하여 대안을 제시하는 방식으로 일을 한다. 한번은 예산안을 가지고 자기 영업장 사무실에서 날이 새는 줄 모르고 몰입하다 아침운동 나가는 이웃집 양복점 주인에게 발각(?)되어 뒤늦게 그 미담이 온 동네에 회자된 적이 있었다.

그러면 여기서 한번 생각을 해 보자. 앞의 두 이야기를 극단 케이스로 전제해 두기는 했지만 주민의 대표로서 '무엇을 해야 할지 모르거나' '일에 대해 관심을 갖지 않는' 부류가 많다는 점을 고려하면 앞에 예로 든 극단의 경우는 별로 다른 것이 없다는 점이다. 두 번

째가 월등하게 많다면 전혀 문제가 안 된다.

그런데 왜 두 번째 케이스보다는 부정적인 경우들이 활개를 칠 수 있도록 우리의 정치환경은 이를 허용하는 것일까? 이 이유를 밝히는 일이야말로 한국의 지방자치가 왜 유권자를 배신하는지에 대한 의문을 풀게 할 것이다. 분야별 구체적인 사항들이야 신뢰수준을 높이기 위해 좀 더 과학적인 측정이 요구된다 하겠지만 대략 다음과 같은 이유가 지배하고 있기 때문이다.

우선 멀게는 이승만 정권부터 근래에 이르기까지 우리나라 지방자치의 프레임frame이 형성되는 과정에서 기득권층(현역 국회의원, 행안부를 위시한 중앙관료 그리고 언론)의 은밀한 방해(직접적 행위 내지는 언론에 의한 실체의 왜곡 또는 침묵하기: 우리의 현 제도하에서는 양질의 결과산출이 절대 불가능함에도, 자치환경이 완벽한 선진국과 결과만을 놓고 상대 비교하여 독자들로 하여금 자치에 대해 부정적인 인식체계가 형성되도록 몰고 가는 수법, 그도 저도 아니면 입 다물고 가만히 있는 짓)가 상상 이상으로 확실한 소득을 얻었다는 점을 들 수 있다. 여기에 한 가지를 덧붙이자면 일부 지방공무원들을 들 수 있다. 자기는 분명 지방공무원 신분이고 어느 모로 보나 기득권층이라고 보기에는 어울리지 않는 품새를 지녔음에도 스스로를 그 범주에 집어넣고 도취에 빠지는 경우가 그것이다.

대체로 의식이 진화되지 못했거나 개별적으로 자치인식이 부족하다고 평가되는 서기관 급(4급) 이상에서 품고 있는 자치 운영에 대한 냉소가 혁혁한(?) 역할을 하는 경우가 많다. 이들의 자치 운영에 대한 냉소는 '단순한 거부'를 넘어 거의 '혐오' 수준에 도달해 있다. 물론 비교대상에 따라 다르겠지만 학습의 양을 비롯한 사회가 객관적으로 인정하는 잣대를 놓고 봐도 제도권에 들어온 주민의 대표들이 공무원들보다 훨씬 비교우위에 있다 하더라도 그 자체를 인정하지 않는 일종의 '자아도취 인격장애'에 빠져 있는 듯한 결과를 보일 때면 할 말을 잃게 된다. 이건 단순한 인격장애가 아니다. 자기존중과 연관 지어 본인 스스로 존경하고 동경하는 집단에 대해 그것과 비슷하다든지 또는 똑같다고 느끼고 안정감을 얻으려는 '프로이트 freud의 자기방어기제' 같은 거라면 말도 안 하겠다. 거의 사이코패스 Psychopathy라고 해야 할 판이다.

그러나 누가 뭐라 해도 지방자치를 무력화하는 데 있어 언론은 매우 중요한 한 부문을 담당해 왔다고 봐야 할 것이다. 자치 부활 초기부터 우리나라 자치 발전에 깊은 애정을 보였던 제한된 일부 언론의 입장에서는 억울한 평가라는 반론이 있을 수도 있겠다. 하지만 대체적인 경향은 언론에서 의도했건 의도하지 않았건 결과적으로 많은 언론들은 주민들로 하여금, 지방은 항상 중앙을 바라보아야 하고 중앙에서 결정하는 것이 옳든 그르든 상관없이 그저 순종하는 것이 당연하다는 식의 자치 프레임을 형성해 왔고 그 과정에 자신들이 중심에 있었다는 점을 부인하기는 어려울 것 같다.

소위 중앙언론 가운데 특히 우리나라 독자의 **60%** 이상을 차지하고 있는 조朝·중中·동東은 적어도 대한민국호의 심장이 멈추지 않는 한, 지금 수준의 집중된 권력이 지방분권을 통해 지방 각지로 흩어지는 꼴을 죽어도 보지 않으려 할 것이라는 생각이 끝도 없이 든다. 이런 생각이 과연 특정한 사람들만의 개인적이고 별스런 취미일까? 중앙에 집중된 권력이 분산되면 그로 인해 지금까지 누렸던 재미(?)가 송두리째 없어질지도 모른다는 사실을 귀신같이 아는 그들에게, '최소한의 자치 운영'을 위해 지금의 권력은 조정될 필요가 있다는 주장을 기대한다는 자체가 얼마나 순진한 발상이겠냐마는.

그러면 중앙언론은 '권력관리'에 이골(?)이 나서 그렇다손 치더라도 지역언론이라도 지방권력을 본질적 차원에서 다루어 주었으면 좋으련만 그들은 전혀 그렇게 하지 못하는 것을 어떻게 보아야 할 것인가? 솔직히 말해 이 대목에 도달하면 털썩 주저앉고 싶다. 아주 특별한 케이스를 제외하면 한국 지역언론이 재정적으로 처한 일정 정도의 절망(일선기자 누구나 자신의 일에 몰입이 가능할 만큼의 최소한의 금전적 대가의 부족으로 인한)도 그렇거니와 불행하게도 우리의 지역언론은 자치 초기부터 근래까지 문제투성이인 자치 운영과정을 보다 내밀하게 탐색하려는 기초적인 시도조차 고려하지 못하였다. 오늘날 세계에서 가장 지방정치가 훌륭하게 발전했다고 평가받는 독일도 2차 대전이 끝나고 혼란기에 지방자치가 왕창 비틀거린 적이 있었다. 그러나 독일의 지역언론이 적극적으로 나서서 분야마다 문제를 제기하고 대안을 찾는 등 각고의 노력 끝에 그것을 반석 위에 올려놓는 토대를 마련했던 찬란한 자치역사가 있다는 사실을 상기하면 우리의 경우는 너무 안타깝다.

자치 재개 초기에 이 문제만 제대로 풀렸다면 위에서 언급한 소위 일부 중앙언론이 지방자치에 관해 어떤 입장을 취하든 상관없이 우리의 지방자치가 지금처럼 신뢰를 잃지는 않을지도 모른다. 그 점이 고통스러울 정도로 갑갑하다. 지역언론의 지방자치보도에 관한 연구의 일관된 결론은 '지방권력의 작용'을 통해 주민들 스스로 권력의 중심에 있다는 사실을 인식하도록 해야 하는데, 우리의 지역언론은 이에 관해 거의 관심을 기울이지 않았다고 지적하고 있다. 그들의 메시지 유형은 그저 단순한 사실보도, 부정적 결론을 자극하는 지적,

폭로, 일반적으로 발생하는 사건보도 등이 전체의 약 70%를 점하고 있다는 연구의 결과가 이를 입증한다. 지역언론은, 대중을 지방자치의 중심에 세우는 일에 탄탄한 '프레임'을 제공해 주는 주역이다. 그러나 그렇게 하기보다는 자극적인 기사에 몰입하여 결과적으로 명분名分과 실리實利 가운데 아무것도 챙기지 못하는 우를 범하고 말았다.

프레임에 대한 언급이 나온 김에 이에 대해 잠시 고민을 더 해 보도록 하자. 조지 레이코프(George Lakeoff:『Don't think of an elephant』 저자)는 '프레임'frame에 관해 "우리가 세상을 바라보는 방식을 형성하는 정신적 구조물"이라고 정의했다. "프레임은 우리가 추구하는 목적, 우리가 짜는 계획, 우리가 행동하는 방식, 그리고 우리 행동의 좋고 나쁨을 결정한다. 프레임을 바꾸는 것은 모두를 바꾸는 것이고 프레임을 재구성하는 것, 즉 대중이 세상을 보는 방식을 바꾸는 것이야말로 바로 사회적 변화"라는 것이다. 그러면서 그는 미국 대통령 부시Bush를 상기시키고 있다. 조지 부시가 백악관에 들어간 바로 그날부터 백악관에서는 '세금구제Tax relief'라는 용어가 흘러나오기 시작했고 그 후 이 말은 국정연설을 포함해서 유세 때마다 자주 등장을 했다는 점을 강조한다. '구제relief'라는 단어의 프레임을 만든 것이다. 구제가 있는 곳에는 고통이 있고, 고통받는 자가 있고, 그 고통을 구제해 주는 영웅이 있게 마련이라는 뜻이다. 만약 이 상황에서 누구라도 그 영웅을 방해하려고 한다면 그 사람들은 바로 '구제'를 방해하는 악당이 된다. '세금'이라는 말이 구제 앞에 붙게 되면 그 자체로 세금은 고통이다.

따라서 그것을 없애 주는 인간은 영웅이고 그를 방해하는 놈은 천하의 나쁜 놈이 되는 은유metaphor가 탄생하게 되면서 프레임이 형성된다는 것이다. 이 프레임을 불러일으키는 언어는 백악관에서 흘러 나와 보도자료에 삽입되었고 모든 라디오, 텔레비전방송사의 전파를 탔으며 모든 신문지상에 실렸다. 그리고 급기야 「뉴욕타임스」도 '세 금구제'란 말을 쓰기 시작했다. 보수적인 FOX뉴스에서만 그런 것이 아니고 CNN도 썼고 NBC도 썼으며 모든 방송사에서 다 썼던 것이 다. 그 이유는, 그것은 대통령이 말하는 '세금구제안'이었으니까. 그 러자 이게 웬일인가? 민주당원들까지도 '세금구제'란 말을 쓰더라는 것이다. 아주 자연스럽게 스스로 자기의 발등을 찍었다. 이것이 프레 임의 위력이다. '우리'를 부지불식간에 자기들의 세계관으로 끌고 들 어가는 '말의 덫trap'을 놓고 철저히 걸려들게 한다. 이것은 단순한 말 장난이 아니다. 본질은 바로 그 안에 있는 생각이다. 언어는 때로 그 러한 생각을 실어 나르고 불러일으키는 마술의 역할을 하기도 한다.

이처럼 어떠한 시도를 통해 생겨난 결과를 두고 '레이코프'의 관 점에서 우리나라의 지방자치를 살펴본다면 우연일 수도 있을지 모르 겠으나 덫에 걸려도 크게 걸렸다. 난다 긴다 하는 중앙언론은 용케 도 중앙에 집중된 권력관리에 성공하여 지금까지처럼 확보한 기득권 을 유지할 수 있는 수확을 거두어들였는지 모르지만, 지역언론은 얻 은 것은 고사하고 천덕꾸러기만 안 돼도 다행일 정도인데 지방자치 를 보호하지 않고 있는 것을 어떻게 설명해야 할지 보통 난감한 일 이 아니다.

역사에 가정을 던져 보는 일이 얼마나 부질없는 일이겠냐마는 자 치 재개 초기 "좁은(종종 콧구멍만 한) 땅에서 무슨 놈의 지방자치가 필 요하느냐?"는 닳고 닳은 야욕패들이 거친 말발을 동원하여 알량한 자치지식으로 고상을 떨며 부정적 논리들을 의도적으로 쏟아 낼 때,

그들의 야욕에 부화뇌동附和雷同하지 말고 오히려 지방으로의 권력재편의 필요성과 민주에 기반을 둔 유권자의 가치에 대해 진지함과 인내심을 가지고 접근했었다면 지방자치도 지역언론도 지금처럼 황폐해지지는 않았을 것이라는 부질없는 생각을 할 때가 많다.

아무튼 이상의 확인을 통해서 본 것처럼 앞으로 주민의 대표로 들어올 선출직 대표들 또한 자발적으로는 할 일이 거의 없다는 사실을 머지않아 곧 터득하게 될 것이고 잘못된 정치·사회적 구조에 대한 인식의 왜곡으로 인해 지방으로의 분권이 얼마나 어려운 일인지를 알게 될 것이다. 그때쯤 되면 지금의 제도권에 포함된 인사들의 보편적 성향상 선택할 수 있는 것은 딱 한 가지다. 믿기 싫겠지만 유권자를 배반하는 일 이외에는 그들이 할 일은 아무것도 없다는 사실이 그것이다.

4.

누더기가 되어 버린 지방자치법

흔히 '법은 정책을 담는 그릇'이라고 한다. 몇 번을 되씹어 보아도 맞는 말이다. 하지만 "정책을 담는 그 그릇은 언제나 온전한 것이냐?"라고 따지고 들기라도 한다면 어떻게 말해야 할까. 물론 그 법을 만든 사람들(정부안 성안자 및 국회의원 등) 입장에서는 당연히 "그렇다."고 대답할지 모르겠다. 그러나 나더러 묻는다면 "언제나 그런 것은 아니고 일단 살펴본 연후에 최종적으로 그 그릇이 음식을 담을 수가 있는지 없는지 판단해야 한다."고 말할 것이다. 자기가 처한 입장 때문에 극렬하게 반대하는 사람 이외에 누구든지 나처럼 말하는 것에 동의한다면, 지금의 우리나라 지방자치정책을 담아내는 그릇은 이가 빠지고 군데군데 깨져서 국물은커녕 고슬고슬한 밥 덩어리도 담아내기 어려운 상태라는 것도 인정해야 한다. 자치라고 하는 것은 각 자치단체가 가진 자치권(自治權: 부당한 이유로 침해받아서는 안 되는 헌법으로부터 개별 지방자치단체에 부여된 자주권)에 의해 운영되는 자기결정권한이다. 이 그릇에는 지방정부운영을 비롯한 이와 관련한 수많은 내용들이 들어 있다. 무엇보다 중요한 것은 지방자치를 하지 않았다면 도저히 유권자인 주민들이 직접 만져 보기 어려웠을 일정 정도의 권력도 들어 있다는 사실이다. 하여튼 원칙적으로는 그렇다. 그러나 실상 그 원칙은 그냥 원칙일 뿐, 전혀 자주적이지 못해 주민은 말로만 지방자치의 주인이지 사실상 변방에 머물러 있기는 예나 지금이나 크게 다르지 않다.

지금부터 우리나라 지방자치법에 규정된 대표적인 몇 가지 사례를 통해 그 실상의 심각함을 들여다보기로 하자. 우리의 지방자치법은 전부 10장(1. 총강 2. 주민 3. 조례와 규칙 4. 선거 5. 지방의회 6. 집행기관 7. 재무 8. 지방자치단체 상호간의 관계 9. 국가의 지도감독 10. 서울특별시등 대도시와 제주특별자치도의 행정특례)으로 구성되어 있다. 구성된 틀만 보면 아무런 문제가 없는 것처럼 보인다. 하지만 내용을 하나하나 뜯어보면 자치의 주인인 주민이 사는 '지방'은 그야말로 껍질만 있는 형국이다.

그러나 사정이 어찌되었든 간에 주민 입장에서 볼 때, 정부와 관련된 민원 해결이 안 된다고 판단하면 일단, 그들이 가장 먼저 생각해 내는 것은 자신들이 뽑아 준 시장이나 군수 또는 지방의원을 찾아가는 일이다. 말하자면 자기들이 뽑은 시장·군수·구청장은 막강한 권한을 가지고 있어서 '여자를 남자로 바꾸는 등의 일을 제외하면 못할 것이 없다'고 미리 규정을 지어 놓을 만큼 집착을 갖는 경향이 있다.

그러나 애석하게도 당신들이 뽑아 준 대한민국의 시장·군수·구청장은 형편없을 정도로 힘이 약하다는 것을 정작 유권자는 모르고 있다는 사실이다.

대표적으로 예를 들면 다음과 같다. '지방자치법 제9조'는 지방자치단체(지방정부라고 해야 이름에 걸맞은 권한의 확대가 연상되는데 일본의 영향을 받아 '자치단체'라고 한 것은 5,000만 지방인의 입장에서는 아무래도 초라하고 기분이

유쾌하지 않다)가 가지는 사무의 범위를 해당 자치단체의 구역을 포함하여 크게 나누어 57개 사무로 구분하고 있다. 이를 다시 기초자치단체에는 340개 그리고 광역자치단체에는 301개를 처리하도록 함으로써 총 641개의 사무가 지방에서 자율적으로 소화되어 무지 막강한 권한을 부여하고 있는 듯 보인다.

하지만 이렇게 분야별로 나열된 업무에 관한 것들 중 핵심권한, 이를테면 주민의 생활에 직접적으로 영향을 미치는 큰 덩어리의 사무를 자율적으로 결정할 수 있는 권한을 지방으로 거의 이양하지 않았다는 사실이다. 그래서 지방정부는 그 크기와는 전혀 상관없이 정책적 상위개념의 사업보다는 말단의 지엽적인 사무만을 수행하도록 편성이 되어 있는 실정이다.

이러한 결과가 나오는 것은 위에서 말한 것처럼 지방정부에서 처리할 사무를 명목적으로는 지방자치법에 쫙 깔아 놓은 것이 사실이지만 바로 그 조문(지방자치법 제9조제2항 단서)에서 지방의 권한을 발휘할 수 없도록 장치해 둔 있는 관계로 지방의 권한은 언제나 '빛 좋은 개살구'에 지나지 않게 되어 있다. 다시 말해 그 조문에서 "다만, 법률에 이와 다른 규정이 있으면 그러하지 아니하다."라는 사족蛇足을 달아 놓음으로써 중앙에서 마음만 먹으면 언제든지 지방은 무력해 질 수 있도록 단단한 조치를 해 두었다는 말이다. 단순한 독소조항 차원의 얘기가 아니다. 지방이 자주적으로는 결코 판단할 수 없도록 족쇄를 채워 둔 것이다. 마치 전족을 한 중국여자처럼 만들어 버린 것이다.

예전에 중국에서는 전족을 한 여자의 발을 연꽃蓮花에 비유했는데 전족을 한 여자가 걸어가는 모습을 보고는 보보생련步步生蓮이라고 하였다. 전족한 발로 걷게 되면 그 발자국 모양이 연꽃 같다 하여 그렇게 불렀다. 여성의 인권을 유린하고 전족을 즐기기 위해 미美를 가장한 흉포한 자의 입장에서는 그것이 연꽃처럼 예쁘게 보였는지는 몰라도 전족을 당한 여자의 입장에서는 미치고 환장할 일이 아니겠는가? 제대로 걸을 수가 없는 상태니 신체적으로 그보다 완벽한 불구가 어디 있단 말인가. 왜 지방은 중앙의 전족이 되어야 하는지를 설명해야 한다.

다음은 늘 말도 많고 탈도 많은 지방정부의 입법권(조례제정권)에 대해서 얘기를 좀 해 보자. 누구든 지방정부의 집행기관을 포함하여 지방의회를 공격할 때, 아마 이것만큼 확실한 전가의 보도도 없을 것이다. 특히, 지방의회는 거의 '밥'이라고 봐야 한다. "의회는 주민의 대표기관이고 거기서 하는 일 중 가장 중요한 것은 '법 만드는 것'인데 어찌하여 우리의 지방의회는 '지방의 법'인 조례를 만들지 않느냐?"는 것이 가장 잘 써먹는 공격 방법 중의 하나다. 눈에 보이는 결과만 보고 말하면 그건 사실이다.

그러나 정말 좋은 조례를 만들 수 있는 기초환경은 조성되어 있는 것인가? 하고 반문한다면 이건 완전한 별개의 또 다른 문제인데도 "조례가 만들어지지 못해 걱정"이라고 하는 사람들 중 대부분은 이 내용을 쏙 빼놓고 말한다. 관심 있는 개인이나 방송국, 신문사 모두 단편적으로 눈에 보인 결과만 가지고 재단하려 든다는 말이다. 잘 알면서 일부러 지방자치를 흠집 내어 쓰러뜨리려 작정한 케이스라면 몰라도 대개의 경우는 우리나라 조례입법에 결정적 문제가 되는 기초환경이 무엇인지도 모르면서 무지한 자들이 쏟아 놓은 지식의 왜곡을 그냥 앵무새처럼 반복하고 있을 뿐인 경우가 많다.

얼마 전 SBS 저녁 8시 뉴스는 지방의회 조례입법 실태에 관해 그 실적에만 초점을 두고 비판방송을 하였다. 물론 이런 형태의 방송은 SBS가 처음은 아니고 다양한 매체를 통해 지금까지 수도 없이 다루어졌다. 잠깐이지만 그것을 다루는 기자의 음성이 자못 비장하기까지 하다. 문제는 그 방송을 하는 사람들이 지금의 지방정부 실태 그리고 더 나아가 우리가 가진 지방자치법의 한심한 상태에 대해 알기나 하고 그 방송을 그렇게 용감하게 하고 있는 것인지 자못 궁금하다. 방송을 통해 만들어 낸 비판이 곧 사회의 공론이 될 것이고 그것은 또한 수많은 사람들이 그것에 관해 얘기를 꺼낼 때마다 기준이 될 테니 그 얼마나 기쁘고 음성 떨리는 일이겠는가. 그러나 정작 안타깝고 애처로운 것은 자신들이 얼마나 무지한지를 도무지 모른다는 사실이다. 한마디로 우리나라 사람들 누구나 지방자치에 관해 다 아는 것 같지만 기실 5분만 얘기해 보면 아무것도 모르고 있는 경우가 놀랄 만큼 많다.

우리의 지방자치법 제22조는 조례에 관해 "지방자치단체는 법령의 범위 안에서 그 사무에 관하여 조례를 제정할 수 있다. 다만, 주민의 권리제한 또는 의무부과에 관한 사항이나 벌칙을 정할 때에는 법률의 위임이 있어야 한다."고 규정했다. 언뜻 보기에는 유려하고 멋있게 보일 수도 있다. 그러나 조금만 전후 사정을 연결해서 보면 황당하기 이를 데 없다. 왜 그럴까? '법령의 범위 안에서'라고 그랬는데 이미 위의 지방자치법 제9조에서 짚어 본 것처럼 지방정부 스스로 침해받아서는 절대 안 되는 고유사무마저도 중앙의 필요에 따라 법률제정을 통해 저희들 맘대로 빼앗아가 거의 껍질만 남겨 놓았기 때문이다. 그 상태에서 엎친 데 덮친 격으로 대통령령과 부령(규칙)에서 중앙의 의지를 주저리주저리 달고 나오기라도 하면 숨이 막힌다. 지방정부의 조례로 규정하는 것이 훨씬 법리에 맞는 사항마저도 시시콜콜하게 전부 시행령과 부령에 규정해 버려 실제 조례단계에서는 규정할 것이 없다는 한심한 현실을 너무나 모르고 있다. 그러니 무턱대고 지방의회에서 조례 만드는 실력이 형편없다고 성토하는 것이 얼마나 우습냐는 말이다.

우리가 당초 자치의 모델로 삼은 일본은, 개별법에서 지방정부의 권한을 빼앗아 가지도 않았지만 지방자치법에도 '법령의 범위 안에서'가 아닌 '법령에 위반되지 않는 범위 내에서'라고 규정하여 조례제정과정에서 혹여 상위법을 침해하는 문제가 생겼다 하더라도 법원 판단의 여지를 크게 열어 놓고 신중하게 접근하고 있다. 사정이 이러한대 그들은 왜 그런 기본적인 것도 헤아려 보지도 않고 일단 지방정부를 깔아뭉개고 보자는 식인지 그 저의가 너무 비겁하다. 이러한 실상으로 인해 기초자치단체는 사실상 조례를 만들 여지가 거의 없다고 봐야 한다. 막말로 아이큐 2,000짜리가 온다 해도 더 이상 못 나간다. 더욱 결정적인 것은 자치권을 지닌 지방정부가 조례(제대로 이름을 달자면 '지방법'이 온당하나 일본의 식민지살이 하다가 본의 아니게 '조례'로 되어 버린 그 잔재를 지금도 안고 가고 있다)로 이름 붙여진 '자주적 지방법地方法'을 만들면서 벌칙을 규정하지 못하도록 함으로써 치명적인 결함을 갖게 했다는 점이다. "1천만 원 이하의 과태료에 처할 수 있도록 되어 있지 않느냐?"고 묻지 마라. 그건 장난에 다름 아니다. 그럼 "악법도 법인데 어찌하겠느냐"고 말할 것인가? 턱도 없는 소리다. 소크라테스는 살아생전 한 번도 '악법도 법이다.'라고 말한 적이 없다. 다 정치적으로 써먹기 위해 교활한 정치꾼들이 지어낸 거짓말이다. 법철학과 관련한 서문 몇 장만 들어가도 배울 수 있는 내용이다.

지방자치 재개 이전 제8차 지방자치법을 개정하면서 생긴 일이다. 약간 심하게 말하면, 일본 지방자치법을 가져다 놓고 베끼기로 작정했던 것처럼 보인다. 그러면서 그때 세운 기준은 중앙의 권한이 약화되는 것은 철저히 막으면서 지방이 자율적으로 기능하지 못하도록 했던 느낌을 지울 수 없다. 실제 현행의 지방자치법을 보면 역시 느낌에 머물지 않았다는 것을 매우 구체적으로 확인할 수 있다.

아주 간단히 생각을 해 보자. 법이라는 것이 기본 성격상 선언적 성격의 훈시적 규정이 아니라면 법규의 일반적 특성상 당사자 간의 이해관계로 인해 반드시 강제할 경우가 생기는 것은 너무나 당연한 일이다. 그런데 이것을 언제나 법률에서 위임을 받은 경우에 한하여 그 범위 안에서 벌칙을 부여한다는 논리는 딱 잘라 말하면 "너희들 지방에 있는 낮은 단계의 인간들에게는 조례를 통해 '벌칙'을 부여하는 권한은 절대로 안 주겠다."는 뜻이다. 아니 못 주겠다는 말이다.

약간 비틀어 말하면, 벌칙은 신성한 국회에서나 부여하는 것이지 어디 가당치도 않게 지방에서 조례로 벌칙을 부여하느냐는 식의 중앙 위주의 선민의식이 부지불식간에 우리를 지배하고 있음에 기인한 결과다.

지방의회에서 활동하다 국회로 입성한 인원들이 꽤 있다. 임기 초기에는 애정을 가지고 지방을 대변하겠다고 제법 동작을 크게 보여 보지만 보잘것없는 정치논리 속으로 숨는 속도는 기성 멤버보다 더욱 빠르고 경우에 따라서는 지방을 공격하는 저격수 역할도 마다하지 않는다. 적어도 지방의 한 지역을 대표할 때는 '행정자치부를 타도해야 지방이 비로소 발전할 수 있다.'고 입에 거품을 물었던 인사일수록 그러한 특징은 더욱 두드러진다. 그들이 중앙의 인원들과 상임위 활동을 매개로 합법적 교류를 터놓고 개인적인 이해(그것이 정치적 이득이든 개인적 이득이든)를 위해 어느 날부터 치사한 거래를 벌이는 일을 보면 비열의 최상급이라고밖에 달리 할 말이 없다. 소위 학자 출신이라는 사람도 이 문제에 관해서는 나을 게 별로 없다.

참여정부 당시 청와대 실세 중의 실세로 교육부 수장 자리 한번 욕심냈다가 논문표절로 연일 여론에 엄청나게 두들겨 맞다 결국 낙마한 K 씨의 사례를 한번 보자. 이 사람이 재야에 있을 때, 지방 또는 지방의회가 지닌 제도적 문제점에 관해 얼마나 적시적절하게 거품을 물어 주는지 그 해법에 동의하는 많은 지방제도권 안에 포함된 사람들은 물론 지식인들조차도 굉장한 카타르시스를 느낄 정도였다. 지방자치관련 모임에 그가 등장했다 하면 그의 입은 언제나 주목을 받기에 충분했다. 그러나 그러면 무엇 하나. 결국 기관의 사이즈가 가장 큰 제도권(청와대)에 들어가면서부터 그 대차게 물던 거품도, 기회만 주어지면 곧 일을 낼 것 같았던 의지도, 강력한 컬러로 무장한 지향점도 갑자기 모두 다 내동댕이치는 것을.

청와대 입성 후 하루는 이 인사가 대구 MBC에 출연을 해서 대담을 하던 중 재야시절 물던 거품과는 전혀 다른 발언을 하여 귀와 눈을 의심케 하였다. 사회자가 "지방의회의 인사권독립의 불이행에 관해 문제 있음"을 묻자, 대뜸 "그렇게 하면 인사적체의 어려움이 있어 아직 시기가 적절하지 않다."고 답변하는 것이 아닌가. 솔직히 옆에 있었다면 그의 그 추한 돌변이 가증스러워 린치라도 가했을지 모른다. 생각을 해 보라. 의회에 인사人事가 적체되어 생기는 문제는, 발아단계를 거쳐 숙성단계로 진입한 지방의회에 보좌기능이 전혀 없어 생기는 기능상 고사 직전의 위기에 비한다면 그건 철부지의 배부른 소리에 지나지 않는 투정에 다름 아니다. 평소에도 늘 그렇게 주장하던 사람이 그렇게 말했다면 '현장감각이 없는 인사가 뭐가 뭔지도 모르고 지껄이는 것'이라 생각하고 치부해 버리면 그만이어서 이렇게 깊게 배신감을 느끼지는 않았을 것이다.

그러나 그 사람은 시간만 나면 "지방의회에 인사권독립이 이루어지지 않아 지방의회기능이 결딴나고 있다."고 하도 거품을 물어서, 그것으로 대통령 따라 청와대 갔다고 해도 과언이 아닐 만큼 요란을 떤 사람이다. 그런데 정부에 들어간 지 얼마 되지 않아 지방의회 쪽에서 그리도 목말라 하던 문제를 가지고 텔레비전 대담을 하면서, 자치원리라고는 찾으려야 찾을 수가 없는 무지한 행정자치부 어떤 주사처럼 답변하는 것을 보고 하도 기가 막혀 텔레비전 화면을 향해 주먹감자를 먹이는 흥분을 하였지만 지금도 그 생각을 하면 몸이 더워진다.

참여정부가 새롭게 탄생한 직후 사실 지방 특히, 지방의회는 희망찬 꿈에 부풀었다. 김영삼 정부의 '무늬만 지방자치'를 허탈하게 넘으면서 김대중 정부의 '과시적 분권, 실질적 집권'에 서운했지만 그래도 정직한 노무현 정부는 뭔가 다를 것이라는 기대를 했었다. 그러나 먼저의 두 집단과 접근방식에 있어 약간의 차이가 있었던 것은 사실이지만 결국 그들이 목표 삼았던 그들만의 상위개념(?)의 이데올로기로 인해 최소한의 분권집중分權集中에도 실패함으로써 '범없는 굴에 토끼만 우글거리는 상황'을 만들어 버리고 끝났다. 말하자면 예뻐지려고 수술을 받았는데 고도로 학습된 성형전문의가 집도를 한 것이 아니라 성형의 성자도 모르는 푸줏간의 주인이 고기 써는

칼로 수술을 하여 얼굴을 엉망으로 만들었던 것처럼.

　다음의 지방자치법 제91조가 아주 대표적인 경우다. 현행의 지방자치법 제91조는 2005년 7월 19일 당시 열린우리당 우제항 의원이 대표발의하고 13명의 의원이 동의한 케이스인데 한마디로 가관의 극치다. 발의에 동의한 의원 가운데 광역지방의원 출신도 포함되었다는 대목에 이르러서는 대한민국 국회, 과연 입법능력이 있는가 할 정도로 자괴감마저 든다. 지방자치법 제91조의 내용은 이렇다. "지방의회에서 일하는 사무직원은 지방의회의 의장의 추천에 따라 그 지방자치단체의 장이 임명한다. 다만, 지방자치단체의 장은 사무직원 중 일반직을 제외한 모든 직종의 공무원에 대한 임용권은 지방의회의 사무처장, 사무국장, 사무과장에게 위임하여야 한다."고 발의안을 냈던 것이다. 의회직원에 대한 인사권을 의장한테 돌려주어야 한다는 요구는 자치 재개 시점부터 줄기차게 요구되어 온 가장 뜨거운 이슈 중에 이슈다. 그런데 이 문제를 한국은 19년을 끌고 있다. 기네스북에 오를 일이다. 지방자치법 개정에 관여하는 행정자치부 관련자들과, 뭐가 뭔지 잘 모르는 것 같은(간혹 알면서도 일부러 그러는 것일 수도 있다. 그래야 주고받을 것이 생기기 때문이다) 국회행정자치위원회 의원들 정말 정신 차리고 중심을 잡았으면 좋겠다. 이 문제는 고등수학 하는 것이 아니다. 아주 간단하다. 선진국이나 일본처럼 바로 의장에게 인사권을 주면 된다. 그게 끝이다. 그런데 그것을 요리조리 피하면서 19년 동안 장난질하고 있다.

　그러면 여기서 지난 2005년도에 우제항 의원이 대표발의했던 지방자치법 처리과정을 당시 속기록을 통해 확인해 보도록 하자.

<제258회 행정자치소위 제2차 소위원회>

6. 지방자치법 일부개정법률안(우제항 의원 대표발의) (11시 32분)

○ 소위원장 우제항: 다음으로 의사일정 6항~7항 지방자치법 일부개정법률안을 상정하겠습니다. 2006년 2월 7일 김한길 의원이 대표발의한 지방자치법 일부개정법률안이 국회법 58조 4항의 규정에 따라 본 법안심사소위원회에 회부되었습니다. 수석전문위원께서 심사자료를 설명해 주시기 바랍니다.

○ 수석전문위원 장인식: 이 법안은 우제항 의원님께서 대표발의하신 안건이 되겠습니다. 경과를 말씀드리면, 지난해 정기국회 때 상정해서 소위에 회부되었고 지난 소위원회에서 한 번 논의되었습니다. 주요내용은 의원님들이 알고 계시는 것이고 조문대비표로 말씀을 드리면 위원님들이 지난번에 논의하셨던 사항 중에 34조의 3(지방의회의 의무 등) 제1항 "지방의회는 대통령령이 정하는 바에 따라 의정활동 성과를 공표하여야 한다." 이 부분에 대해서는 삭제할 수도 있다는……

○ 소위원장 우제항: 거기서 '의정활동의 성과'라고 하니까 무슨 평가하는 것 같으니까 '그냥 의정활동을'……. 우리 국회도 하고 있잖아요?

○ 수석전문위원 장인식: 이 부분에 대한 논의가 있었고요. 그 다음에 사무직원 임명을 위임하는 문제와 관련해서 83조(사무직원의 정원과 임명)의 단서에 보면 "지방자치단체의 장은 사무직원 중 별정직 기능직 계약직 공무원에 대한 임명권을 지방의회 사무처장 사무국장 사무과장에게 위임하여야 한다." 이 부분에 대해서 논의가 있었고요. 그 다음에 김한길 의원이 대표발의 하신 내용의 요지만 말씀을 드리면, "지방의회에서 표결할 안건의 제목을 의장석에서 선포하여야 하고, 의장이 표결을 선포한 때에는 누구든지 그 안건에 관하여 발언할 수 없다." 즉 의장석에서 표결할 때……

○ 소위원장 우제항: 그것은 국회법에도 있는 것이지요?

○ 수석전문위원 장인식: 예. 그런 것을 보완하려는 내용입니다.

○ 소위원장 우제항: 정부 측 의견 있습니까?

○ 행정자치부 제2차관: 수석전문위원이 얘기한 '성과를 공표해야 된다.'는 부분은 저희들이 사실 의회의 책임성 차원에서 했는데 이 표현을 '의정활동을 공표하여야 한다.'로 하는 것이 좋지 않겠느냐 하는 생각이 듭니다. '성과'

라는 부분은 좀 부적절하다고 봅니다. 그 다음에 지방자치단체 사무직원의 임명에 관한 부분은 지난번에도 설명했습니다마는 실제 일반직원의 경우에는 의회에 종사하는 직원들의 수가 적기 때문에 오히려 그 직원들한테 불이익이 되는…… 승진이라든가 전보라든가 이런 부분에 제한을 받기 때문에 좋지 않고, 대신 전문직이라든지 계약직 이런 부분에 대해서는 의장이 권한을 갖고 있을 필요가 있습니다. 그런데 만약에 이대로 한다면 시도지사가 의장한테 권한을 위임하는 형식이 되는데 사실 독립된 별개기관…….

○ 소위원장 우제항: 그러면 의장으로 고쳐야 된다?

○ 행정자치부 제2차관 장인태: 아니지요. 의장으로 고쳤을 경우에는 독립기관의 장인 의회 의장한테 시도지사가 위임하는 형식이 되는 것입니다. 위임이라는 것은 상부기관에서 하부기관으로 하는 것이니까 행정기술적으로 사무처장한테 위임하는 것으로 하는 것이 좋지 않겠느냐 이렇게 생각합니다. 계약직이 있지 않습니까? 전문직에 대한 인사권을 의장한테 주자는 얘기입니다.

○ 소위원장 우제항: 그래서 대안이 뭐예요?

○ 행정자치부 제2차관 장인태: 그래서 저희들은 사무처장한테 일단 위임을 하고 나중에 일반직이라든가 이런 것을 좀 장기적으로 해서 의정직렬을 선택할 경우에는 권한을 주는 것으로…….
한 가지 추가로 말씀을 드리면…….

○ 소위원장 우제항: 크게 얘기하세요. 차관님 말씀이 잘 안 들려요.

○ 이인기 의원: 방금 위임한다는 말이 무슨 말입니까?

○ 행정자치부 제2차관 장인태: 개정안에 보면 자치단체의장은 사무직원 중 별정직·기능직·계약직 공무원에 대한 임명권을 지방의회 사무처장·사무국장·사무과장에게 위임하여야 한다. 이렇게 되어 있습니다. 이 부분이 아까 제가 말씀드린 대로 시도지사가 의장한테 위임하는 형식으로 되면 법리상 안 맞는다는 얘기입니다. 그러니까 독립기관의 장인 의장한테 어떻게 감히 위임을 할 수 있느냐는 것입니다. 그래서 실질적으로는 의회의 장이 권한을 갖고 있으면서 행정적 편의를 위해 일단 이렇게 한다는 것입니다. 그래서 사무처장한테 위임해도 문제가 없지 않으냐 하는 생각입니다.

○ 소위원장 우제항: 그러니까 대등한 기관인데 시장군수가 시의장한테 위임한다는 것은 상하관계가 안 맞으니까 그 밑에 있는 사무처장한테 하지만 실질적 권한은 의장한테 있다는 것이지요?

○ 행정자치부 제2차관 장인태: 예.

○ 김정권 의원: 실질적인 권한이 있다는 것을 여기에 좀…….

○ 노현송 의원: 그때 제가 그 얘기를 했는데요. 사실 사무처장한테 위임한다는 말 자체가 맞지 않다니까요. 사무처장한테 어떻게 임명권을 줘요?

○ 소위원장 우제항: 사무처장은 의장의 지휘를 받아서 하는 것이지요.

○ 김정권 의원: 그런데 실질적으로 사무처장이나 이런 사람이 의장의 지휘를 받는 것보다는 인사권을 가지고 있는 단체장의 지휘감독을 받고 거기에서 좌우되기 때문에 이렇게 되었을 때는 큰 변화가 없는 것처럼 보이거든요.

○ 노현송 의원: 그러니까 그것은 '의장'이라고 명시를 해 주어야 돼요.

○ 행정자치부 제2차관 장인태: 그런데 '의장'으로 명시를 하면 의장이 결국 위임을……

○ 노현송 의원: 아니, 위임을 받는 것이 아니라 거기에 관한……

○ 김정권 의원: 사무처장에게 위임하여야 한다. 위임받은 사무처장 등은 의장의 지휘를 받는다든지 또는 다른 방법이 있겠지요.

○ 노현송 의원: 예를 들면 기능직이라든지, 그러한 규정이 있지 않습니까? 그 예를 들어 놓고 그것에 관한 인사는 의장이 임명권을 갖는다. 이렇게 하면……

○ 행정자치부 제2차관 장인태: 노현송 의원님. 의장이 임명권을 가지려면 거기에 따라서 인사위원회를 별도로 설치해야 합니다. 그리고 20개 관련법령을 다 고쳐야 됩니다.

이상 소위원회의 속기록에서 보듯이 국회의원과 답변자 사이에 돌아가며 의견을 주고받고 있지만 실제적인 내용을 뜯어보면 의원 쪽에서는 노현송 의원을 제외하고는 의원이 발의한 이 법이 무슨 문제를 가지고 있는지에 관해서 거의 모르고 있다는 사실이다. 설사 일부 의원이 안다고 해도 제대로 된 발언을 외면하는 듯한 태도에서 국회가 지방의회의 올바른 역할 정립을 위해 고민한다기보다는 이치에 맞지는 않지만 행자부의 주장을 들어줌으로써 절충을 시도하려는 모습을 취하고 있다는 사실에서 지방의 앞날이 끝없이 서러워진다. "입법을 하다 보면 입법취지와 원칙에 대한 논의과정에서 도저히 행자부의 손을 들어 주어서는 안 되는 일이 생겨도 그들과 다른 여타의 협력관계(?)를 위해 민망스럽지만 어쩔 수 없이 그들의 뜻에 동조할 경우가 왕왕 생기기도 합니다."라고 솔직한 속내를 털어놓은 적이 있는 경북도 의원을 지냈던 당시국회 행정자치자위원회 소속의 권오을 전 국회의원의 고백은 적어도 구렁이 같거나 비열해 보이지는 않는다. 입법과정에서 입안자가 누구든 분명한 원칙을 비껴 두고 박박 우기는 꼴을 보고 있자면 속이 뒤집어진다.

여하튼 위 내용 논의과정으로 다시 돌아가 보자. 답변자로 나선 장인태 차관은 일반직을 제외한 다른 직종에 있는 직원들의 인사권의 회복문제와 관련하여 "대신 전문직이라든지 계약직 이런 부분에 대해서는 의장이 권한을 가지고 있을 필요가 있습니다. 그런데 만약에 이대로(의장에게 인사권을 주는) 한다면 시도지사가 의장한테 권한을 위임하는 형식이 되는데 사실 독립된 별개 기관……." 하면서 말꼬리를 흐린다. 그러자 대표발의자이자 소위원회 위원장인 우제항 의원이 묻는다. "그러면 의장으로 고쳐야 된다?" 그러자 차관이 비슷한 이야기를 반복해서 이어 가자 이인기 의원한테 "방금 위임한다는 말이 무엇입니까?"라는 질문을 받자, 차관은 "……그러니까 독립기관의 장인 의장한테 어떻게 감히 위임을 할 수 있느냐는 겁니다. 그래서 실질적으로 의회의 장이 권한을 갖고 있으면서 행정적 편의를 위해 일단 이렇게 한다는 것입니다."라고 답변을 하고 있다.

참으로 기가 막히는 대화의 장면이 아닐 수 없다. 차관은 이렇게 중요한 문제를 말도 안 되게 '위임'을 전제로 두면서 이 문제를 설명하고 있다. 불순한 의도가 내포된 답변이다(그는 그 후 박연차 뇌물사건에 연루되어 구속되었다). 위임 문제가 부각될 하등의 이유가 없다. 위에서 언급한 대로 바로 인사권을 의장에게 넘기면 되는 것이다. 일본처럼 말이다. 일본은 지방자치법 제138조에서 의회에 사무국을 두도록 하면서 우리처럼 꼴통 부리지 않고 원칙대로, 같은 조 제5항에서 "사무국장事務局長, 서기장書記長, 서기書記 및 기타직원其他職員은 의장議長이 이를 임면任免한다"고 했다. 그게 바로 원칙이고 끝이다. 거기에 무슨 괴상한 토가 달릴 하등의 이유가 없다. 그런데 "감히 의장한테 위임을 어떻게……"라는 식의 불필요한 수사를 곁들여 답변을 하면서 마치 이 문제가 '위임'을 전제하지 않으면 절대로 안 되는 것인 양, 안건의 본질을 호도하고 있는 것을 보면 위험한 사고를 지닌 공직자의 교활狡猾이 이 세상을 어떻게 질식시키는지를 보는 것 같아 두렵기까지 하다. 더욱 안타까운 것은 그렇게 답변하는 사람도 사람이지만 그런 말도 안 되는 주장을 듣고, 처음에는 문제점을 잘 지적해 가다 속이 안 좋아 중간에 화장실에 다니러 갔는지, 아니면 입을 꾹 다물고 말았는지는 모르지만 소위원회에서 행정자치부의 의지대로 결론이 날 때까지 그들은 더 이상 언급을 하지 않았다는 사실이다. 당시 소위원회 회의록에는 더 이상의 발언 기록이 없다. 즉 노현송 의원이 물은 것처럼 "어떻게 사무처장한테 임명권을 줘요? 그러니까 그것은 '의장'이라고 명시를 해 주어야 돼요."라고 집요하게 묻고 그대로 했어야 했다. 그것이야말로 이 문제와 관련해 입법원칙인 까닭에 당시 차관은 양심상 더 이상 논리를 전개하지 못하고 말꼬리를 흐렸던 것이다.

그러면서 그는 최종적으로 "의장이 임명권을 가지려면 인사위원회를 별도로 설치해야 하고 그리고 20개 관련법령을 다 고쳐야 됩니다."라고 꾸역꾸역 참았던 속내를 드러내 보이며 대꾸를 하였던 것이다. 당시 이 대목에서 노현송 의원이 지방의회의 발전을 염두에 두고 좀 더 진지하게 처리했더라면 지방의회는 지금보다 훨씬 더 보좌기능 측면에서 급격한 발전이 있었을 것이다. 지방의회의 진정한 발전을 위한다면 그까짓 관련 법규 20개를 정비하는 것이 무슨 대수란 말인가. 지방의회가 지금처럼 무늬만 의회가 아니라 주민의 입장에서 제대로 기능하는 모습으로 태어나게 한다면 20개가 아니라 200개라도 고쳐야 되지 않는가 말이다. 그것이 싫으니까 지금처럼 가자? 한마디로 어이가 없다. 해당 공직자의 이러한 사고들이 한국을 한없이 초라하게 만들고 있다. 프랑스의 공법학자 롤랑Roland Drago은 이러한 수준의 대한민국 지방자치법을 보고 "한국은 지방자치가 없다."고 말했던 것이다. 이보다 국제적으로 망신스러운 일이 또 어디에 있다는 말인가? 어떤 급한 이유가 있어서 노현송 의원의 발언이 그것으로 끝나고 말았는지 당시 그 현장에 없어서 알 수는 없지만 여하튼 회의록에서 보인 대응은 그것이 끝이다. 당시 노현송 의원 같은 사람은 이렇게 생각을 했어야 했다. "국회사무처장을 포함하여 국회 사무처에 근무하는 3천 명이 넘는 직원들의 인사권을 국회의장이 아닌 행정부의 수장인 대통령이 가졌다면 그들이 과연 지금처럼 국회를 위해 근무를 하겠느냐?" 하는 생각 말이다. 그렇게 되었다면 그들은 자기들의 앞날을 보장해 주는 대통령(행정부)한테 매달리지, 줄 것이라고는 아무짝에도 없는 국회와 국회의장을 향해 충성을 보이겠는가 하는 점 말이다. 이것은 감정 문제가 아니다. 조직운영의 근원적인 문제인 것이다.

행정자치부(행정안전부도 똑같지만)는 걸핏하면 "인사권을 의장에게 돌려주면 인사적체가 되어 많은 문제가 생긴다."고 말하고 있으나 그것은 고양이가 쥐 생각하는 것에 다름 아니다. 지금의 지방의회가 처한 입장에서 보면 인사적체 문제는 사실 문제도 아니다. 초보적인 보좌기능 자체가 결딴난 상태인데 무슨 한가한 소리를 하고 있는지 모르겠다. 아니 할 말로 의원으로 당선되는 사람들이 모두 지금 지방정부 단위에서 처리하는 행정운영과 관련된 지식과 정보를 가지고 있으면 보좌기능은 전혀 필요 없을지도 모른다. 그러나 그것은 현실적으로 불가능하지 않은가. 그런데 안타깝게도 우리들 저변에 조성된 '사회적 동의'는 이 문제를 빼고 말하는 경우가 너무 많다. 이들은 '의정직렬'을 신설하면 지원하는 사람이 없다고도 한다. 하지만 이는 허구다. 지원하는 사람을, 지금 집행부에 있는 공무원, 특히나 의회 경험이 전혀 없는 인원들을 대상으로 설문한 결과만을 가지고 새로운 직렬이 필요 없다고 한다면 그것은 너무한 사실의 호도다. 물론 현재 집행기관에 있는 일반직 공무원들을 대상으로 한 설문결과를 가지고 그 걱정을 한다면 그 말이 전혀 틀린 말이 아닐 수도 있다. 특별한 경우를 제외하고는 각 지방정부의 인사적체는 대단히 심각한 수준이니까 말이다. 하지만 일반적으로 조직이 있는 곳에 일정 정도 인사적체가 있는 것은 당연하다고 보면 그것은 생각하기 나름이다.

그러나 지금의 의회에 관해 그러한 생각을 한다는 것 자체는, 지방의회가 어느 정도의 한심한 지경에 처해 있는지 아무것도 모른다는 사실을 드러낼 뿐이다. 지금의 의회는 전문성 측면에서 '무지의 박람회'라 할 정도다. 물론 의회 내에 출중한 능력에 기반을 둔 전문성을 확보한 주민의 대표가 전혀 없지는 않다. 문제는 그 숫자가 악화에게 구축당하는 정도는 되지 말아야 하는데 지금은 구축 정도가 아니고 거의 압도적으로 점령당했다고 봐야 한다. 그런 차원에서 이 문제에 다가가야 한다는 말이다. 위에서처럼 그런 식으로 걱정하는 듯하지만 그건 구차한 변명이다. 지금의 의회는 사치스런 인사적체를 논할 계제가 아니다. 주민의 대표가 영원히 바보로 남을 것이냐, 진정한 의미의 대표로서 본래의 기능을 회복할 것이냐 하는 문제와 연관된 현안 중의 현안이다. 지금은 이미 전문가 입장에서는 고전이 되어 가고 있지만 이 문제를 해결함에 있어 '의회직렬'을 새로 신설해 가되 광역의회와 기초의회를 지역별로 나누어 한데 묶어 통합인사시스템으로 바꾸어 운영해 간다면 그것은 얼마든지 합리적으로 해소가 가능하다. 해 보지도 않고 그때마다 적당한 변명을 달아 무조건 안 된다고 주장하는 것은 결국 안 하겠다는 뜻이다. "눈코 뜰 새 없는 우리가 언제 그 알량한(?) 의회를 위해 20개의 관련 규정을 고치겠습니까?" 하는 것과 크게 다르지 않다.

그러면 우리나라 지방자치법은 어찌하여 의회사무직원의 임명권을 돌려주지 않으려는 것인가? 한마디로, 의회의 보좌기능이 전문화되면 의회기능이 강화될 것이고 그렇게 되면 결국 중앙의 권한이 줄어드는 근원적 계기를 제공할지도 모른다는 괜한 한심한 두려움을 가슴속 깊이 쌓아놓고 가능한 한 지방을 손아귀에 쥐고 흔들려 하기 때문이다. 비열함의 극치다. 더 내심으로는 의회를 적당히 '바보'로 두면서 무늬만 민주주의인 '위장된 민주주의'를 하겠다는 한심한 발상이 숨어 있기 때문이라는 것 외에 달리 설명할 길이 없다.

얼마 전 지방자치단체장에게 의회의원의 징계요구권을 부여하는 개정 자치법안을 냈던 전라도의 모 국회의원 사무실에 전화를 하여 "그런 말도 안 되는 법안이 어디 있냐"며 조목조목 반박했더니 그 개정지방자치법 관련 의견정리를 했다는 입법보좌관 왈 "예. 선생님

이 주신 의견이 전적으로 맞습니다. 그렇지만 그렇게 했을 때 지방
의회의원 놈들 천방지축으로 날뛰고 꼴값 떠는 것을 어떻게 봅니까?
행정자치부 의견도 전혀 문제가 없다고 하고요. 그래서 사실은……."
라고 말하는 것을 확인해야 했다. 자기들의 과시를 위해 끝없이 지
방을 우롱하는 동안 그것의 축적은 결국 자신들을 쳐내게 될 것이라
는 사실을 그들은 아직 모르고 있는 것 같다.

5.

자치권확대 로드맵만 그리다 사라진 참여정부

로 드맵 소리만 나와도 눈알을 부라리는 인사들이 아직도 우리 주변에 흔하다. 그 로드맵으로 인해 개인적으로 무슨 봉변을 그리 크게 당했는지 모르겠지만 '호생관'처럼 역작을 그렸음에도 하여간 그렇다. 다른 것은 몰라도, 적어도 지방분권과 관련한 로드맵 자체만을 가지고 이러쿵저러쿵하는 사람이라면 그 사람은 지방자치가 뭔지 잘 모르는 사람이 분명하다. 물론 그 이유가 다른 데 있다는 것을 왜 모르겠는가. 한국정치의 소갈딱지가 뻔한데……. '중僧이 싫으니까 가사袈裟도 싫은 거 아니겠나.' 로드맵만 냅다 그리도록 해 놓고 그것을 밀어 주던 청와대가 딴청을 부리자 그때까지 납작 엎드려 눈알만 굴리던 지방분권위원회에 파견된 공무원들이 분기탱천해서 반대한 면도 적지 않지만. 아무튼 그들은 결국 호생관이 되었다고 스스로를 위로하며 살지는 모르나 결과는 용만 그려 놓고 눈을 넣지 않은 채로 끝났다는 점을 부인하기는 어렵게 되었다.

로드맵 이야기는 뒤에 더 하기로 하고 우선 호생관毫生館이 무엇인지부터 설명하고 가야겠다. 호생관은 18세기 영조시절을 살았던 최북崔北이라는 중인中人 출신 화가의 별호別號다. 최북은 당시 산수와 메추라기를 기막히게 그렸다. 단원 김홍도, 겸재 정선과 교류하고 김명국, 장승업과 함께 조선 3대 기인奇人화가 반열에 올랐을 정도였으니까. 그러나 재주가 출중한 것과는 달리 예술가로서의 자부심을 지켜가기에는 당시 신분의 벽이 너무 높은지라 분노하고 좌절하다 끝내 자존심 때문에 꼬챙이로 자신의 눈을 찌르고 애꾸가 된 전력을 가진 사람이다. 이렇듯 인생에 대한 무거운 비애를 겪은 자신은 결국 '붓으로 먹고사는 사람'이라고 마음을 정하고 그의 호를 호생관毫生館이라고 했다.

지방분권과 관련된 로드맵을 언급하면서 난데없이 호생관을 들먹이는 것이 다소 생뚱맞아 보일 수도 있으나 나름의 이유가 있다. 최북의 그림이나 노무현 정부에서 그린 지방분권 로드맵이나 영원한 아웃사이더라고 낙인찍힌 주변부 인간들의 붓질을 통해 얻은 그림이지만 그 그림 자체는 너무나 훌륭했다는 점을 말하고 싶은 때문이다. 최북이 겪은 배척과 소외가 스스로의 눈을 찌르는 참담한 결과를 낳게 하고 그것이 결국 한 개인으로 하여금 지속적인 생의 고통을 잊게 한 것이라면, 노무현 정부의 지방분권 로드맵은 엄청난 수의 자치전문가와 지방인들이 십수 년을 주변부에 머무르면서 발과 땀으로 키워 낸 역작이었다. 물론 정권을 차고앉았음에도 **행자똑딱성城**(지금은 발음도 꼬이는 '행안부'로 되었지만 어쨌든 **행**자부를 중심으로 세상에서 **자**기들이 제일 **똑똑**한 줄 착각하는 머리가 **딱**딱한 공무원의 총칭)에 들어앉은 폐쇄하고 이기적인 일단一團의 중앙공직자들의 발길질에 채여 무릇 5년 동안 버둥대다 생을 마쳤으니 이를 두고 어찌 21세기 한국지방자치사의 비극이라 아니 할 수 있으며, 우리나라 지방자치아킬레스건腱에 대한 엄청난 자상刺傷이 아니라고 할 수 있겠는가.

　누구든 현재 수준의 한심스런 지방분권문제를 외면한 채 노무현 정부가 붓을 들고 그린 로드맵 자체를 가지고 문제 삼으려 든다면 그것은 일단 두 가지 측면에서 못된 심보가 작용하고 있음이 분명해진다. 먼저, 중이 싫으니까 가사袈裟도 싫어지는 일종의 어깃장 심보다. 둘째는, 국가경쟁력이야 생기든 말든 최소한의 지방분권마저 거부한 채 오직 중앙으로 집중된 권력의 단맛을 즐기기 위해 자치 이전의 괴상스런 형태의 중앙집권을 획책하는 무리의 음흉한 심보가 작용한 탓일 게다. 혹여 이도 저도 아니라면 이미 위에서 1차 의문을 품었지만 지방자치를 등에 업고 처음부터 꾸민 정치흉계凶計일 것이다. 그리고 마지막으로 설마 이것도 아니라면 그건 무지에서 출발한 것일 테니까 논할 가치도 없겠다.

　로드맵이 무엇인가? 간단히 말하면, 정한 길을 어떻게 가겠다는 것을 보여 주는 일종의 안내서(road map: a road map is a map which shows the roads in a particular area in detail)다. 언뜻 보기에 노무현 정부에서 작성한 이 로드맵에 집착하는 듯 보일지 모르나 이는 다른 뜻이 있어서가 아니다. 적어도 글로벌 시대가 요구하는 지방분권의 절대적 필요성에 따른 수준 결정을, 당분간 이보다 더 현실적으로 그릴 수는 없을 것이라고 판단한 그림이어서 애착을 가질 뿐이다. 또한 이 로드맵에 높은 점수를 주고 싶은 것은 이전까지의 경험이 언제나 그랬던 것처럼 주로 중앙의 한두 사람이 책상머리에 앉아 자기들의 입지를 철저히 계산해 가며 그려 댄 상상도가 아니라 10년을 넘도록 지방 구석구석을 돌며 다양하게 듣고 구체적으로 확인해 실제를 그려 낸 그림이기에 그런 평가를 했다는 점을 굳이 외면하고 싶지 않아서다.

그러나 아무리 십수 년이 넘도록 발품을 팔며 수도 없는 세미나와 공청회를 거쳐 딴에는 불후의 명작을 그려 놓으면 무엇 하나. 그것을 실제 현장에 옮기지 않으면 아무 소용이 없는 것을. 아무리 수구세력의 비아냥이 도처에 창궐했다지만 명색이 정권을 쥔 자 측에서 국가의 총체적인 경쟁력을 끌어올릴 방안으로 제대로 된 지방분권 청사진을 마련했으면서도, "주류가 아닌 주변부에 머물던 2류가 만든 작품인 데다 그 그림대로 간다면 이제껏 누렸던 우리의 달콤한 파이는 어디에 간 것이냐?"고 중앙의 공무원들이 아우성 한번 치자 이내 쪼그라들어 아무것도 하지 못하는 것이 허용되는 하수下手의 사회가 대한민국이라면 이보다 갑갑한 일은 없다. 좋다. 그것이 한국 중앙관료사회의 알통이고, 지방이 어떻게 돌아가는지는 알지도 못하면서 자신들의 이기利己를 위해 입에 거품만 물어도 대통령권력마저 너끈히 끓어앉히는 것이 한국중앙권력의 현주소라면 더 이상 할 말은 없다.

그래서 다시 한번 의심할 수밖에 없지만, 참여정부 초기에 지방분권으로 주목을 받았던 사람들 중 많은 이들은 어쩌면 애초부터 지방분권에는 관심조차 없으면서 능청을 떨었는지도 모를 일이다. 표가 하늘에서 떨어지는 것도 아니고 어차피 지방에서 나와야 되는데 표를 주는 주인들한테 "지방분권을 통해 여러분들을 진정한 주인이 되도록 하겠다."고 적당히 속여 당선되고 이내 안면 몰수하는 그런 하책의 명수들 말이다.

일반인은 물론이고 어떤 부류의 정치인이라고 하더라도 종국에는 지방에 머물며 일개 시민으로 살아야 하는 것이 매우 자연스러운 우리의 숙명인데 이를 받아들이지 않고 자기는 언제나 알통(?)들을 거

느리고 중앙집권 호호 불며 죽는 날까지 누리다 가려고 하는지 그 꿈이 너무 불쌍해 보인다. 한국에서 중앙집권을 좋아하는 무리들의 주장은 비교적 일관되고 명확한 편이다. 그들에게는 새로운 시도를 통해 당장의 국가 이익(엄청난 경쟁력 포함)이 생긴다 하더라도 자신의 개인적 이익에 반하면 가차 없이 국가 이익을 버릴 수 있을 만큼 전통적으로 훈련된 집단의 특성을 가지고 있다. 그것이 매우 위험한 생각인 줄을 알면서도 말이다. 지금 같은 글로벌 환경에서 지방은 더 이상 변방이 아니라 바로 세계의 중심이다. 정보화 이전만 해도 지방자치를 해야 할 것인지 말 것인지를 두고 제기된 찬반양론 중 당시의 부정론은 나름대로 명분과 이유가 있었다. 당시에는 그 누구도 지금과 같은 세상이 펼쳐질 것이라고는 감히 상상을 할 수 없었으니까.

기왕에 나온 얘기니 딱딱하지만 전통적 두 주장을 한번 살펴보고 가자. 그 사람들 중에서 아무래도 랑그로드(G. Langrod)와 팬터브릭(Keith Panter‒Brick)을 대표선수로 들어야 할 것 같다. 우선 부정적 입장에 있는 랑그로드는 "민주주의 원리는 전체적인 국가 내에서의 균일성, 평등성 및 다수결제도 등을 골자로 하고 있기 때문에 필연적으로 중앙집권화의 경향을 수반하게 되어 지방분권, 특수성, 부분성을 중심으로 하는 지방자치와는 근본적으로 상반되는 관계에 있다고 주장한다. 뿐만 아니라 지방자치는 그 내부에서 창출되는 분열현상 때문에 민주주의의 부정물否定物로 화化하게 되며 국가의 민주체제가 완성되면 될수록 발전의 기회를 잃게 된다."고 말하고 있다.

한편, 단호하리만큼 찬성의 입장을 취하는 팬터브릭은 "현대 민주주의가 중앙집권과 획일성을 요구하고 있는 것만은 아니며 평등과 균일성의 원리가 왜곡되었을 뿐 아니라 민주주의 교육장으로서 역할이 중요하다."는 것을 제시하고 있다. 민주주의가 중앙집권화와 획일성을 요구하고 있다고 보는 것은, 민주주의를 국민 전체의 이익에만 중점을 둔 것이라 잘못 판단한 데서 기인한 것에 불과하다고 반박하였다. 즉 민주주의는 국민 전체의 이익을 결정하는 행위만으로는 불충분하며 국민 전체의 이익이 무엇인가를 정확히 인식하는 과정 또한 매우 중요하다고 보았다. 더욱 눈여겨봐야 할 것은 아직까지 민주주의가 완성된 국가가 없다는 점이다. 따라서 랑그로드의 부정론은 문제가 있다고 반론을 제기하고 있다.

이렇듯 두 대표학자의 주장을 골자로 할 때, 지금 우리에게 중요한 것은 그들의 주장이 맞다 틀리다 하는 것을 우리 상황에 대입시켜 놓고 갑론을박을 구하기보다는 시대가 요구하는 최선의 선택이 무엇인지를 가려내는 일이 되어야 할 것이다. 중앙이 모든 것을 해결하려드는 일방통행 방식의 권력관리가 아니라 사안에 따라 지방에서 스스로 결정·집행하게 함으로써 총체적으로는 국익에 도움이 될 수 있는 최소한의 지방분권을 이행하라는 것이다. 이른바, 지방자치(정치) 과정에서 국가와 지방자치단체의 관계를 지배와 복종의 기조로 하는 상하관계가 아니라 협력과 공존의 관계를 아우르는 집권적 이점과 분권적 이점을 동시에 충족하는 수단으로서 지방분권의 실현이 더 이상 정치적 이해에 따라 선택되는 전리품이 되어서는 곤란하다는 것 말이다.

그러면 앞에서 이미 밝힌 것처럼 노무현 정부에서 그린 지방분권과 관련된 내용에 관해 좀 더 확인해 보고 넘어가자. 노무현 정부가 2003년 7월에 제시한 그림은 7개 분야 20개 주요 추진과제를 선정하면서 그 실현을 위한 원칙으로 3가지를 제시하고 있다. 첫째, 선분권先分權 후보완後補完의 원칙이다. 지금까지 분권에 관해 중앙정부의 거부적 태도가 강했던 점을 감안하면 거의 파격적인 조치다. 둘째, 주민과 가장 가까운 정부에 우선하는 보충성의 원칙補充性의 原則을 택했다. 이는 주민의 대표가 멀리 있으면 있을수록 주민의 권리 찾기는 그만큼 어려워진다는 원리에 기초하고 있다. 광역단체장이나 국회의원 모두 우리가 뽑았지만 평상시 그들을 한 번 만나려면 도무지 쉽지가 않다. 멀리 있는 권력은 손으로 쉽게 만져지지 않는다. 그 대표가 능력이 많아서라기보다는 그가 권력(정부사무)을 관리하는 대표자인 관계로 특별한 경우를 제외하고는 큰 선거를 통해 당선된 사람들의 경우, 당선된 개인에게는 큰 영광이겠으나 개별 유권자하고의 관계는 언제나 먼 거리에 떨어져 있기 마련이어서 재미있을 일이 거의 없다. 셋째, 중·대 단위 사무를 단위로 하는 포괄이양의 원칙이다. 이 원칙은 분권이 지방자치의 존립요건이라는 점을 감안하고, 지금처럼 과소분권 된 상태에서 무엇보다 시급한 것은 분권의 신장이라는 점에서 특별하다.

한마디로 이런 것이다. '이 세상에 정치가 필요 없을 수는 없을까?' 하는 것을 가지고 고민한다고 할 때, 그에 대한 답으로서 "국가가 가진 권한을 한데 끌어 모으고 그것을 도마 위에 올려서 아주 잘게 썰어 모두가 공평하게 나누어 가질 수만 있다면 그때는 정치가 필요 없을 거야." 하고 말하면 어떨까?

크게 틀리지 않아 보인다. 그렇지만 현실성이 없어 실현불가능하다. 그러면 영영 방법은 없는 것인가? 완벽하지는 않지만 아쉬운 대로 그 대안이 바로 지방자치를 통한 지방분권이다. 그래서 주민들이 자치를 위해 필요한 일정 분(한국의 경우 아주 쪼끔)의 권한을 내놓으라고 요구하고 있는 것이다. 이를 분야별로 구체화시켜 노무현 정부에서 그린 지방분권 로드맵을 정리해 보면 대강 다음과 같다.

*로드맵에 포함된 주요과제

과제별	세부실천사항	완성약속기간
정부 간 권한배분	- 지방분권추진법령정비	2003 ~ 2004
	- 기관위임사무폐지	2004 ~ 2005
	- 일괄이양법제정	2004 ~ 2006
	- 지방교육자치제개선방안	2004 ~ 2005
	- 자치경찰제도입방안	2004 ~ 2005
	- 특별지방행정기관정비	2004 ~ 2005
재정분권	- 국고보조금사업정비	2003 ~ 2005
	- 지방교부세법정률인상	2004 ~ 2005
	- 지방채발행개별승인제도폐지	2004 ~ 2005
	- 복식부기전면실시	2005
자치역량강화	- 조례제정근거확대	2003 ~ 2004
	- 도시계획권확대	2003 ~ 2004
	- 자치조직권확대	2003 ~ 2005
	- 정부간민관간인사교류확대	2004
	- 안식년제도입검토	2004
지방의정 활성화와 선거제도	- 의회인사권강화	2004
	- 전문위원제도개선	2003 ~ 2004
	- 지방의원신분제도개선	2003 ~ 2004
	- 선거공영제강화	2006
지방정부의 책임성강화	- 중복감사해소방안마련	2003 ~ 2004
	- 주민감사청구제도활성화	2003 ~ 2004
	- 주민소송제도입검토	2005
	- 평가전문기관지정	2004
	- 자체평가시스템확립	2003 ~ 2004
시민사회활성화	- 주민투표법제정	2003 ~ 2004
	- 주민소환제도입검토	2004
	- 참여예산제도입	2004
	- 자원봉사활동기본법제정검토	2004
	- 비영리민간단체육성지원법	2004
합리적 정부 간 관계정립	- 중앙정부입법과정에참여보장	2004
	- 조합제도활성화	2004
	- 특별지방자치단체제도검토	2004
	- 국가통합방위위원회설치검토	2004
	- 정부간분쟁해결법도입검토	2005

역대 어느 정부도 지방분권과 관련한 문제에 관해 이렇듯 구체적으로 제시하지는 못했다. 정권 초기 이 같은 추진과제를 선정해 두고도, 대부분 시행을 하지 못하고 결국 중앙정부에 속한 인원들의 조직적인 반대에 밀려 소기의 성과를 거두지 못해 좌초하고 말았던 것이다. 사실 지방의 제도권에 있는 인사 중 제한된 케이스를 제외하고는 지방분권이 그동안 어떻게 진행되어 왔고 또한 무엇이 결정적인 문제인지를 자세히 알지 못한다. 아직까지도 분권추구세력의 뿌리보다 집권비호세력의 뿌리가 훨씬 더 단단하다는 현실을 바로보지 못하고 그 엄청난 권력 나누는 일에 지방은 그저 '그냥 시간이 가면 어떻게 되겠지.' 혹은 '정치권에서 곧 조치를 한다고 했으니 잘될 거야.' 하고 있는 것이 우리의 모습이다.

지방의 제도권에 있는 대표들과 공직자들이 진정으로 지방의 발전을 도모하고 주민을 위하려 한다면 각오를 단단히 해야 한다. 분권은 자동적으로 나오거나 얻어지는 것이 아니다. 지역의 특성에 맞는 논리의 개발과 자신의 권리를 구체적으로 찾으려는 의지가 있을 때만이 가능하다. 이것이 없으면 지방은 죽었다 깨나도 식민지일 뿐이다. 우리나라에 있어 이 사안은 그가 비록 국정최고책임자라고 하더라도 어지간한 철학 가지고는 절대 성공할 수가 없는 특성을 가졌다는 것에 주의를 환기할 필요가 있다. 솔직히 말해, 나중에야 어찌되었든 우리나라에서 지방자치를 가장 정확히 말하고 그래도 순수한 진정성을 가지고 다가섰던 역대 대통령을 꼽으라면 단연코 노무현 대통령 딱 한 사람뿐이다. 그 모진 욕을 먹으면서도 자치권의 제도화制度化에 심혈을 기울여 성과를 얻으려 구체적으로 애를 쓴 대통령은 오직 그뿐이었다.

그렇지만 그렇던 사람도 분권과 관련해서 그 중간과정을 내밀하게 관찰해 보면, 일정한 시간이 흐른 뒤부터는 분권을 돕는 절대우군이 아니었음이 요소요소에서 감지된다. 예컨대 대통령이 '정부혁신지방분권위원회'의 제안에 전폭적 지지를 보내야 그 위원회에서 만들어진 안건이 탄력을 받고 지속적인 성과가 나타난다. 그런데 어느 시점에서부터인가 그렇게 하기보다는 이해관계집단 또는 관련부처의 의견조율을 우선시하는 경향을 보였다는 점이다. 지방분권위원회에 참여했던 한 교수의 말이 이를 정확히 뒷받침한다. "분명히 교수들이 제시하는 방향이 맞는데도 관련 부처 공무원들이 눈 하얗게 뜨고 달려들면 슬며시 피하게 된다." 자신과는 죽기 살기의 문제가 아니라는 말이다. 말이 지방분권이지 이거 이렇게 어려운 작업이다.

생각나는 말이 있다. "새로운 질서를 만들어 내는 것만큼 어렵고 힘든 일은 없다. 지금의 제도와 시스템으로 혜택을 보고 있는 모든 사람들로부터 엄청난 저항을 받을 수밖에 없기 때문이다. 그러나 개혁을 도와줄 사람들은 새로운 질서가 가져다줄 혜택에 대한 모호한 그림밖에는 없다. '강력한 적'과 '미온적인 동지'가 상존한다. 이것이 개혁이 성공하기 어려운 근본적인 이유다." 마키아벨리의 통찰이다.

이 대목에서 크게 말하는 것이 무슨 소용이 있을지 모르겠으나 지금의 정부를 운영하는 이명박 대통령께서 우리나라 핵심 지방자치단체의 장이었던 점을 감안할 때, 시간이 많지는 않지만 혹여 지방분권에 대한 일정한 철학을 실천할 의향이 있으시다면 저항극복에 대한 구체적인 방법을 설계하지 않고 이 사안에 다가서는 일은 없어야 할 것이다. 사안별 권한배분을 최종적으로 결정할 때 사명감이나 뒷심이 부족한 참여학자들에게만 담판 짓게 하지 말고 엄선과정을 거쳐 반드시 기초자치단체에 소속된 공무원까지 포함시켜 중앙과 지방의 의견을 동시에 듣고 판단하면 깔끔하게 정리된다. 과거의 경험으로 볼 때 처음엔 강했던 대통령의 의지가 중간에 퇴색되는 것은 대통령도 인간인지라 허구한 날 집권수호에 목을 매는 중앙공직자의 얘기만 일방적으로 듣다 보면 집요한 학습과정으로 인해 의지가 약해지기 마련이다. 일종의 삼인성호三人成虎가 그것이 아니겠는가. 즉 처음에 한두 사람이 나와서 호랑이가 나타났다고 할 때는 들은 척도 안 하지만 세 명이 모두 호랑이가 나타났다고 야단이면 집단화를 통해 정말 호랑이가 나타난 것이 되는 것처럼 말이다.

미국의 심리학자 밀그램은 어느 날 뉴욕 번화가의 인도에서 피실험자 몇 명에게 인도에서 갑자기 발을 멈추고 차도 건너편의 빌딩을 올려다보게 했다. 실험을 도와주는 사람의 수를 1명, 2명, 3명, 5명, 10명, 15명 등의 그룹으로 묶고 그들을 자연스럽게 움직이게 하다가 발길을 멈추고 일제히 건너편의 빌딩을 올려다보게 하였다. 1명일 경우에는 통행인의 겨우 4%만 올려다보았으나 수를 15명으로 늘이자 무려 40%가 발길을 멈추었다. 발길을 멈추지 않더라도 보행속도를 늦추면서 실험에 참여한 사람들처럼 빌딩을 올려다보는 사람들의 비율은 1명 시 42%, 3명 시 60%, 5명이면 86%가 덩달아 빌딩을 올려보았던 것이다. 스탠퍼드 대학 짐바르도 교수의 언급대로 "3명이 모이면 그때부터 집단의 개념이 생긴다. 이것이 사회적 규범 또는 법칙이 되고 특정한 목적에 도달하게 된다."

대한민국에서 최소한의 지방분권이 일어나지 않는 가장 큰 이유는, 지방분권을 통해서 지역이 스스로 자생능력을 키워 결국 골고루 잘 살 수 있는 토양을 마련하는 수단으로서의 지방분권에 대한 확신보다는 미친 듯이 막연히 그냥 중앙집권적 형태가 좋다고 습관적으로 말하는 지나치게 무지한 무리들에게 둘러싸여 한 발짝도 못 나가기 때문이라고 확신한다. 지방에서 일어나는 일이 왜 문제인지는 지방 정부에 장시간 몸담고 있으면서 고민해 본 당사자가 가장 많이 안다. 못의 질이 좋은 것인지 아닌지는 중앙정부의 관료가 아니라 못 장수가 제일 많이 알고 있다.

따라서 적어도 이 문제에 관해서는 중앙은 소아적으로 대응하지 말아야 한다. 공직자라면 누구를 막론하고 어차피 일정한 시간 되면 자연인으로 돌아와야 하고 한 지역 시민의 일원으로서 살아야 하는 것은 숙명이다. 자유민주주의를 지향하는 나라의 대원칙이기도 하다. 그런데 그것을 혼자만 누리겠다고 무모한 욕심을 정비하지 못하고 반짝하는 권력에 눈이 멀어 후손들이 자생력을 기를 기회를 잘라 피 튀기는 글로벌 경쟁에서 미아가 되게 한다면 그건 돌이킬 수 없는 죄악이다.

프랑스 '크레공 총리'가 국립행정학교 에나ENA를 파리에서 470킬로미터나 떨어진 '스트라스부르'로 이전한다 할 때 프랑스를 실제로 움직이는 에나 출신 동문회가 발칵 뒤집혔다. "어디 감히 우리의 에나를 파리를 벗어난 지방으로 돌릴 수가 있다는 말이냐?"는 거였다. 에나는 드골 대통령에 의해 창설된 이후 최근까지 5명의 대통령 중 2명, 14명의 총리 가운데 크레공을 포함한 6명의 총리를 배출한 최고의 명성을 가진 학교. 심지어는 당시 크레공 총리를 동문에서 제명해야 한다는 강경론도 나왔다. 그러나 크레공은 굴복하지 않았다. 그런데 이게 웬일인가. 그로부터 얼마 후 유럽이 통합되면서 EU의 수도가 '스트라스부르'로 확정되었던 것이다. 그 뒤로는 에나ENA

의 이전에 관해 불평을 던지는 인원은 한 사람도 없게 되었다. 정치 지도자의 혜안은 이런 것이다. 미래를 통찰할 수 있는 능력 말이다. 정부의 요직을 점령하다시피 한 에나로 집단화된 그룹에 무릎을 꿇었다면 프랑스는 새로운 전기의 중심에 서지 못하는 비운을 맞았을지도 모를 일이다. 삼인성호의 법칙은 지방의회의 문제점에서 다시 언급되겠지만, 개인의 이익을 지키는 데 이골이 난 딱딱한 뇌를 가진 방해그룹의 공작에 걸려 오로지 구상만 하다가는 100퍼센트 실패할 것이고 그렇게 되면 그 실패로 인해 선진 각국들이 그리도 중요하다 여기며 애지중지하는 '지방地方'을 잃었다 하여 후대는 혹평을 할 것이 뻔하고 그것은 결국 대통령 자신으로서도 찬란한 성공의 역사에 오명을 불러 실패의 이력을 추가하게 될지도 모를 일이다.

6.

도도새를 닮은 지방의회

우리나라 사람들은 확실히 불을 닮았다. 매사가 화끈하다. 그래서 그런지 센 불에 녹기도 잘 녹는다. 치고 올라오는 불만큼이나 확 구부러지기도 잘 한다. 지나친 억압이 지나친 저항을 부르고 역사가 그것을 반복적으로 돌리다 보니 그런 결과가 생긴 것이 아닌가 싶다. 문제는, 그것에 원하지 않는 관성이 붙어 시도 때도 없이 스스로를 포함한 모두에게 피해를 주는 일이 너무 빈번해진다는 점이다. 한국의 민주화과정이 염천의 질식窒息을 거두어 내는 태풍이었다면 지방자치는 태풍이 지나간 뒤에 이루어지는 차분한 정리와 정돈이라고 할 수 있다. 그 과정에서 지방의회의 역할은 절대적이다. 그런데 그 정리정돈을 시작한 지가 무려 19년이 지났음에도 지금의 지방의회는 한없이 비틀거리고 있다. 꼭 도도새를 닮았다. 어떻게 해야 되는지를 스스로 찾기가 쉬워 보이지 않는 면도 있지만 의회를 둘러싸고 있는 거대한 정치환경 또한 지방의회를 가만히 성장하도록 내버려 두지도 않고 있다. 제도적 보완을 허용하지도 않으면서 언제든지 필요하면 정치적 제물로 쓰려는 준비를 단단히 하는 듯한 형국이다. 그것이 얼마나 어이없는 일인지도 모르면서 말이다. 그래서 지금의 우리나라 지방의회가 꼭 도도새를 닮았다고 한 것이다. 도도새 얘기 좀 하고 가자.

인도양 남부에 모리셔스Mauritius라고 불리는 작은 섬이 있다. 지난날 이 외딴섬에는 모양새가 좀 우스꽝스러워 보이는 새들이 살고 있었는데 키는 약 75센티미터, 다리는 짧고 튼튼하며 우둥퉁한 몸매에 따른 체중은 25킬로그램, 유별난 부리는 약 23센티미터나 되지만 날 수는 없는 새 그리고 그 이름은 도도였다. '도도'는 포르투갈어로 바보라는 뜻인데 이 새들의 울음소리가 '두오두오'라고 우는 것에서 이렇게 이름이 붙여졌다고 한다. 1507년 당시 선원들은 이 섬에 상륙해서 일차 허기진 배를 채우고 또한 신선한 고기를 마련하기 위해 아무짝에도 쓸모없어 보이는 이 도도새를 마구 잡아 죽이기 시작한다. 마침내 1681년 도도새는 마지막으로 잡혀 먹히게 되었고 그로부터 도도새의 종種은 이 세상에서 영영 모습을 감추게 되었다. 그런데 이게 웬일인가. 도도새가 그렇게 멸종되고 나자 놀라운 일이 벌어졌다. 그 섬에서 자라고 있었던 갈바리아 나무가 더 이상 번식을 하지 않았던 것이다. 갈바리아 나무가 싹이 트는 것은 도도새가 그 나무의 씨앗을 먹고 반드시 도도새의 위를 거쳐 배설물로 나오게 해야만 가능한 것인데 도도새를 모두 없애 버리고 말았으니 갈바리아 나무도 함께 멸종될 수밖에 없었던 것이다. 그러면 도도새가 원래부터 날지를 못했을까? 아니다. 도도새의 조상은 기나긴 비행 끝에 모리셔스 섬에 정착했다. 그 섬에는 다양한 종의 조류들이 울창한 숲에 살고 있을 뿐 자신들의 신변을 위협하는 그 어떤 천적도 없는 상태에서 도도새는 더 이상 하늘을 날 이유가 없어졌고 급기야 그 날개는 자연스럽게 퇴화되었던 것이다. 배가 고프면 나무에서 떨어진 과일을 쪼아 먹거나 땅바닥에 기어 다니는 벌레를 아주 손쉽게 잡아먹을 수 있는 호사를 누릴 수 있어서 연명을 위한 사냥은 더 이상 필요가 없었던 것이다. 이렇듯 사냥을 할 필요마저 없어진 그들은 완벽한 평화와 안일에 취해 결국 멸종을 당하게 되었던 것이다. 멸종되지 않고 후대까지 종족이 보존되었다면 생물학의 역사에 하나의 방점을 찍었을지도 모를 가치를 지녔을 텐데 말이다.

지방의회를 말하면서 도도새를 그 예로 드는 것이 다소 궤벽詭僻스럽게 느껴질지는 모르겠다. 그러나 이렇게라도 설명하지 않고는 지금의 이 갑갑한 지방의회 현실을 효과적으로 알릴 것 같지가 않다. 도도새는 본래부터 바보 얼간이가 아니다. 외지인이 들어와 그렇게 무참하게 살육하지 않았다면 그들은 분명히 양질의 식량공급원이 되었을 것이고 갈바리아 나무 또한 멸종되지 않았을 것이다. 도도새의 조상들이 기나긴 비행 끝에 평화의 땅 모리셔스에 앉혀 주었던 것처럼, 만고풍상萬古風霜을 겪으며 민주터전을 마련해 주고 민주주의의 근간인 풀뿌리 민주주의를 제대로 정착시키라 했더니 100년은 고사하고 열아홉 살 겨우 먹었는데, 어깻죽지 안으로 날개 빨려 들어가는 속도가 이리도 빠르니 이런 형국이 얼마간 계속되면 결국 한국의 지방자치는 제대로 된 비명도 한 번 질러 보지 못하고 멸종의 길에 이르는 것이 아닌가 하는 염려가 앞선다.

지금 엄청난 무리들이 아귀餓鬼의 눈빛으로 지방의회를 도도새로 만들어 놓고 집어삼키려 주체 못 할 침을 흘리고 있다. 문제는 도도새의 경우, 자기 자신과 갈바리아 나무만 없어졌지만 지방의회가 사라지면 독재의 추억을 그리워하는 자들의 정치폭력에, 대한민국 모두의 명줄을 감당할 수 없는 상태로 몰아갈 결정적 빌미를 제공할지도 모른다는 사실이다.

그러면 왜 그들은 지방의회를 먹으려 하고 있는 것일까? 물론 거기에는 많은 요인들이 복잡하게 자리를 틀고 있다고 봐야 하지만 가장 주된 이유는, 지방의회를 구성하고 있는 선거공직자 당사자들의 문제다. 구체적으로 무엇일까? 우선 다섯 가지로 나눌 수가 있다. 첫째, 지방의회의원으로 들어오는 동기 자체가 일반이 인식하는 것보다 훨씬 불순한 경우가 많다는 점이다. 물론 그들은 언제나 풀뿌리 민주주의를 강조하려 든다. 그런데 실제 과정을 들여다보면 지역공동체의 이익이 아니라 그를 둘러싼 지극히 한정된 개인 혹은 주변 일부의 이익을 위해 뛰는 작은 두목(?)으로 전락하는 때가 너무나 많다. 어찌되었든 합법적 절차로 의원이 되면 행정정보에 깊숙이 개입할 수 있는 길이 열린다. 그것은 지금까지 피상적으로 알았던 내용하고는 비교가 안 될 만큼 구체적인 것들이다. 그렇다고 오해는 하지 마시라. 다시 언급하겠지만, 구체적이라는 것은 일반이 가진 것에 대한 상대비교 차원이지 실제의 차치권 보장차원의 행정정보 수준을 말하는 것이 아니다. 그러나 이것만을 퍼 날라도 두목 주변의 그들에게는 대단해 보일 수도 있다. 이를 통해 그들은 서로의 필요에 의해 강력한 공생관계를 유지하게 된다. 이런 의원일수록 이로 인해 주민대표로서의 생명이 철저하게 짧아진다는 사실을 그들은 정확히 알지 못하고 또한 알려고 하지도 않는 경향을 띤다. 둘째, 지방정치에 대한 인식부족이다. 중앙이든 지방이든 정치가 언급되면 거기에는 반드시 권력(權)이 개입되기 마련이다. 지금의 지방권력은 권력이 아니다. 이건 완전히 모양만 흉내 낸 위장된(카무플라주) 지방자

치다. 당연히 지방에서 할 일도 억지로 중앙에서 하겠다고 법률에
한 줄 그려 넣으면 지방은 아무것도 아니게 된다. 그것은 그냥 국가
에서 하는 일이 되고 만다는 뜻이다. 즉 이미 살펴본 것처럼 현행
대한민국 지방자치법(제9조)에는 지방정부에서 다루어야 하는 사무를
모두 57가지로 크게 나누어 놓고 이를 다시 광역과 기초로 구분하여
광역은 301개 사무, 기초는 340개 사무로 나누어 놓고 있다. 그러나
지방자치법 위 같은 조 제2항에 "다만, 법률에 이와 다른 규정이 있
으면 그러하지 아니하다."라고 규정하여 둠으로써 희한한 뱀 다리를
달고 있다. 이를테면 "국가는 아무거나 할 수 있으니까 지방 너희들
은 꼼짝 마라." 하는 것과 같다. 고전적 정치학의 정의지만 사실 어
느 정부조직이든 국민적 동의나 국가운영의 원칙을 무시하고 거기다
가 최소한의 도의마저 없다면 그것은 깡패조직하고 다를 것이 없다.
심지어는 법률에 전혀 근거가 없어도 국회를 포함한 중앙정부가 지
방 사무를 자유롭게 떡 주무르듯 하는 일은 한두 가지가 아니다. 어
떤 경우인지 예를 한번 들어 보자.

　매년 9월이면 국정감사가 벌어진다. 이때 국회의원들은 지방정부
에 엄청난 양의 감사자료를 요구한다. 그것이 국가사무로만 이루어
진 것이라면 설사 힘들어도 적극적으로 협조해야 하는 것은 당연하
다. 하지만 사무권한이 국가에서 처리하는 사무하고는 아무 상관도
없는 지방정부의 고유사무인데도 각종 자료가 무작위로 요구되는 상
황이 벌어진다. 놀랍게도 동사무소 직원들의 인사이동에 관한 내용
도 내 달라고 하는 일이 아무렇지도 않게 벌어지고 있다. 문제는 이
같은 일이 빈번하게 벌어져 어쩔 수 없이 이에 응하는 공무원들의
답답한 심사를 아는지 모르는지, 정작 자치권을 지켜 가야 할 지방

의원들은 여기에 거의 관심을 두지 않고 있다는 기막힌 사실을 누가 알까마는. 물론 이런 사건에 대해 분통을 터뜨리는 대표들이 없지는 않다. 그러나 대부분 이것에 관해 정확한 인식이 부족한 지방의원들은 이 문제를 심각하게 보지 않고 있다. 자치권은 주민의 권리를 가장 가까운 거리에서 가장 효율적으로 보장해 주는 정치적 수단이고 이를 권한 없는 자들로부터 침해받는 것은 지방자치의 싹을 자르는 일인데도 그들은 이에 관심을 표하지 않거나 설사 안다고 해도 애써 외면하는 것이 현실이다. 서울특별시를 포함한 광역시에 거주하는 인구수가 2,300만 명을 상회함에도 행정의 능률성을 이유로 자치권을 회수하겠다는 법안을 만들어 국민의 여론을 몰아 갈때도 69개 자치구에 속한 주민의 대표가 이렇게도 조용할 수 있다는 것은 참으로 신기할 따름이다.

7.

멀쩡한 공무원이 의회서 스파이 된 사연

이미 우리나라 지방자치법의 문제를 논의하면서 의회에 인사권독립이 실현되지 않아 생기는 심각성을 언급했지만 실제로 현장에서 일어나는 일을 보면 기가 막힐 때가 한두 번이 아니다. 어떤 형태의 단체장이 되었건, 선거로 당선된 단체장이 그나마 양개기관(의회와 집행부)의 역할에 대해 기본적인 제도적 이해를 하고 있는 경우는 그래도 약간 나은 편이다. 그러나 현실은 안타깝게도 상상을 초월할 정도로 많은 수의 단체장들이, 의회에 발령된 공무원들에게 관해 '정말 그럴까' 할 정도로 적대적이다. 우리의 지방자치법(제93조)은 의회에 근무하는 공무원을 보충함에 있어 거의 대부분 현재 집행기관에서 근무하던 직원들을 받고 있다. 전문위원을 비롯하여 일부 직원은 전문성 확인을 통해 외부에서 영입할 수 있지만 거의 이루어지지 않고 있다. 왜냐하면, 설사 의회에 자리가 하나 생겼다 하더라도 그 자리는 의회의 발전을 위해 그 자리에 걸맞은 외부 전문가가 영입되는 것이 아니라 의회의 기능이야 어찌되든 말든 집행기관의 자리가 하나 늘었다는 것으로 이해되고 실제 대부분의 의회에서 그렇게 인사를 운영하고 있기 때문이다.

　문제는 발령받고 오는 그들에게 절대적 영향을 미치는 이가 의회의장이 아니라 시·도지사나 시장·군수·구청장이라는 데 있다. 일반적으로 공무원들의 '절대희망'이라는 것은 열심히 근무하여 실적을 제대로 인정받고 진급하는 것이다. 그런데 의회에서 근무하는 동안에도 그들은 여지없이 단체장이 임명권자다. 정신이 나간 공무원이 아니라면 이런 구조에서 의회에 애정을 갖는 것은 확실하게 미친 짓이다. 그러니 당연히 평정을 비롯하여 진급을 결정하는 모든 과정도 의회(장)와는 아무런 상관도 없다. 의장이 장으로 있기는 있어 명목적으로야 의회기관의 대표인 것이 틀림없지만 시쳇말로 지금의 의회는 의장을 포함하여 모두 핫바지인 셈이다. 자존심 상해 아니라고 박박 우겨도 그건 사실이다.

　우리나라의 지방자치구조는 양개 기관이 늘 긴장감을 가지도록 조장시켜 둔 서로 대립하는 구조다. 법으로 그렇게 만들어 놓은 것이고 단체장이 독주하지 못하도록 일부러 그렇게 장치를 해 둔거란 말이다. 따라서 거기에는 반드시 의견이 일치하지 않는 일이 일어나게 마련이다. 주민을 위하는 그 목적 자체는 동일하지만 그 과정은 얼마든지 이견이 있을 수가 있기 때문이다. 안건의 성격에 따라 대립과 갈등이 깊어지는 경우도 생긴다. 모두 자연스런 현상이다. 그 과정에서 의회직원에게 요구되는 역할은 누구건 양개 기관에 소속된 특정한 인사의 개인적 입장을 고려하는 것이 아니다. 주민과 지역의 이해득실을 고려하여 공익에 우선되는 것에 업무의 초점이 맞추어져야 한다. 그러기 위해서는 직원의 객관적이고 독립적인 지위확보는 필수다. 그런데 지금의 의회는 직원들에 대한 객관적 지위확보는 거의 불가능하다. 인사권을 포함한 해당 공무원에 대한 이해관계가 온통 단체장에게 쏠려 있는 상태에서 의회의 본질적인 기능을 위해 객관적인 처신을 하라 한다면 그것은 휘발유를 들고 불에 뛰어들어 자살할 것을 강요하는 일과 다르지 않다. 단순하게 말하면 이런 거다. 국회에서 근무하는 공무원들에 대한 임명권이 국회의장이 아닌 대통령에게 있다면 국회직원들이 독립적 지위에서 국민과 국회의원을 위해 일을 할 수가 없다. 대통령이 그 공무원의 앞날을 보장해 주기 때문이다. 이렇게 간단한 일을 우리 한국은 전혀 말도 안 되는 이유를 들어 의회가 개원한 지 19년이 지나고 있는 상황임에도 이를 해결하지 못하고 있다. 참으로 어처구니가 없는 일이다. 사정이 이쯤 되고 보니 눈 뜨고는 못 보는 일들이 전국 지방 각지 여기저기서 벌어지고 있다.

사례 중 추악한 편에 속하는 단체장 케이스 두 개와, 정돈되지 않은 감정에서 비롯된 졸렬함에, 지방의회 기능의 중요성과 자치의 원칙을 지키려 했던 공직자(의회전문위원)의 사례를 들어 보자.

먼저, 대구 어느 지역에서 있었던 일이다. 단체장하고 의회 간의 갈등관계가 악화되자 이에 대한 분을 품은 구청장은 가끔씩 의회사무실 앞을 지나다 느닷없이 의회사무국의 문을 열어젖히고 "너희들 임마 똑바로 해! 앞으로 삐딱하게 굴면 가만히 안 둘 거야!" 하고는 문을 꽝 닫아 버리고 그냥 간다는 것이다. 그러면 공무원들은 떨기 시작한다. 이 상황에서 냉정을 지키는 일은 알량한 용기의 문제가 아니다. 공직자로서의 미래의 명줄이 단체장에게 있기 때문이다.

다음은 인천 어느 구청장의 예를 보자. 당직을 끝마친 공무원들이 다음 날 아침 관용차 타고 들어오는 단체장의 출근을 마중하게 되는데, 집행기관에 소속한 직원들과는 일일이 악수하면서 의회 소속의

팀장이나 직원들과는 의도적으로 악수를 하지 않는다. 심한 경우 경멸의 눈길을 느끼게 함으로써 의회에 있는 동안 엉뚱한 짓(의회의 본질적인 기능을 감안하여 정상적인 업무에 충실한 행위를 말함) 하면 '너는 언제든지 집행기관으로 돌아와서 불이익을 당할 수 있다.'는 치사한 경고를 보내기도 한다. 물론 위에서 소개한 경우는 다소 극단적인 사례일 수 있다. 하지만 그것은 사실이고 중요한 것은 현행 지방자치법상 소위 공무원의 명줄에 해당하는 인사권을 의장이 아닌 단체장이 가지고 있기 때문에 비록 정도의 차이가 있을지는 모르나 별정직 등 극히 일부를 제외한 의회 공무원들은 모두 다 자기의 손아귀에 있는 직원들이라는 생각을 하기 때문에 생긴 일이다.

잘못된 제도는 크든 작든 이렇듯 괴상한 문화를 낳는다. 이런 상황 아래서 그들의 열린 생각을 기대하기는 거의 불가능하다. 돌려서 생각을 한번 해 보자. 만약 국회에 근무하는 공무원들을 국회의장이 임명하지 않고 대통령이 임명한다면 국회가 제대로 그 기능을 발휘하겠는가? 어림도 없다. 이에 관한 문제는 나중에 다시 소개되겠지만 어쨌든 위에서 소개한 것처럼 사고 자체가 폐쇄적이거나 몰자치적인 단체장이 나타나 그저 두어 번만 그런 식으로 해 두면 그 다음부터 의회직원들은 전전긍긍하기 시작한다. 이는 한 개인이 가지는 의지 문제가 아니다. 잘못된 제도에서 비롯된 구조적인 문제인 동시 암울한 지방의회의 현실이기도 하다. 하기야 단체장이 다 그런 것은 아니다.

"의회에서 의원들이 다소 무리한 의견을 내도 우리(단체장＋집행부공무원)는 인내하면서 우리가 가진 생각과 업무의지에 오해가 생기지 않도록 논리를 가지고 설명할 의무가 있다. 그것이 지방정치과정이기도 하다." 처음에는 대부분의 사람들이 반신반의하였지만 시간이 흐를수록 말과 실천이 일치하는 그 단체장의 말에 의원을 포함한 의회공무원 모두 그에게 무언의 지지를 보냈던 것이다. 대구의 한 구청장의 일이다. 잘난 리더의 역할은 이렇게 조직문화를 바꾸기도 한다.

의회가 진정으로 주민을 위해 거듭나려면 전문성을 가지고 열심히 일해야 한다고 하는 추상적 상위개념에 관해서는 단체장이나 의회 모두 상당히 일관되게 한목소리를 낸다. 그러나 그것은 말뿐이고 구체적인 상태가 어떻게 돌아가는지에 관해서 의회의원들은 잘 모르기도 하지만 상대적으로 관심도 적다. 설사 관심이 있다고 해도 단발성에 그치기 십상이다. 만일 그런 일이 발생했다면 그것을 해결하려는 방법이 무엇인지에 관해 해당 의회는 물론이고 유사사례를 찾고 이를 공론화시켜 지역별 연대 등을 통해 이 문제를 근원적으로 해결하려는 집요함이 필요한데 이 같은 집요함은 거의 찾기 어렵다.

의회가 정상적인 기능을 회복하기 위해서는 기본적으로 그에 맞는 적절한 환경과 토양을 조성하고 있는지에 관한 구체적인 확인은 매우 중요하다. 그럼에도 이 본질적인 문제에 대해 대수롭지 않게 여기거나 거의 침묵으로 일관하는 이상한 카르텔이 우리 사회에는 아주 깊게 형성되어 있다. 자치를 운영하고 전문성을 확보하는 것이 '준비 땅' 한다고 될 일이 아니다. 사정이 이러다 보니 의원은 의원대로 직원들에 대해 불만이 이만저만이 아니다. 직접 대놓고 폭언을 곁들여 답답함을 표현하는 경우도 종종 생기지만 "의회에서 그렇게 어영부영 눈치나 보려면 집행기관으로 가 버리라." 하는 위협은 이제 거의 습관이 되어 버렸다. 더욱 기가 막힌 것은, 비중이 있는 일이든 아니면 사소한 일이든 의회에서 진행되는 일과 관련하여 집행기관에서 미리 그 내용을 알게라도 되는 날이면 그때는 의원들의 직원에 대한 불신이 극에 달해 '스파이 색출작전'이 벌어진다. 그러나 결론은 언제나 '직원의 입'보다는 '의원이 발설'한 것으로 판명 날 때가 단연 많다. 직원이 그런 경우는 분위기를 파악하지 못해 일어나는 무의식에서 출발한 경우가 많고 의원이 발설한 것으로 판명이 날 경우, 그 연유를 찬찬히 들추어 보면 대부분 '개별의원이 긴밀한 물밑 공조'를 통한 집행기관과의 권력공유를 겨냥한 추잡한 카르텔을 구축해 두었거나 혹은 새로이 구축을 시도하는 케이스가 주류를 이룬다. 그 과정에서 직원이 본의 아니게 덤터기를 쓰게 된다. 내밀한 확인을 거쳐 의심이 해소되기라도 하면 그나마 다행이지만 그것도 안 될 때는 그냥 무력증을 견디며 발령장 하나 잘못 받고 와서 팔자에 없는 벙어리 냉가슴을 앓아야 하는 처지를 한탄할 수밖에 달리 도리가 없다.

왜 멀쩡한 공무원들을 의회에 발령해 놓고 바보를 만들고 있는지 지방의회는 각성해야 한다. 대명천지에 공무원들을 '스파이'로 만드는 나라가 우리 말고 지구상에 또 있는지 묻고 싶다. 중앙정부에 속해 있으면서 개정입법 제출을 하는 사람들의 입장에서 보면 "그것이 뭐 그리 대수란 말이냐?"고 할지 모르겠다. 그러나 그들은 잘 모른다. 그리고 아무리 곪아 터지기 직전이라고 해도 일단은 내 일이 아니기 때문에 행정안전부에 있는 담당자들은 그저 평온할 뿐이다. 마치 세종로 청사에 기대앉아 아름다운 경복궁 처마의 삼삼한 곡선을 바라보며 망중(忙中)에 짬을 내어 아무도 인정하지 않는 스스로 창조한 거만함(?)을 즐기며 커피 한 잔 하는 심정처럼 말이다. 그리고도 지방자치의 문제를 꺼내면 그들은 모두 다 안단다.

다음은 위에서 말한 대로 한심한 상황에서 당당함을 잃지 않고 자치제도가 지향하는 원칙을 지키고자 소신을 보였던 의회 전문위원의 예를 확인해 보자. 현행의 지방자치법(제42조)은 지방자치단체장으로 하여금 '지방의회나 그 위원회가 요구하면 출석해서 답변'하도록 강제하고 있다. 그러면서 '특별한 이유'가 있으면 그 단체장은 관계 공무원으로 하여금 출석하여 답변하도록 하고 있다. 문제는, 이 단서의 규정을 들어 많은 지방자치단체의 장들은 어떡해서든지 출석을 하지 않으려, 특별하지도 않은 이유를 자꾸 특별하게 만들어 가고 있다. 일종의 조작인 셈이다. 그리고 그 과정에서 불량내시內侍 같은 일부 측근 공무원들은 불쌍한 논리를 만들어 내려고 지금 이 시간에도 비루한 머리를 쓰고 있다. 물론 이러한 현실을 일방적으로 모든 자치단체장에게 책임지우는 것에는 결코 동의하고 싶지 않다. 왜냐하면 비록 국회가 관련지방자치법규를 창설할 때, 입법자 스스로의 잘못된 의도를 반영했는지 아니면 '지방자치단체장협의회'를 통한 로비과정에서 의회와 마땅히 접촉해야 하는 필연적 사무에 관해서조차 회피하고 싶은 의도를 적극적으로 반영해 주었는지는 모르겠다. 하지만(현실은 지방자치법 개정이 있을 경우 집행기관의 의견을 적극적으로 수렴하고 있다) 설사 실익 없는 싸움판을 만들어 놓았다손 치더라도 진정으로 출석이 필요하다 판단되면 서슴없이 의회에 출석해서 당당히 의견을 밝히는 단체장이 엄연히 존재하고 있다. 문제는 의회 출석과 관련하여 이같이 촌스런 싸움에, 기관의 사이즈를 떠나 지방자치단체가 거의 비슷한 모양으로 에너지를 낭비하고 있다는 사실이다. 이 같은 결과가 나오는 주된 요인은, 선거를 통해 제도권에 들어온 사람들 스스로 그들의 활동목표 자체를 유권자를 위한 '일'에 두는 것이 아니라 온통 '권력놀음'을 지향하고 있기 때문이 아닌가 싶을 때가 많다.

그러니까 부르는 쪽도 불리는 쪽도 '어떻게 만나서 문제를 어떻게 현명하게 해결할까?' 하는 고민이 아니라 '어떻게 공격해서 저놈을 죽여 주지?' 혹은 '어떻게 해야 저놈들에게 불려 가지 않지?'를 연구하는 작태가 끊이지를 않는 것이다. 주민을 위하고 지역의 문제를 해결하는 데 '양탄자'가 깔려 있으면 어떻고, '흙 묻은 자갈마당'이면 그게 무슨 대수란 말인가. 장구한 세월, 역사라는 이름의 치졸함이 빚어낸 비열하기 이를 데 없는 질투嫉妬가 합리적 게임을 지향하는 지방자치를 끝도 없는 나락那落으로 내몰고 있다. 이러한 현실은 결국 마땅히 출석해야 하는 상황도 거부하게 되고 이것의 끝은 결국 제도권 모두를 고만고만한 도토리 키 재기의 전쟁터로 만들어 가고 있다.

그래서 지금 소개하려는 주인공이 근무하는 의회는 이러한 문제의 심각성을 가지고 몇 번을 고민한 끝에 일부 법 원칙에 무리가 있음에도 불구하고 조례개정을 추진했다. 즉 단체장이 대리출석을 결정하게 될 때, 회의 시작 전에 의장이나 위원장에게 '알리도록' 한 지방자치법시행령(제53조)의 규정을 초과하여 '승인'을 받도록 강제하는 조례안을 의원발의로 다루도록 결정했던 것이다. 이러한 사실을 전해 받은 단체장은 전후 사정이나 해결방안을 위한 일련의 법 절차 등은 거들떠보지도 않은 채, 그 안案과 관련해 불가 쪽으로의 적극적 검토의견이 다루어지지 않았다는 이유를 들어 앙심怏心에 가까운 격한 감정을 온통 의회전문위원에 맞추어 놓고 다짜고짜 직위해제를 거론하며 갈등을 촉발시켜 갔던 것이다.

다음 두 사람(단체장과 전문위원)의 격한 대화를 참고해 보면 지금의 지방의회가 처한 상황이 얼마나 심각한 것인지를 충분히 가늠할 수 있을 것이다.

(장소: 단체장실, 배석자 전혀 없었으며 팽팽한 긴장감이 도는 분위기: 긴장감이 돌았던 이유는, 단체장의 입장에서는 어떻게 해서든 최종인사권이 자기 쪽에 있다는 것을 들어 실무상의 중추역할을 하는 전문화된 전문위원을 꺾음으로써 의회에 끌려다니지 않겠다는 뜻이 있었고, 상대적으로 오랜 시간 고도로 훈련된 전문위원의 입장은, 잘못 설정된 현행 자치제도의 결함으로부터 원칙을 고수함으로써 의회를 지켜 내야 한다는 사명감을 가지고 있었다. 따라서 전문위원의 입장은 결코 특정한 사람과의 감정 문제가 아니었다)

단체장: 역장이 역을 관리하는데 매표원이 돈을 받지 아니하고 사정이 있다며 이 사람 저 사람 공짜표를 주면 역장은 그 사람을 자를 수밖에 없습니다. 그리고 이번 문제와 관련 '갑설'과 '을설'의 얘기는 대학강단에나 가서 펴세요.

전문위원: 그것은 너무나 지나친 논리의 비약입니다. 물론 단체장 말마따나 악법도 법이고 그것이 현행법이어서 지켜야 할 가치가 있다손 치더라도 제도적으로 확실한 문제가 있어서 장래에 관계법을 개정·보완할 필요가 있다는 점을 지적한 전문위원으로서의 견해에 대해, 분별없이 '이상론이니 대학강단에나 서서 그렇게 말하라.'고 한다면 향후 예상되는 어떠한 개별법도 개정할 필요가 없다는 말씀 아닙니까? 말하자면 현행법이 최선이니까 법을 개정할 이유가 전혀 없다는 것 아닙니까? 우리의 지방자치법이 너무나 현실하고는 동떨어져 있어 그러한 각도에서 보아야 한다고 의견을 낸 것이 뭐가 문제가 된다는 것입니까?

단체장: 회의규칙으로 특별한 사유가 있다는 것에 의장이나 위원장의 승인을 받도록 하는 경우가 세상천지에 어디에 있고 또 상급단체는 어디에 있어요? 이것은 덧셈 뺄셈을 모르고 방정식을 푸는 것이 아닙니까?

전문위원: 저도 들었습니다(단체장이 이렇게 말을 하기까지에는 관련참모들이 자기들 유리한 대로 보고를 한 것으로 다른 단체로 전출 간 간부를 통해 확인되었다). '전문위원이 행정법을 잘못 이해하고 있는 것 아니냐' 하는 식의 저희들 편한 대로 조언한 사실 말입니다. 그러나 그것은 이 문제의 진행과정에서 저의 의견을 직접 듣지 못한 것으로부터 발생한 오해입니다. 그래서 제가 취임 초기에 단체장을 뵙고 참고로 드린 말씀 가운데 주변에 '삼인성호三人成虎'의 변辯이 많으니 경계할 필요가 있다고 말한 것 아닙니까?(이 갈등이 있기 전 취임 초기 어느 날 위 사례의 단체장과 편하게 대화를 나누던 중 참모의 운영론에 대해 개인적 견해를 삼인성호에 견주어 개인적 의견을 편 적이 있었다) 그러면 그 이야기는 전문위원의 의견이 자치단체 최고의사결정기관의 최종결정도 기속한다는 뜻이 되는데 제게 그러한 권한이 있습니까? 저는 지적하시는 것처럼 기초적 행정법에 반하는 의견을 내지도 않았고 그보다 더 중요한 것은 의회의 결정이 문제가 있다면 지방자치법이 정한 절차에 따라 재의요구 과정을 통해 최종적으로 대법원의 판결을 받아 보면 되는 것 아닙니까? 아시는 것처럼, 자치 재개 시점에서 지방자치법 바꿀 때 워낙 정치적으로 복잡한 구도였던지라 그 성안과정에서 일본의 지방자치법을 그대로 베끼다시피 했는데 일본지방자치법 319개 조항 중 우리가 현재 가진 162개 조항은 자치단체의 자율이나 지방의회의 권능보장에 대해서는 중앙의 입김이 빠질 것을 우려해 가급적 의회기능을 제

약하는 차원에서 규정을 했었다는 사실은 이미 비밀도 아니지 않습니까? 우리의 경우, 대륙법계인 일본 것을 거의 인용했는데 '장의 출석'에 관한 내용에 있어 일본의 지방자치법은 장에 대한 출석요구 시 강제규율하고 있는 문제와 관련하여 의회의원들이 전문위원의 견해를 묻기에 여러 상황을 고려하여 법절차와 양심에 따라 관련법규가 가진 입법취지를 감안하여 의견을 낸 것을 가지고 이렇듯 감정을 실어 직위해제를 논하시는 것은 심각한 폭거 아닙니까? 구청장께 그런 권한이 부여되지도 않았고요. 그리고 구청장께서는 지방의원들의 수준을 어떻게 평가하고 있는지는 모르겠으나 그분들에게 성안을 직접 하라고 주문하면 입법기술적인 문제라 실무적인 면이 서툴지는 모르겠으나 경험이 많은 다선의원의 경우는 현행의 지방자치법의 문제에 관해 적어도 1년에 서너 차례에 걸쳐 집중적으로 교육을 받고 있다는 사실을 간과해서는 안 됩니다.

단체장: 그래, 그럴 수 있어요…….

전문위원: 그리고 지방자치법시행령 제19조의3은 법률에서 위임하지 않은 사항을 행정명령으로 규율한 것이어서 형식적인 구분이긴 하지만 조례의 지위에 있는 임의규정방식의 시행령이 경합되면 법규인 조례가 우선한다고 판단해서 그 맥락에서 승인이라고 적극적으로 회의규칙에 규정을 해도 문제가 될 것이 없다는 의견과, 반대로 그것은 현행법을 고려하면 법리상 회의규칙에서 법률을 기속하게 되므로 문제가 있다는 견해가 나누어져 논의과정에서 그 두 가지 의견을 제시했고 따라서 단정적으로 '맞다', '아니다'에 대해서는 워낙 의회별로 내홍을 겪고 있는 터이니 사법부의 판단을 한번 확실하게 받아보는 것이 어떻겠느냐 해서 그렇게 의견을 낸 것이고 그리고 반복되

는 말씀이지만, 그 무엇에 앞서 전문위원의 의견이 의회결정을 구속하는 기속력이 없는데도 양 기관에서 발생한 갈등의 짐을 어찌해서 항상 전문위원에게만 지우려 하는 것입니까?

　단체장: 물론 그래요. 맞아요. 그러나 전문위원은 단체장이 지적을 하는데 반성의 빛이 없어요. 그래서 화가 나는 겁니다.

　전문위원: 무조건 반성을 강요하면 그것은 앉은자리로 상대방을 억압하겠다는 것인데 그렇게 이해해도 됩니까?

〈중략〉

　정도의 차이는 있겠지만 지방의회에 애정을 가지고 그에게 주어진 사명을 다하려는 별정직 전문위원이라면 한 번쯤 겪어 봄 직한 경험일 것이다. 자신 스스로 한없이 부족하고 논리적 기반이 취약한 상태를 인정하고 신중해지기보다는 시도 때도 없이 아무 때나 마구 때다가 붙인 황당한 계급구조 속에다 사람을 몰아넣고 반성의 빛이 없다느니, 분노가 생긴다느니 해 버릴 정도로 대한민국의 지방자치 토양은 거칠고 촌스럽기까지 하다. 멀쩡한 공무원들에게 입에 올리기조차 꺼림칙한 '스파이'라는 혐의를 도대체 언제까지 씌우고 갈 것인지 이 나라는 이제 대답해야 한다.

8.

비틀거리는 지방의회

지 방자치든 중앙정치든 돈을 빼고 활동하는 무대라면 지금 그
자리에 붙어 있을 사람은 하나도 없을 것이다. 모든 것은
거의 전부 돈으로 판명이 난다. 돈은 곧 자리를 보장해 주는 결정적
인 이유이기도 하지만 지금의 상황에서는 막대한 권력이기도 하다.
일단, 2008년도 결산을 기준으로 할 때 246개 지방정부가 가진 돈
의 크기는 약 180조 원에 이른다. 굉장한 규모의 돈이다. 여기다 중
앙정부가 직접 지방에 투입하는 금액(지출기준)까지 합치면 대략 350
조 원이 지방에서 쓰인다. 이를 구분해서 보면 개별 지방자치단체의
재정규모는 천 억에서 몇 수십 조가 되기도 한다. 서울시의 경우 약
22조 원에 육박하고 있고 경기도는 이미 11조 원을 넘었다. 그러니
까 돈을 빼면 아무 말도 안 된다. 지방의회가 지방의 입법기관이라
고 말은 하지만 근본적으로 국회의원들이 법률 만들 때 개별상위법
에서 '위임'을 주지 않는다면 지방의회가 만드는 조례에서 주민에게
'의무부과'나 '권리제한'을 하는 것은 꿈도 꾸지 못하는 것이 작금의
상황이다. 조례입법과 관련한 현실적인 문제를 정확하게 인식하는

것과 예산을 효과적으로 다루는 능력이 더욱 절실하게 요구되는 것은 매우 당연한 일이잖은가? 생각을 한번 해보자. 지방자치의 3요소가 지역地域, 주민住民, 자치권自治權인데 제대로 된 것은 지역(물론 이것도 단체 간 규모의 차이로 문제가 있지만 능력 발휘에 직접적 영향이 적은 것은 사실이어서 우선 위안을 삼아 그렇다 치고) 하나밖에 없다. 지방의회가 법을 만드는 기관이 분명한데 법의 효력을 구하기 위해 강제력이 담보된 조례 하나 자율적으로 만들지 못한다면 그것이 무슨 주민의 대의 기관인가.

선거를 통해 주민 대표기관을 만들어 주었는데 정작 그 주민의 대표기관은 주민을 위해 아무것도 할 수가 없다면 그것은 심각한 문제가 아닐 수 없다. 그런데 불행하게도 우리의 실정은 틀림없이 그렇다. 실제적으로 지방자치법 해당 조문을 확인해 보자. 지방자치법 제22조는 "지방자치단체는 법령의 범위 안에서 그 사무에 관하여 조례를 제정할 수 있다. 다만, 주민의 권리제한 또는 의무부과에 관한 사항이나 벌칙을 정할 때는 법률의 위임이 있어야 한다."라고 명시해 두고 있다. 그런데 막상 어떤 개별법에서 이렇게 하라고 법률에 위임을 한 경우는 거의 없다는 데 문제의 심각성이 있다. 법이 법다운 효력을 발휘하려면 강제성이 있어야 하는데 그런 장치가 없다면 그건 이미 말장난에 불과하다.

그러면 지금의 자치현장에 나온 주민의 대표들은 어떻게 해야 할 것인가? 이 의문으로부터 우리나라 지방자치가 가닥을 찾지 않는다면 지금처럼 허수아비 같은 딱한 사정은 지속될 수밖에 없다. 하지만 제도권에서 이 문제가 남의 문제처럼 된 지 너무 오래되었다. 특히, 기초자치단체 구성원마저 정당추천이 시도된 현재의 상태는 절망적이다. 하기야 어느 정당에서든 공천 내는 일이 치졸한 당익을 얻기 위해서가 아니라 시민들을 위해서 하는 것이 확인되었다면 그건 박수 칠 일이겠다. 그러나 천지개벽을 한다면 모를까 지금의 대한민국에서는 그러한 일이 벌어질 가능성은 거의 없다고 봐야 한다. 야비하기 이를 데 없고 우악스럽기 비길 데 없는 인간들마저도 한 시절 국민을 누르고 세월을 속여 정치적으로 어떤 자리를 꿰차기만 하면 '정치적 거물'로 둔갑하는 정신없는 나라에서 그걸 기대하느니 차라리 성전환 수술을 받은 자가 다시 본래의 성을 회복하기 위해 다시 째는 것을 기대하는 것이 빠를지도 모르겠다.

그들은 누구라고 할 것도 없다. 정당에 추천을 받지 못한다면 지방의원의 수명은 끝날지도 모른다는 걱정 때문에 문제가 많은 현 제도를 개선하라는 요구는 생각도 못한다. 자칫 본인이 속한 정당 혹은 자신의 명줄을 쥐고 있다고 여기는 자기 지역구 해당 국회의원의 눈에 나는 일이 된다는 불안으로, 뒤에서는 불만이 비등해도 공개적으로는 입도 뻥긋 못하고 있다. 그러면서도 기회 있을 때마다 그들만의 수령의 환심을 사기 위해 애를 쓰는 이루 형언할 수 없는 모습들은 측은하기도 하지만 한편으로는 "뭐 이런 나라가 다 있나?" 싶을 정도다. 어느 정당소속의 지방의원들은 예산을 심의하다가 지구당에서 행사가 있다고 전갈이 오면 예산심의고 뭐고 다 팽개치고 바로 다 튀어 나간다. 의사정족수가 모자라 회의가 중단되고, 결국 그런 것들로 인해 자기들의 존재근원인 지방의회가 뿌리째 뽑힐지도 모르는 상황은 안중에도 없다. 필답고사 보고 들어온 것도 아니고, 유권자의 규모는 국회의원보다 작을지 몰라도 엄연히 주민의 투표를 통해서 들어온 선거공직자다. 유권자의 자존심을 생각한다면 이처럼 비겁을 떨 것이 아니라 주민들이 원하는 일을 통해 유권자들의 신뢰를 확보하는 일이 훨씬 빠름에도 그것은 일단 골치 아프다 생각하여 제쳐두고 유권자를 속이면서 계속 딴짓을 하고 있다. 국회의원이 이들의 속내를 얼마나 아는지 모르겠지만 불쌍한 것으로 따지면 도긴개긴이다. 국회의원 자신들은 지금과 같은 방식으로 지방의원들을 잡아 놔야 자기가 편안히 그리고 국회의원을 아주 길게 할 수 있다고 볼지는 모르겠으나 그렇게 생각했다면 그 국회의원은 현 실태를 몰라도 한참 모르는 것이다. 당사자로서는 가슴 아픈 일이겠으나 그렇게 보는 이유는, 이미 한국 땅에 뿌리를 내린 '하이에나' 같은 정치문화가 적어도 자신만은 비켜 갈지도 모른다는 요행에서 출발한 기대가 얼마나 가소로운 일인지 그동안 너무도 철저히 경험했기 때문이리라. 다 그런 것은 아니지만 많은 지방의원들이 스스로의 잇속에 따라 얼마나 쉽게 배신과 변신을 자유자재로 구사하고 있는지를 국회의원들이 조금이라도 안다면 지금처럼 하지는 못할 것이다.

예산얘기가 나온 김에 지방의원들의 예산심의하는 모습을 살펴보는 일은, 열심히 살며 세금 내주시는 전주錢主인 시민들은 물론이려니와 우리의 후손을 위해서라도 전혀 나쁘지 않을 것이다. 일단, 예산에 임하는 의원들의 초기자세는 매우 비장해 보인다. 경우에 따라서는 엄숙하기까지 하다. 그러나 집행부 측의 제안설명과 의회 전문위원의 검토의견을 듣는 순간부터 이내 맥이 빠져 버리는 경우가 허다하다. 무엇보다 큰 문제는 이 예산을 어디서부터 손을 대야 할지 잘 모른다는 점도 그렇지만 이들을 체계적으로 도와 예산을 제대로 심의하게 할 지원그룹이 거의 존재하지 않는다는 사실이다. 전문위원은 사실 이름대로 전문가여야 한다. 허나 이들 대부분이 의장의 추천을 받아

시장·군수·구청장이 임명하는 자들인지라 의회에 나와 검토의견을 낼 때, 재정운영상 문제가 되거나 시민들의 이익을 위해 꼭 알아야 하는 필수적인 정보에 관해서 지식과 현실에 근거한 절제되고 수준 있는 의견을 제시하는 일은 너무나 당연한 일이다. 그러나 이들은 절대로 그런 모험(?)을 하지 않는다. 일례로 예산의 규모가 약 2조 원에 달하는 경기도의 한 기초자치단체에서 벌어진 일을 상기해보자. 1천7백억 원의 예산을 다루는 추가경정예산 심의과정에서 전문위원은 검토의견을 냈는데 정확하게 12줄을 써 놓았다.

즉 "세입예산은 ○○과 ○○해서 얼마이고, 세출예산은 ○○과 ○○해서 얼마입니다." 정확히 12줄을 써 놓았던 것이다. 그래서 "이렇게 하면 이것을 보고 의원들이 무슨 정보를 얻을 것이며 또한 이 많은 예산을 어떻게 효과적으로 심의할 수가 있느냐?"고 물었더니 한참을 머뭇거리다 "재정과 관련해서 자신도 모르는 것이 많지만 더 중요한 것은 설사 재정 전체를 스크린할 수 있는 능력이 있다고 해도 검토의견을 내면서 의원들 입장에서 유리한 재정관련 정보나 지식 혹은 자료를 제공했을 때 나는 온전하게 근무하지 못한다. 내가 여기서만 있는 것이 아니라 얼마 정도 있다가 곧 집행부로 갈 텐데 그리되면 나는 집행부 간부들의 타깃이 되어 정상적인 근무가 어려워진다. 지금의 상황에서는 어쩔 수가 없다."라고 부끄러운 표정을 감추지 못하고 대꾸한다.

또 하나 예를 들어 보자. 예산의 규모가 약 10조 원에 이르는 어느 광역시의 예산심의과정에서 딱 5장짜리 전문위원의 검토의견은 이랬다. "주요 감액사유로는 농지보전전담금 징수수수료 ○○억 원으로 이에 대한 상세한 내용은 예산서 ○○페이지에 있고 따라서 그에 대한 설명이 필요함. 세출 ○○억 원에 관해서는 집행기관의 향후 운용계획에 대한 설명이 필요하며 신규 계상된 ○○○억 원에 관해서는 설명이 필요함. 시설관리공단 위탁에 따른 후속조치 방안에 대해서는 설명이 필요합니다." 오로지 집행부 측의 설명이 필요하다는 한 가지 사실을 시민의 대표들에게 알려 주기 위해 서기관급 (4급) 공무원이 나타나 엄청난 가격의 고급마이크에 격식을 갖추고 이를 검토의견이라고 낸다면 이는 공직자 자신은 말할 것도 없고 해당 시민 전체를 우롱하는 일이다. 시민들의 피와 땀으로 형성된 예산을 심의하면서 전문가라는 전문위원이 검토의견을 이렇게 낸다면, 이를 보고 일반적으로 정부예산에 감각이 부족한 지방의원이 수조원에 달하는 예산심의를, 재정운영의 방향을 어떻게 잡으라 하는 것인지 도무지 알 수가 없다. 물론 전문위원도 할 말이 많다. 도와줄 인원은 거의 없고 밀려드는 안건에 언제나 흡족한 결과를 내는 것이 그렇게 쉬운 일은 아니다.

이 얘기는 나중에 다시 언급하겠지만, 어쨌든 이보다 더욱 심각한 것은 이 같은 실태를 번연히 보고 있으면서도 그 많은 의원 중 그 누구도 문제를 제기하는 사람이 없다는 사실이다. 검토의견서에 담긴 내용이 어찌되었든 말든 위원장들은 그냥 기계적으로 "네, 전문위원님 수고하셨습니다." 의회 공무원이 작성해 준 의사진행 시나리오를 정성껏(?) 읽어 내려가는 것이 고작인 것이 대부분 의회의 실상이다. 백번 양보해서 전문위원이 공개적으로 창피를 당하게 하지 않으려고 '눈을 감은 것'이라고 하면 약간은 인간적일지는 모르겠다. 그러나 그렇지 않다. 근원적이고 기본적인 문제제기 및 그에 따른 해결을 하지 못해서 생긴 결과가 이렇듯 의회를 짓누르고 있다.

그러면 국회도 그런가? 천만의 말씀이다. 국회는 안 그렇다. 16개 상임위원회에 차관보급인 수석전문위원을 비롯하여 전문위원, 입법심의관, 입법조사관 등 많게는 22명에서 16명의 전문가가 포진하고 있다. 각 정당별 다양하게 설치된 분야별 전문가 외에도 국회의원 개별보좌 인원까지 포함하면 국회는 그런 대로 탄탄한 편이다. '국회 예산결산특별위원회'에서 제시하는 전문위원의 검토보고서는 대충 봐도 1천 페이지가 넘는다. 거기에는 오만 가지 절제되고 연구의 흔적이 역력한 맛있는 메뉴가 다양하게 깔려 있다. 국회의원이 게을러서 그 메뉴를 찾아 먹지 않는다면 몰라도, 적어도 관심 있는 분야의 내용을 확인하려 한다면 알차게 다 들어 있다. 이따금씩 국가재정운영의 문제점에 관한 내용으로 뉴스가 전달될 때, 그 중심에 국회 소속 전문가들의 촌평이 등장하는 일이 근대들어 부쩍 많아진 것은 '국회예산정책처'를 비롯한 전문성으로 무장한 인사권 독립을 보장받는 인원들이 포진하고 있기 때문이다. 빈정대기 좋아하는 인사들은 "국회와 지방의회가 똑같은가." 이렇게 말할지도 모르겠다. 그러면 다른 것은 무엇인가? 국민들이 준 세금이 '국세' 다르고 '지방세'가 달라서 지방은 대충대충 하거나 어영부영해도 괜찮다는 말인가. 위에서 말하지 않았는가? 적게는 1천억 원이 모여서 246개 지방정부에서 쓰는 돈이 180조 원이 되었다고.

엄격히 말하면 국회와 지방정부는 기능배분상 일정한 차이가 있다. 절대적인 차이라기보다는 현행의 우리나라 헌법과 법률체계에서는 그렇게 인식하겠다는 그런 차이 말이다. 그렇지만 국민이 준 권력을 관리하고 국민들이 준 돈을 효과적으로 관리하라는 명령에 최선을 다해 효과적인 방법을 찾는 데 있어 국회는 차고 넘치고 지방의회는 비루먹은 형국이라면 이를 아무렇게나 구분해서 자의적으로 평가하는 것은 이미 죄악이 아닐까 싶다. 사정이 이러한데도 국회에 들어가 있는 사람들은 이 같은 사실에 관심이 없거나 설사 가물에 콩 나듯 있다 해도 '방송용 촌평' 같은 입에 발린 소리가 고작이다. 얼마 전 '입법조사처'까지 발족을 한 것을 보면, 국회는 마음먹은 대로 자기들이 필요한 법률을 자유롭게 만들 수 있어서 그렇겠지만, 양질의 의정활동 지원을 위해 국회에서 국회의원 스스로 필요한 것은 다 갖추어 놓으면서도 민주주의의 '구체적 실천공간'인 지방의회가 제대로 돌고 있는지, 아니면 거꾸로 돌다가 정신이 돌아 고꾸라져 나뒹굴고 있는지 그들만의 대한민국 국회는 오늘도 계속 모르는 체하면서 지향하는 목표가 어디인지는 잘 모르겠으나 좌우지간 힘차게 가고 있다.

9.

지역신문과 지방자치

한국사회에서의 '지역'의 뜻은 곧잘 '지방'과 혼용해서 쓰이는 경우가 많다. 그리고 그것은 분명히 중앙의 하위개념으로 받아들인다. 그러나 '지역'과 '지방'은 엄연히 다르다. '지방'은 중앙의 주변을 지칭하는 종적인 개념일 수도 있지만 '지역'은 일정한 땅의 구역을 지칭하는 것으로 횡적이고 평등한 개념이다. 이에 근거하여 지역신문을 정의하면 "대도시의 구區나 중소도시 등 소규모 지역사회의 주민을 대상으로 해당지역의 뉴스나 생활정보 등을 전달하는 유가有價 또는 무가無價의 신문"이라고 할 수 있다. 한마디로 공동체 성격을 지닌 생활주거지역 주민을 주된 대상으로 발행하는 신문이 지역신문이다. 지역신문의 역사는 패악을 부리던 5공 정권의 「언론기본법」이 폐지되고 「정기간행물 등록법」이 개정된 후 시·군·구와 같은 기초자치구역당 평균 2개의 지역신문이 등록되면서 시작되었다. 이어 '한국지역신문협회'는 지방자치시대를 대비하는 지역신문의 기능을 다음과 같이 정했다. 즉 지역개혁의 주체, 지역부패와 비리척결, 기존신문들이 저지른 유사비리의 근절, 지역정체성 확립, 지역여론의 선도, 지역공동이익을 달성해 가는 과정에서 지방의회의 무능성 고발과 함께 지역행정 감시를 제시하였다.

밉든 곱든 지방자치가 성공하기 위해서는 공동체 의식을 지닌 지역주민들이 이성적으로 문제를 해결할 수 있을 만큼 성숙해야 하는데 이를 위한 필수적 조건이 지역신문의 활동이라는 점에 관해서는 토를 달기는 쉽지 않을 것 같다. 중앙집권의 폐해가 우리 사회 모든 영역에서 골고루 나타난 것이 사실이지만 유독 그 폐해가 심한 분야가 언론이라는 점을 상기하면 특히나 지역신문이 탄탄한 자리를 잡는 것은 매우 중요한 의미를 가진다. 2차 대전이 끝나고 독일의 지방자치가 한동안 자리를 잡지 못하고 비틀거리고 있을 때, 그 중심을 지키고 오늘날 세계에서 가장 모범적이고 부러울 만큼의 자치기반을 마련한 것도 지역신문의 역할이 절대적이었다.

아울러 지금도 그렇지만 미국에서 언론의 자유가 확고히 보장된 주된 이유를, 지역신문체제 때문이라고 '월터 리프먼'은 설명한다. 말하자면, 소유가 분산된 많은 신문으로 인해 특정세력이나 집단에 의해 여론이 왜곡되기는 불가능하다는 것이다. 리프먼의 연설이 있은 이후 약 60년이 지나고 정보화 시대를 선도하는 입장에 변화가 없지만 신문만큼은 여전히 견고한 지역신문 중심체제이고 그것이 변할 조짐은 별로 없어 보인다.

'유에스에이투데이'가 소위 전국지를 내세우면서 미국 최초로 1984년 등장하기는 했지만 이 같은 신문이 지역지紙시장을 위협한다는 것은 일어나기 어려운 일이고 독자들 스스로 그렇게 상상하지도 않는다. 미국에서 전국적으로 배포되는 신문은 'USA투데이'와 '월스트리트저널'로 각각 170만 부 정도를 발행하고 있으나 이 두 신문이

미국 전체 일간지 발행부수에서 차지하는 비율은 그저 6%에 불과하다. 나머지는 모두 해당 지역신문으로 우리나라처럼 서울에서 발행되는 소위 엄청난 위력을 지닌 조·중·동 같은 중앙지가 부산이나 대구·인천·광주에서 읽히는 일이 거의 없다.

연전에 미국의 신문관련 전문매체인 '에디터 & 퍼블리셔'가 발표한 세계 20대 신문에 한국은 무려 4개 중앙일간지가 끼였다. 미국은 '월스트리트저널' 딱 하나밖에 없는데 말이다. '뉴욕타임스'나 '워싱턴포스트' 같은 권위지는 판매부수가 적어 끼어들 여건이 되지를 못했다. 판매부수 위주로 세계 20대 신문에 한국의 4개 중앙지가 끼었다는 것은 결코 자랑할 만한 것이 못 된다. 언론의 자유가 확고히 보장되는 주된 이유는, 소유가 분산된 많은 신문으로 구성되어 특정 세력이나 집단에 의해 여론이 왜곡되지 말아야 되기 때문이다.

그런데 우리는 어찌해서 지방의 중요성이 제도적으로 부각된 지약 20년이 되었어도 성과를 내지 못하는 것인가? 다양한 요인이 존재하는 것이 사실이지만 그중에서도 지역신문의 역할에서 좀 더 근원적인 이유를 찾는 것은, 지역신문이야말로 주민과 가장 가까운 거리에서 진실을 전달하고 또한 받을 수 있는 가장 적절한 수단이 되기 때문이다. 아무리 지방자치를 도입하고 '주민이 지역의 주인'이라고 떠들어 보았자 중앙정부가 틀어쥔 권한이 여전히 하늘을 찌르고 있는 상태에서 시민이 주인이라는 소리는 그저 객쩍은 소리에 지나지 않는다. 가장 중요하면서도 기본적인 문제인 '교육' 그리고 '치안문제'가 지방자치에서 제외되어 실질적인 자치기능을 발휘할 수 없도록 하고 있는 것이라든지, 초보적인 재정독립이 이루어지지 못한 상태에서 지방정부의 역할을 찾으라고 종주먹을 대는 일은 지방자치를 무늬만 유지하겠다는 것으로 철저한 위장술에 근거한 일종의 기만전략에 다름 아니다. 여기다가 지방자치의 법적 또는 자치권에 기반을 둔 행정적 틀을 만드는 과정도 철두철미하게 중앙 중심적이어서 지역의 현실을 고려한 자치를 표방하는 것은 오직 선전용에 불과할 정도다. 그 속내는 이미 지방을 상대로 자신들의 세력을 확산하기 위한 거점으로 지방자치를 이용하고 있을 뿐이란 말이다.

그러나 안타깝게도 비밀도 아닌 이 같은 비밀이 일반 모두가 인지할 수 있도록 보편화되는 길은 너무 요원해 보인다. 그렇다고 지친 삶을 이끌기에도 힘겨운 많은 시민들에게 "이러한 사실들을 똑바로 아시지 않고 뭐하고 있는 것입니까?"라고 나무라거나 설명하기도 쉽지 않다.

전두환과 노태우 정권이 숨 막히게 지나간 뒤 '민주공간' 형성과정에서 권력형태의 방향성에 엄청난 역할을 자임한 소위 굴지의 중앙언론들은 당시 민주화물결이 워낙 강해서 풀뿌리 잔치에 노골적으로 재를 뿌릴 수는 없었지만 이미 마음속 깊은 곳에서는 지방자치를 무력화시킬 '비판을 위한 비판'의 날을 벼려 두고 있지 않았나 하는 의문이 든다. 자치 재개 이후 얼마간 시간이 지나자 예상한 대로 그들의 먹잇감들이 속속 나타났다. 자치경험이 거의 없는 상태에서 제도적, 정치환경적으로 문제가 한두 가지가 아닌 지방자치는 그야말로 가지고 놀기 좋은 노리개에 불과했던 것이다.

예컨대 자치권을 비롯한 근본적인 문제가 있거나 부족한 제도에 대한 개선이나 대안을 제시하기보다는, 공직에 입문해서는 안 될 심각한 문제가 있는 인사들의 한심한 행태에 타깃을 두고 난도질을 쳐왔다. 이런 중앙언론의 위력에 밀려 지방자치는 언제나 '부족하고 어리석으며 한심한 인사들의 놀이터'로 시민들에게 철저히 각인을 시켜 갔던 것이다. 치유하기에는 사회적 비용이 엄청나 '아예 없애 버리자'는 자치무용론이 수그러들지 않을 정도로.

솔직히 지방의회가 가동된 지 거의 20년에 이르고 있지만 시작 이후 지금까지 한 번도 빠지지 않고 명맥이 유지되는 '험담' 가운데 하나를 꼽으라 한다면, "기초의회가 꼭 있어야 돼?"라는 일종의 정보부재 혹은 무지에서 출발한 오해와 편견으로 똘똘 뭉친 '기초의회 폐지론'이 아닐까 싶다. 물론 그렇게 된 데에는 피눈물로 지켜 낸 자유의 구체적 실천공간인 지방의회에 보내는 시민들의 애증이 겹쳐 있어 그렇다고 볼수도 있다. 하지만 지금 이 순간에도 미래의 우리 터전을 위해 열심히 활동하는 일꾼들이 명백히 존재하고 있고 전통적인 자치이론으로 봐도 자치의 '꽃'은 역시 기초자치단체임이 분명한데 특정지역에 관계없이 많은 시민들은 왜 그렇게 생각하고 있는 것일까? 그것은 본인의 의지하고는 전혀 상관없이 우리의 정치문화가 형성한 굴절된 자치 프레임Frame이 만들어 낸 결과로 봐야 한다. 촘스키의 제자이자 언어인지학자인 '조지 레이코프'가 말한 코끼리 프레임의 예처럼 말이다. 이미 설명했지만 레이코프의 코끼리 프레임은 단순한 언어적 유희가 아니다. 정치적 목적을 겨냥한 새로운 '정치문화' 창설과 함께 치밀한 그들만의 전략이 숨어 있었던 것이다.

'세금구제tax relief'라는 말은 공화당 쪽에서 정략적으로 만들어 낸 단어가 확실하지만 그 개념을 반대쪽에 있는 민주당을 포함한 각종 다양한 언론매체 등에서 지나칠 정도로 빈번하고도 자연스럽게 쓰게 되니까 결국 수많은 사람들은 자신도 모르게 그 논리에 빠져들어 똑같은 말을 반복하고 있었던 것처럼 지방의회의 상을 그렇게 만들어

갔다는 뜻이다.

워터게이트 사건이 터지고 대통령 닉슨은 엄청난 사임압력을 받았다. 텔레비전에 나와 연설하면서 "저는 사기꾼이 아닙니다."라고 변명했지만 그 순간 미국인 모두는 그를 돌이킬 수 없는 확실한 사기꾼으로 보았던 것처럼 대한민국의 지방의회가 꼭 그 꼴을 닮았다는 생각을 지울 수 없다. 지난 과거 20년 동안 한국의 지방의회는 헌법이 보장한 시민권리의 구체적인 실천의 장으로서의 기능을 잘 수행하고 있다는 칭찬보다는 '선거를 통해 지방자치에 가담한 민선들은 늘 부족하고 믿을 수 없는 사람들'이라는 한국형 레이코프의 프레임에 시달려야 했다. 초기부터 오늘에 이르기까지 기초적인 제도의 불비로 파생된 많은 문제는 철저하리만큼 외면당한 채 일단 비난당하기 일쑤였다. 어디로 어떻게 가야 할지 방향을 몰라 방황할 때도 오래된 중앙의 논리에 취한 사람들은 무조건 '지방자치는 문제가 많다'는 마술 프레임을 걸어 놓고 공격하기에 열을 올렸던 것이다.

그래 다 좋다고 치자. 일부를 제외한 우리나라 대개의 중앙언론들이 권력을 너무 좋아한 나머지 지방자치를 통해 권력에 분점이 일어나면 지금과 같은 권력의 맛을 보지 못할 것에 미리 겁먹고 일단은 분탕질(?)을 쳐서 국민들에게 "대한민국의 자치가 이렇게 엉망이니 정치는 역시 중앙이 해야 하지를 않겠습니까?"라고 집요하게 공작을 펴 간다 치자. 자기들의 영역보존을 위해서.

그러나 중앙지가 아무리 그렇더라도 지역에 뿌리를 내리고 사는 지역신문은 적어도 이 같은 보도태도를 따라가서는 곤란하지 않겠느냐 하는 것이 내 생각이다. 그럼에도 실상은 어떤가? 지역신문 역시 지방자치에 관한 한 중앙의 보도태도를 거의 답습해 왔다. 중앙과는

위장된 지방자치

다르게 자치 운영과정에서 문제가 발생했다면 심층적인 분석을 통해 문제를 걸러 내어 대안을 제시하거나 올바른 여론을 형성하는 등의 기능에 초점을 맞추어야 했다. 즉 지방자치의 정착에 있어 지방의회의 역할은 절대적이라는 것에 동의한다면 지방의회의 활동사항이 지역신문에서 다루어지는 것은 기본적이고도 중요한 의미를 가진다.

하지만 2009년까지 발표된 이 분야 관련 논문의 결과는, 지역신문에서 지방의회의 운영과 관련한 유형은 스트레이트 기사와 임시회 개회와 폐회를 알리는 단신이 다른 유형의 기사보다 월등히 비중 있게 다뤄진다고 일관되게 보고하고 있다. 이렇듯 지역신문이 지방자치를 다룸에 있어 중앙언론이 그랬던 것처럼 진실이 드러나지 못하도록 변죽만 울리거나 한국자치의 제도적 한계를 읽지 않고 바로 선진국의 우수사례만을 조명하는 보도패턴을 따라가 버리면 우리의 지방자치는 진짜 희망이 없게 된다. 손석춘이 지적한, 동아일보 일장기 말소 사건이 마치 동아일보가 그랬던 것인 양 호도하여 많은 사람들이 지금까지 동아일보를 엄청난 '민족지'로 인식하는 것처럼 말이다. 쉬어 갈 겸 그 얘기 한번 살펴보고 가자.

'히노마루'(일장기) 말소사건은 1936년 베를린 올림픽 마라톤에서 우승한 손기정 선수의 가슴에 단 일장기를 지워 신문을 내보낸 사건을 말한다. 동아일보는 기회가 있을 때마다 이를 자신들의 항일투쟁 업적으로 엄청나게 자랑을 해 왔다. 사실, 이 때문에 역사교육을 제대로 받을 기회가 없었던 우리들은 거의 모두 이를 기정사실로 받아들이고 오늘의 대단한 '동아일보'를 민족지였다고 철석같이 믿고 있다. 그러나 이는 진실과는 너무나 거리가 먼 주장이 아닐 수 없다. 당시 손기정의 가슴에 새긴 일장기를 처음 지운 신문은 동아일보가 아니다. 일장기 말소 사진은 1936년 8월 24일 동아일보에 실렸지만 그보다 앞서 '조선중앙일보'가 8월 13일자 지면에 이미 실은 바 있다. 그를 계기로 순전히 개인적 판단에 의해 일장기를 지워 신문에 실었던 당시 동아일보 이길용 기자는 그 양심적 언론 행위로 인해 사주인 김성수로부터 책임추궁을 당해 신문사에서 쫓겨났다. 이길용 기자는 해방이 되어서도 복직하지 못했다. 당시 김성수는 '일장기 말소는 몰지각한 소행'이라며 분노와 개탄을 감추지 않았다고 한다.

내친김에 한 가지 더 살피고 가야겠다. 이길용 기자는 해방 뒤 1948년 모던출판사에서 발간한 '신문기자수첩'에서 '소위 일장기 말소사건'이란 제목으로 수기를 발표하면서 일장기 말소사건이 자신의 독자적인 판단에 의한 것임을 밝혔다. 그러면서 동아일보가 말소한 것은 사실 일장기가 아니라 태극기였다는 것이 이길용 기자의 증언이다. 그에 따르면 동아일보는 1932년 미국 로스앤젤레스올림픽 당시 교민환영회 사진을 게재하려다 태극기와 성조기가 사진 좌우에 나란히 자리 잡고 있는 것을 발견하고 두 국기를 모두 지웠다는 것이다.

이런 측면에서 보면 조선일보도 나은 것이 하나도 없다. 민족지라 일컬어지고 싶은 대단한 조선일보가 지금으로부터 그리 먼 과거가 아닌 정확히 70년 전의 1939년 4월 29일 일왕 생일을 맞아 쓴 1면 사설을 보면 눈을 의심하게 된다.

春風이 蕩하고 萬花가 方暢한 이 시절에 更一回의 天長佳節을 마지함은 億兆臣庶가 慶祝에 不堪할 바이다. 성상 폐하옵께서는 玉體가 愈强하옵시다고 拜承하옵는 바 실로 聖皇誠恐 同慶同賀할 바이다. 一年一度 이 반가운 날을 마지 할 때마다 우리는 鴻遠한 恩과 廣大한 仁에 새로운 감격과 慶幸이 기퍼짐을 깨달을 수가 있다. 뿐만 아니라 赤誠奉公 忠과 義를 다하야 一念報國의 確乎한 결심을 금할 수가 없다.

실로 황공무지 감격 不勝 할 바이다. 民庶一般이 聖意를 奉體하야 성수무강을 봉축하는 동시 億兆一心으로 克忠克誠 上으로 聖明에 보답하고 下로 艱難한 시국에 대처하야 新東亞 건설의 성업을 수행하여야 할 것이다. 이것이 皇道日本의 威光을 한층 더 萬邦에 빛나게 하는 所以요 또 臣庶의 당연한 義務일 것이다.

보고 또 봐도 기가 막힐 따름이다. 이 난에서 한국의 명품(?)으로 취급받는 두 신문의 추악했던 과거의 사실을 상기하는 이유는, 적어도 신문이라 하면 아무리 어렵고 힘들고 또한 고단하다 해도 그 시대와 시민들이 바라는 진심이 무엇인지를 제대로 읽어야 신문이라고 할 수 있다는 단순한 진리를 되새겨 볼 필요가 있기 때문이다. 영원히 달콤할 것만 같은 권력에 눈이 멀게 되면 크게는 나라 그리고 작게는 지역공동체를 완전히 말아먹을 수 있다. 특히나 지역신문은 중앙무대가 아닌 자치가 실제적으로 펼쳐지고 있는 '지역'을 딛고 일어서야 영원할 수 있다.

따라서 앞으로의 지역신문은 눈에 보이는 단편적 사실에 주목하는 차원을 넘어 한 지역사회의 틀을 새롭게 창조한다는 사실을 염두에 두는 일은 무엇보다 중요하다. 그것이 당장은 이런저런 이유로 어려운 것 같아도 그게 살길인 것만은 틀림없어 보인다. 지방자치 작동 과정에서 지역언론의 역할을 통해 대한민국의 풀뿌리민주주의 역사가 단위 지역에서부터 쓰일 수 있도록 조타수의 역할과 지금까지의 방향을 과감하게 재정비해야 할 필요가 있는 이유다.

10.
지방자치수준이 유권자수준인가

'지 방자치수준이 유권자의 수준인가'

결론부터 말하면 그렇다. 자치의 결과가 천박하든 그렇지 않든 자기 지역에서 벌어지는 가장 정치적인 문제에 관한 결과들은 자신들 스스로 받아들여야 한다. 문제는 지금 우리의 자치수준이 어느 정도인가 하는 것인데 그 평가가 매우 심각한 수준에 이르고 있다. 더 큰 문제는, 이 같은 자치 수준이 유권자의 보편적 수준과는 전혀 상관이 없다는 듯 한발 비껴서 있는 시민들, 즉 유권자의 의식(自治觀)이다. 정치 속에 자치가 있고 그 과정을 통해 크고 작은 정책 결정들이 이루어지게 되는데 그것이 결국 시민들이 낸 돈으로 완성된다는 사실을 상기하면 적어도 이 문제는 개인적 의지와는 상관없이 양보하거나 무관심할 일이 결코 아니다. 그런데 지금 우리의 시민사회는 이 문제에 거의 관심이 없어 보인다. 설사 그럴 여력이 있다 해도 바쁜 밥벌이에 매달리다 보면 구체적으로 다가서기가 쉽지 않다. 그러다 보니 우리의 지방자치가 플라톤이 말한 '동굴세계'처럼 되어 가고 있는 것은 아닌지 우울해진다.

'영혼의 고향'이라는 이데아의 세계를 동경한 플라톤은 사람들이 태어나면서부터 이상세계(이데아)를 잊어버리고 사는 것에 관해 '동굴'에 비유해 설명한다. 보통 인간은 나면서부터 어두컴컴한 동굴 속에서 뒤를 돌아볼 수 없도록 머리를 고정해 둔 죄수와 같고 이 죄수의 뒤에는 등불과 함께 인형극과 같은 장치가 있어 그 인형의 상을 사람들이 옮기면 그 그림자가 죄수들이 보고 있는 벽에 비치게 된다고 설명하고 있다. 말하자면 동굴 속에서의 죄수들은 태어났을 때부터 그 그림자를 보면서 크기 때문에 이 그림자를 실체라고 생각하여 그림자 이외의 세계가 있음을 알지 못하게 된다는 것이다.

그러나 만약에 죄수 중 어떤 이가 포박이 풀려 등 뒤의 빛을 보게 되고 더 나아가 동굴을 나와 찬란한 빛의 세계로 나아간다면 당장은 아무것도 볼 수 없을 뿐만 아니라 그 빛이 너무 고통스러워 익숙한 그림자의 세계만을 그리워한다는 것이다. 하지만 강렬한 태양빛에 적응이 된 이 죄수는 더 이상 그림자의 세계가 자기가 아는 실제의 세계라 생각하지 않게 되고 그래서 동굴로 돌아가 그 외의 죄수들에게 그들이 보고 있는 것 이외의 세계에 관해 설명을 하게 된다는 것이 동굴세계의 요지다. 그런데 정작 심각한 문제는, 머리가 족쇄에 묶인 나머지 죄수들은 그가 하는 말을 좀처럼 이해하지 않으려 한다는 사실이다.

지방정치와 관련한 지금의 우리 시민사회가 이런 지경에 처했다고 말한다면 경망스런 진단일까? 아니면 선동의 작은 시작이라고 경계의 눈총을 받을까? 시민들이 피땀 들여 번 돈을 가지고 움직이는 정부가 아니라면 그건 말할 필요도 없겠지만 적어도 시민들이 낸 세금을 가지고 움직이는 정부인 이상, 그냥 아무렇지도 않게 무관심할 수 있다면 그를 시민이라고 할 수는 없겠다. 아니 시민 자격도 없다고 하는 것이 맞다.

흔히들 우리는 정치 하는 사람들을 보면서 그것이 중앙정치든 지방정치든 거침없이 욕해 대기를 좋아한다. 하지만 무조건 욕을 퍼붓기 전에 한 가지 정리하고 갈 일이 있다. 욕을 해서 우리가 원하는 만큼 문제가 해결된다면 그렇게 하는 것도 최선이겠지만 그것이 해법이 될 수는 없다. 우리나라 작금의 정치행정 환경에서 욕하는 것으로 시민의 역할을 다했다면 그건 영원히 최악의 선택일 뿐이다. 중앙정치는 일단 우리의 눈에서 멀어서 그렇다손 치더라도, 잡으려 마음만 먹는다면 금방이라도 잡을 수 있는 지방정치 개혁을 통해 정치 전반을 변하게 할 수도 있다. 그것을 위해 우리의 시민들이 무엇을 어떻게 할 것인가에 관해 지역별로 사회적 동의가 일정한 수준에 도달해 있다면 지방의 앞날은 밝다. 물론, 당장 15세 이상 실업자 수가 390만(아시아경제, 2010.1.6. 통계)을 상회하는 상황에서 먹고살기 바쁜데 거기까지 신경 쓸 시간이 어디에 있느냐고 묻는다면 할 말은 없다.

그러나 지역주민의 대표를 제도권에 올리는 것과 들어간 이후의 행적이 너무나 불순하고 어처구니가 없어 끌어내리는(주민소환) 문제에 대해 관심을 전혀 기울이지 못하는 것하고는 근본적으로 다르다. 솔직히 일반의 시민사회가 제도권에서 일어나는 구체적인 일들과 관련하여 그 실체를 정확히 파악하는 예는 생각처럼 그렇게 많지 않다. 능력의 문제라기보다는 세부적인 행정상황에 지속적으로 관심을 갖는 것과 또한 그것을 유지하는 것은 말처럼 그렇게 쉽지 않기 때문이다. 하지만 역설적으로 다가서면 발전가능성은 그만큼 더 크게 열려 있다고 볼 수도 있다.

미국에서 운영되는 '시민예산감시센터'CBPP가 순수 민간자원봉사자에 의해 운영되고 있지만 시민사회의 신뢰는 대단하다. 백악관에서 나온 공식자료보다 여기에서 나온 자료를 더 신뢰할 정도다. 건강한 사회를 만드는 것은 결국 제한된 대표보다는 당시를 살아가는 시민사회 구성원들의 몫이라는 것이 인정된 셈이다. 지방자치수준이 낮다는 것에서 나만 홀로 자유롭기가 불가한 이유가 여기에 있다.

11.

위장된(카무플라주) 지방자치

이 주제는 좀 더 거칠고 적나라하게 써야 할 필요가 있겠다. 현재 여의도에 있는 국회의원들 가운데 소위 보수를 자처하는 인사들의 '지방'에 관한 시각을 확인하는 일은 매우 고단한 일 중 하나다. 그들에게 지방의 자율은 장식이요 겉치레에 불과하고 지방은 표를 얻는 표밭일 뿐이고 젊어서 낙선하면 몰라도 늘그막의 낙선이나 혹은 근력 떨어져 어찌할 수 없을 때라도 돌아갈 수 있는 영원한 마음의 고향도 아닌 듯하다. 그들 중에는 자격기준으로만 보면 최고의 학력을 가진 사람들이 많다. 그들 중 아직도 많은 이가 자기가 경험한 경험만이 진리요, 최선이라고 믿는 듯 말하고 행동한다. 대학에서 공부를 할 때는 그렇게 배우지 않았을 텐데 말이다. 물론 논문을 쓸 자격을 얻기 위한 교과수업인 '코스워크'를 진정한 학습의 의미로 두지 않고 교수에게 밉보이지 않을 정도로 건성건성 출석이나 하고 우아(우라질 놈의 아첨)한 몸짓과 달콤한 향응으로 오직 논문통과에만 몰입했다면 그에게 지방을, '새로운 미래로 보라'는 요구는 이미 가당치도 않은 일이었는지 모른다. 그러나 그런 인사들일수록 자기는 마치 대한민국 국민이 필요로 하는 '영원한 국회의원'으로서 마치 법원에 등기라도 낸 것처럼 생각하고 말한다. 그리고 이런 인사들일수록 유권자가 잠시 속았다가 현명해져서 한 번에 끝나든, 지역의 유권자가 계속 정신 못 차리고 개념이 부족하여 우물우물 얻게 된 생명의 연장이든, 재임하는 동안 지방의 미래를 담보할 지방자치법을 포함한 관련제도들을 끊임없이 생산하는 일에 지나치다 싶을 정도로 적극적으로 참여하고 있다는 사실이다.

2009년도 12월 14일 현재 '국회행정안전위원회'에 계류된 지방자치법 개정법안의 숫자는 34개다. 그 많은 법안 중 지방정부의 본래적 권한과 관련된 사항이나 지방의회의 본질적인 기능과 역할을 보장하는 아주 기초적인 사항들에 대한 고려는 거의 없다. 대신 중앙이 관여할 필요를 찾거나 혹은 지방권한의 근거가 희박한 것들에 관해서는 구체적으로 강제하려 하는 유형의 법안이 대부분을 이루고 있다. 즉 국가가 지방정부를 일방적으로 통제하는 형식의 규율들 위주의 법안이 주류를 이루고 있다는 말이다. 특히, 의회 쪽의 입지를 축소하고 가두는 것에서는 질기다 싶을 정도로 철두철미하다. 정당이 기초의회의원까지 추천을 하고부터는 그 정도가 더욱 심해졌다. 심지어 대립관계에 있는 자치단체장에게 지방의원의 징계요구권을 두도록 개정안이 올라와 있었던 사실을 상기하면 이 정도가 얼마나 심각한지 금방 이해할 수 있다. 이 안案은 결국 엄청난 비판을 거듭하며 도중에 안건을 철회하는 선에서 일단락되었지만 이런 안案을 거리낌 없이 낼 수 있다는 사실만 보아도 우리의 국회가 경우에 따라서는 얼마나 무지할 수 있는지 그리고 얼마나 경망스러울 수 있는지 이보다 더 적절한 사례는 없을 것 같다.

여러분들의 이해를 위해 여기서 이 법안과 관련된 뒷얘기를 좀 더 하고 가자. 평소에 자치법 제정과 관련한 사항을 비롯하여 지방자치에 관한 국회의 움직임을 살펴보는 일이 주 관심사인지라 늘 새로운 법안에 주목하고 사는 편이다. 그러던 어느 날 국회 의안 사이트를 서핑하다가 눈이 나올 것 같은 위의 안건(단체장에 의한 의원징계 요구권)을 발견하고는 바로 발의자인 우윤근 의원 사무실을 통해 그 법안을 성안한 보좌진에게 전화를 걸었다. "세상천지에 의회와 견제관계에 있는 집행기관의 장에게 의회의원을 징계하도록 규정하는 경우가 어디에 있느냐?"고 했더니 처음에는 "왜 어떠냐?"고 되묻기에, 그것이 성립하기 어려운 이론적 근거를 들어 비교적 길게 설명했더니 나중에야 하는 말이 "지방의원들이 하도 말을 안 듣고 개판을 쳐서 이를 통제하려고 했다."고 고백 아닌 자백(?)을 하였다. 이것이 대한민국 지방자치의 현주소다. 법제과정에서 이런 일이 일어나고 있다는 사실을 일반 유권자는 잘 알 수가 없다. 그래서 한국의 지방자치가 위장되었다고 외치고 싶은 것이다.

그러면 대한민국의 지방자치가 어떻기에 위장(카무플라주, 캄프라치)되었다는 것인지 구체적으로 살펴보자(약간 중첩되는 내용도 있다. 반복 학습한다 생각하고 정독을 했으면 한다). 시민이 '자치 중심'에 서는 지방정치가 이루어지기 위해서는 지방자치를 통해 지방정부가 시민들을 위해 자율적으로 할 수 있는 독단적 결정범위가 어느 정도 보장되어야 한다. 하지만 한국의 자치는 이 범위가 심각하게 협소하다. 유권자들은 때가 되면 선거를 통해 사람을 뽑지만 그 선거를 통해서 뽑힌 그들의 대표들이 제도권 내에서 처한 입장이 무엇인지는 거의 모르고 지내는 일이 허다하다. 그렇다고 유권자들에게 그것을 왜 모르냐고 종주먹을 댈 수는 없지 않은가. 선거하라니까 했고 우리의 대표를 우리가 직접 뽑았으니까 우리의 요구를 제대로 들어줄 것이라는 기대를 하고 있는 시민들을 몰아세울 수는 없다는 얘기다. 그렇다고 선거에 임하는 사람들은 그런 사실들을 다 알고 들어왔을까? 그럴 수도 있지만 대부분은 아니다. 처음에야 누구든 다 마찬가지지만 아무리 주민들을 대신해서 일을 잘 해 보겠노라고 호언장담을 하며 제도권에 입성을 했다 해도 막상 들어와 보면 그것이 공허한 일이라는 사실을 금방 알게 된다. 일을 열심히 하겠다고 각오를 크게 다진 사람일수록 그 공허감은 더 커진다.

감언이설을 통해 유권자를 속이고, 근본적인 무능과 함께 태생적으로 싹을 틔우지 못한 싸가지를, 허술하게 관리되는 제도권의 교육 자격증으로 덧칠한 한 인간이 어느 후진 정당의 무늬만 공심公審인 촌스런 공천과정을 타고 진입했다가 뭔지도 모르고 버둥대다 가 버리면 그만일지 모르나, 문제는 그 과정에서 세금 낸 시민들만 죽어나는 것은 어떻게 설명하겠느냐는 것이다.

현행 지방자치법 관련 규정을 살펴보면서 이야기를 계속해 보기로 하자. 우선 우리의 대표들이 지방정부에 나와 무슨 일을 할 것인지에 관해 그 범위를 정해 둔 지방지방자치법 제9조를 보자. 이 조항은 지방자치단체의 사무범위를 지방자치단체의 구역, 조직, 행정관리 등을 포함하여 크게 6가지로 대분류하여 두고 이를 다시 세부적으로 57개 사무로 나누고 더 잘게는 641가지로 나누어서 지방자치단체의 종류(광역·기초)에 따라 그 사무범위를 정하고 있다. 이것만 보면 지방정부는 국가에서 중심이 되어 처리해야 하는 국가적 사무, 예컨대 외교·국방·국세 등 국가의 존립에 필요한 사무나 측량단위 등 전국적으로 그 기준을 통일하고 조정할 필요가 있는 사무를 제외하고는 지방에서 지역의 특성과 지역주민의 의견을 들어 자율적으로 처리가 가능할 것이라고 착각할 수 있다. 그러나 제도적 현실은 전혀 그렇지 않다. 왜냐하면 위에서 인용한 지방자치법 제9조 제2항에서 치명적인 단서를 달아 놓았기 때문이다. 즉 제2항은 "다만, 법률에 이와 다른 규정이 있으면 그러하지 아니하다."고 해 놓고 있다. 이는 지방자치를 위해 지방자치법에 아무리 맞는 내용을 규정했다 하더라도 또 다른 개별 법률에서 자치원칙에 맞지 않는 규정을 별도로 만들어 주기만 한다면 지방자치법 제9조에 딸린 641가지 지방의 고유사무는 완전히 무력화될 수도 있다는 말이 된다.

더 구체적으로 풀면 이런 거다. 향토예비군 운영과 관련한 업무는 대표적인 국가사무로서 누가 봐도 국가 차원에서 관장해야 할 사무다. 그런데 현행의 「향토예비군 설치법」(제14조의3)에서는 지방자치단체에게 '예비군육성지원에 관한 재정적 지원'을 강제하고 있다. 이는 대표적으로 든 한 예에 불과하다. 전체적으로 1,400여 개가 넘는 개별법과 관련한 각종 규정에 이러한 예는 일일이 거론하기도 어려울 정도다. 이뿐이 아니다. 심각한 상태는 계속된다. 지방자치단체는 주민에게 직접 영향을 미치는 법규인 조례를 만들 수 있도록 되어 있다. 즉 지방자치법 제22조는 "지방자치단체는 '법령의 범위 안에서' 그 사무에 관하여 조례를 제정할 수 있다."라고 되어 있다. 얼핏 보기에는 다양한 형태의 조례입법을 보장하고 있는 것처럼 보인다. 그러나 정작 그 조례가 법규로서 제대로 행세를 하기 위해서는 그 법을 지키지 않았을 때, '어떻게 할 것인가'에 대한 제재가 있어야 강제력 하에 '실효'를 거둘 수 있는 것이 상식이다. 그런데 그것을 가능하지 않도록 하고 있다. 그 조문 뒤에 다음과 같은 단서규정을 달아 놓았기 때문이다. "다만, '주민의 권리제한' 또는 '의무 부과'에 관한 사항이나 '벌칙'을 정할 때에는 법률의 위임이 있어야 한다." 이는 지방의회에서 아무리 좋은 의미의 조례를 만들었다 해도 그 조례가 실효를 거둘 수 있도록 개별법률에서 위임을 하지 않았다면 그 조례는 아무것도 아니라는 것과 똑같은 말이다. "그래 그 좋은 의미는 인정하겠어. 그렇지만 나는 못 하겠어." 하고 어깃장이라도 놓았을 때 이를 효과적으로 강제하는 벌칙규정이 없다면 그건 이미 법이 아니다. 게다가 지방자치단체가 주민의 권리제한과 의무부과에 관한 조례를 제정할 수 있도록 개별법에서 권한을 위임한 사례가 거의 존재하지 않는다는 사실이다. 물론, 지방자치법에서 조례를 위반한 경우에 벌칙을 정하도록 되어 있는 것이 사실이다. 즉 지방자치법 제27조 제1항에서 "지방자치단체는 조례를 위반한 행위에 대하여 조례로써 1천만 원 이하의 과태료를 정할 수 있다."고 해 놓았는데 바로 제2항에 가서는 "제1항에 따른 과태료는 해당 지방자치단체의 장이 부과·징수한다."고 명시하고 있다. 이것은 뒤집어서 말하면, 모든 것을 단체장이 결정하게 하고 있다는 점이다. 설사 아무리 문제가 있다고 해도 단체장이 결심하지 않으면 아무것도 아닌 것이라는 말과 같다.

그러면 이런 사실을 지방의원들은 정말 모를까? 우선 이를 3가지 부류로 나누어 보자. 첫째, 실태를 심각하게 여기는 의원의 경우다. 그러나 이 숫자는 아주 적다. 둘째, 어설프게 알고 있는 경우인데, 불행하게도 이 숫자가 제일 많다. 이들의 특징은 관련의제의 토론 등 특별한 계기에 한정해 간헐적으로 관심을 갖다가도 계기가 사라지면 이내 무관심해지는 특성을 가지고 있다. 그리고 마지막으로 셋째 경우인데 이들은 아예 아무런 관심도 갖지 않는 케이스다. 이들은 그저 재임기간 동안 자기에게 이득이 있는지 없는지를 파악해서 거기에 몰입하면 그만이다. 지방자치가 발전을 하든 말든, 제도에 문제가 있든 없든 그것은 이미 그것들하고는 상관이 없다. 이런 부류의 인사일수록 말과 동작이 크고 사람을 이해관계에 맞추어 폭넓게 사귀는 경향을 가지고 있다. 이것은 한 개인이 지닌 학력과도 연관이 없어 보인다. 그것과는 상관없이 기본적으로 가지고 있는 자치제도에 대한 인식의 유무가 어느 정도인가 하는 것이 더 명확한 판단의 기준이 된다. 자, 그러면 조례와 관련하여 실정을 좀 더 바로 보기 위해 지난번 내린 폭설과 연관 지어 생각을 정리해 보자.

"이번 눈에서도 보듯이 이 조례는 사실상 유명무실합니다." "자연재해대책법의 '벌칙조항'을 개정해 조례에 과태료를 부과하도록 규정을 신설하겠습니다."

앞의 것은 지난 1월 한 방송국SBS 앵커의 입을 통해 전달된 내용이고, 뒤의 것은 방송이 나온 이후 정부중앙청사에서 제설대책 관계기관회의를 열고 과태료 부과를 위해 올 상반기 안에 개정입법을 추진하겠다며 밝힌 소방방재청장의 언급이다. 둘 다 보는 이의 동의를 자극하기에 충분한 듯하다. 심각한 사태에 대한 걱정과, 관련법 보완을 통해 해법을 찾으려 한다는 차원에서 보면 그렇다는 말이다. 하지만 이를 지방자치단체 '조례입법' 환경과 연관시켜 보면, 위에서 언급한 '동의의 자극'이 오히려 비정상성에 고착된 조례입법 환경의 실제를 왜곡할 소지가 다분하다는 점에서 심히 우려가 앞선다. 즉 아나운서의 발언 속에는 우리나라 지방자치단체가 가진 '조례제정권' 자체가 실효성 있는 조례를 제정하기에 기본적인 환경과 토양이 갖추어졌음에도 그렇게 하지 못했다는 것으로 인식할 가능성이 매우 크다는 점이고 반면, 관련 법률의 개정을 통해 100만 원의 과태료를 부과하는 벌칙조항의 창설의지와 같은 시민을 위한 효익적 조례입법은 아무래도 중앙정부가 나서야 비로소 현실화될 것이라는 몰자치적 중앙 사고가 기저에 짙게 깔려 있다는 사실을 증언하고 있다는 점에서 그렇다. 그렇다면 이 겨울에 지방정부의 제설조례로 인해 빚어지는 논란이 뜨거워지는 이유는 무엇일까?

먼저 지상파 방송부터 보자. 방송의 특성상 위 폭설의 사례처럼 조례제정과 관련한 자치단체의 근원적인 문제점을 집중적으로 조명하기 쉽지 않음을 십분 이해한다 하더라도, 적어도 헌법이 보장한 지방정부 '자치입법권'의 실태가 어떤 상태에 있는지를 동시에 살피는 시도는 매우 필요했었다는 점이다. 그래야 민주공간을 가꾸는 가장 구체적 기제인 지방정부에 대한 시민들의 이해가 명확해진다. 또한 그런 과정을 통해 탄탄한 시민의식이 형성되는 것이야말로 민주국가의 미래를 담보할 중요한 가치임에도 10%의 시청률에 육박하는 주요 뉴스에서 단편적인 사실에 치중하여 답답함 그 자체만을 시청자와 공유한다면 그건 제대로 된 방송의 사명이 아니라는 점에서 문제라는 것이다.

다음은 「자연재해대책법」에 '벌칙조항'을 창설하여 주민에게 의무를 부과하는 위임근거를 제시하겠다 하였으나 이것은 물리적으로 이번 겨울 또다시 일어날지도 모를 폭설을 감당하는 것과는 아무런 상관이 없다. 지방자치단체는 '법령의 범위 안'에서 자치단체의 사무에 관해 조례를 만들 수 있도록 하고 있지만 '주민의 권리제한'이나 '의무부과'에 관해서는 개별법으로부터 별도의 위임이 있어야만 가능하기 때문에 시간이 없다. 법이 제정되고 나면 이미 눈은 없어지고 겨울은 끝난 뒤다. 논란의 '제설조례'처럼 필수적 강제를 도모해야 하는 상황에서도 선언적 의미의 '종이호랑이'만을 다투어 양산할 수밖에 없는 것이 지금의 지방자치 현실이다.

지역공동체를 위해 상호간 약간의 희생을 요구하는 선의의 조례를 만들었다 하더라도 "안 하면 어떻게 할 건데?"를 강제하는 장치가 근본적으로 빠진다면 그 법은 자연히 실효를 거두기가 거의 불가능해진다. 진정으로 시민들의 안위를 위한다면 비실익적 절차나 유연성 약한 중앙집권적 사고에 매달리기보다는 일본처럼, 지방자치법에 "지방자치단체는 법령에 특별히 규정된 경우를 제외하고는 조례를 위반한 자에 대하여 징역이나 금고 그 외 벌금을 과하는 규정을 정할 수 있다."라고 규정해 두면 개별 자치단체가 대단히 융통성 있게 조례입법을 할 것이고 이를 통해 지방정부 스스로 책임을 키워 간다면 그것이 곧 현명한 민주주의의 학습이다.

이어서 국가가 '제도'라는 수단을 통해서 어느 정도로 지방정부를 감독하고 있는지 그 실태를 살펴보자. 역시 지방자치법이다. 현행 지방자치법 제167조로부터 172조에 이르기까지 무려 6개 조항에서 필요 이상의 과도한 내용으로 지방자치단체에 대한 관여와 감독을 꾀하고 있다. 대표적으로 169조 제1항을 한번 자세히 보자. "지방자치단체의 사무에 관한 그 장의 명령이나 처분이 법령에 위반되거나 현저히 부당하여 공익을 해친다고 인정되면 시·도에 대하여는 주무장관이, 시·군 및 자치구에 대하여는 시·도 지사가 기간을 정하여 서면으로 시정할 것을 명하고 그 기간에 이행하지 아니하면 이를 취소하거나 정지할 수 있다."고 규정하고 있다. 그러나 이것은 자치이론의 원리상 앞뒤가 도저히 맞지를 않는다. 차라리 횡설수설에 가깝다. "한국적 민주주의다. 어쩔래?" 그러면 할 말은 없지만. 지방자치단체장이 결정한 것이 자치사무로서 문제가 된다면 그것은 해당 지방의회나 뽑아 준 주민들의 정치적 심판 혹은 행정작용에 의해서 판단받거나 관할 법원에 의해 법률적으로 처분을 구할 일이지 주무장관이나 시·도지사가 나설 일이 아니란 말이다. 그래도 양심은 있었던지 "이 경우, 자치사무에 관한 명령이나 처분에 대하여는 법령을 위반하는 것에 한한다."고 얼버무리고 있다. 위에서 제기한 내용이 모두 그런 식이다. 세상에 시민이 선택해 준 자치단체장이 합목적적으로 판단하거나 판단할 문제를 중앙이 이래라저래라 할 수 있도록 법에 달아 놓을 수 있다는 사실이 정말이지 놀라울 뿐이다.

사정이 이렇다 보니 외국의 공법학자가 "한국에는 지방자치가 없다."고 잘라 말해 버리는 경우도 생겨나는 것이다. 여간 창피스러운 일이 아니다. 민주주의가 진행되는 공간에서 지방자치라는 기제를 통해 그 성숙을 숙달하는 것이 지방정치인데 지금의 지방정부와 관련한 속살을 살펴보면 이것은 철저하리만큼 위장(카무플라주)의 연속이다.

12.

선출직공직자의 일그러진 자화상

"**선**거관리위원회로부터 당선증을 교부받는 순간 행정지식이 한꺼번에 머릿속으로 밀려들어 온다고 착각하는 일은 없어야 합니다." 아주 오래된 경험과 고민에서 출발한 제안이자 제도권으로 입성한 주민의 대표를 향해 꼭 전달하고 싶은 나름의 정리된 독설(?)이다. 지나친 표현이 아니냐고 물을 수도 있겠으나 신경 쓰고 싶지 않다. 기본적으로 일과 연관된 것은 어떤 것이든 행정을 포함한 관련지식에 근거하지 않고는 효과적으로 해결할 수가 없다. 그러니 막연하게 '주민을 위해 잘 하겠다.'는 말은 일단 확실한 거짓말이 될 공산이 크다. 흔히 "지방의원은 주민 여러분들의 심부름꾼입니다. 시켜만 주시면 무엇이든 다 열심히 하겠습니다."라고 다짐하지만 막상 정부에 들어와서 제대로 된 일을 해야겠다고 마음먹은 사람 입장에서 본다면 이것보다 무책임하고 또한 난망한 말도 없을 것 같다. '심부름꾼' 혹은 '일을 시켜만 주신다면…….' 하면서 시간을 낭비할 수 있을 만큼 한가롭게 지금의 지방정치판을 생각하고 있다면 그건 이미 허무맹랑한 이야기라는 말이다. '심부름을 하겠다'고 나왔다면

'나는 아무런 개념이 없으니 그저 심부름이나 하겠다.'는 것이고 '시켜만 주신다면'은 명예를 얻는 것에는 관심이 있지만 내가 일을 찾아서 할 만큼 아는 것이 없으니 '시켜만 주신다면 마지못해 한번 해보겠다.'는 것에 다름 아니기 때문이다. 지방정치과정에서 지방의원은 옛날 시골의 이장 밑에서 잔심부름이나 하면서 겨우 연명해 가는 '소임'이 아니다. 하지만 지금 이 시간에도 많은 수의 지방의원들은 문제를 해결하려는 합법적 대표가 지닌 노력보다는 오갈 데 없는 '소임'을 자처하고 있다.

우리나라에서 지방자치가 제대로 작동되기 위해 가장 먼저 심혈을 기울여야 하는 것은 '권력의 집중'을 해소하여 그 바탕 위에 차근차근 자치를 수립해 가는 '중심기제'가 무엇인지를 파악해야 하는 것이다. 이는 불가피하지만 일정 정도 중앙과의 권력게임이 필요하다는 말이기도 하고 이를 위해 어느 정도는 각오(?)를 해야 하는 일이기도 하다. 이런 전제가 없이 '세월이 가면 잘되겠지.' 하고 기다린다면 그건 우물에서 숭늉을 기다리는 격이다. 권력 나누는 문제가 시간이 가면서 그냥 해결된 경우는 동서를 막론하고 결단코 없다. 급격한 혁명이 있었거나 아니면 시대를 읽는 정연한 지방의 논리가 있었기에 가능했든지 둘 중의 하나다.

그런데 지금 한국의 20년 지방정치사에서 적어도 이 논의는 완전히 자취를 감춘 듯하다. 기초의회의원마저 개별 정당에서 추천을 하고 난 2006년부터는 더욱 심해졌다. 지방이 4년 전에도 중요하고 앞으로도 너무나 중요한 것이 분명한데, 불과 얼마 전까지 지방과 지방화를 말하던 그 많은 사람들, 전문가들 다 어디로 갔는지 소식이 없다. 이 정부 들어서 생겨난 새로운 풍속도다. 물론 그 사람들 다 그대로 있다. 다만, 유탄 맞기 싫어서 잠시 비켜 있을 뿐이다. 소나기는 일단 피하고 보는 것이 상책이란 말이 지금 철저히 먹히고 있다. 이 말은 제도적으로도 그렇고 사회시스템을 움직이는 사람들의 수준도 고만고만한 상태이니 애쓰지 말고 조금 기다리다 보면 또 다른 구멍이 있을 거라는 우리 식의 삶의 지혜일지는 모르겠다. 그러나 뜯어보면 이건 한마디로 치유가 곤란한 위험사회로 들어섰다는 증거다. 동시에 그만큼 좌절이 큰 사회라는 말로 들리는 것은 어찌할 수가 없다.

그러면 제도권에 들어온 지역의 대표들이 어떤지 구체적으로 한번 보자. 이미 언급했지만 중앙과의 권력게임이라는 것이 평지풍파를 일으키자는 말이 아니다. 중앙이 할 일과 지방이 할 일을 지금보다 훨씬 엄격하게 구분(100% 완벽하게 구분하기는 어렵지만)해서 국가는 국가대로 실력을 쌓고 지방 또한 이제까지처럼 중앙에서 일방적으로 주는 돈 그리고 하나부터 열까지 모조리 지침指針을 통해 원격조종을 받는 소극적인 수준에서 벗어나 스스로의 능력을 키워 나가는 일에 매진할 수 있도록 가장 기본적인 수준의 지방권력 토양을 조성해 가자는 말이다. 이를 한마디로 표현하면 지금 지방은 최소한의 '지방분권'이 필요한 시점이다. 지금처럼 지방분권이 이루어지지 않은 상태에서 지방의원과 지방자치단체장을 백날 뽑아 봐야 그것은 의미가 그리 크지 않다. 지방자치단체장이 지역주민을 위해 스스로 판단하고 자기결정권을 행사할 수 있는 범위가 너무 협소하여 능력을 발휘할 토양이 전혀 마련되지 않은 상태에서 민주공간을 효과적으로 채울 수 있다고 믿는다면 그것은 현실을 몰라도 너무나 모르는 일이다.

이 같은 사실에 기초해 보면 문제해결의 열쇠는 결국 하나다. 지

위장된 지방자치

방의원들이 확실한 실력을 갖추어야 하는 것 이외에는 다른 대안이 없다. 재선 이상의 경력을 가지고 있어도 법령의 체계를 정확히 이해하지 못한다거나 국가재정과 지방재정을 매번 비슷한 이유로 그 구분에 착각을 불러일으키는 인사들이 적지 않다면 이건 예삿일이 아니다. 이것을 이해하지 못하고서 난마처럼 얽혀 있는 분야별 중앙집권의 제도적 형태에 다가가기는 현실적으로 불가능하다.

아무리 제도적 보장에 의해 헌법으로부터 지방자치권을 직접 전달받았다 설명하여도 법령의 체계를 정확하게 이해하지 못하는 상태에서 단위 지방정부가 가진 입법고권立法高權을 말하는 것은 가당치도 않다. 모든 것을 어렵게 할 뿐이다. 이렇게 되면 지방자치권을 살려내기 위한 중앙과의 권력게임은 고사하고 단순한 조례입법과정에 참여하기도 곤란해진다. 즉 상황이 이 정도 되다 보면 조례안 심의 시 집행기관 측에서 관계공무원이 설령 말도 안 되는 법규를 인용하면서 "……에 관한 법률 제 몇 조에 의해 그렇다."고 하면 바로 말꼬리를 흐리고 더듬거나 입을 꼭 다물어 버리는 경우가 비일비재하다. 그러다가도 제도상 영양가는 별로 없지만 지역에서 일어나는 사소한 일, 예컨대 통·반에서 일어나는 늘 보고 들었던 단순한 사건과 사소한 일들에 대해서는 목청이 커진다. 그것만큼은 자신 있다는 투다. 그러나 안타깝게도 그런 것들이 지방정부의 자치고권自治高權을 튼튼하게 해 주거나 궁극적으로 주민들로 하여금 지방정부의 중심에 서게 하는 일과는 아무런 상관이 없다는 사실이다. 물론 지방의원 가운데는 상당한 실력과 혜안을 가지고 적극적으로 의정활동을 하는 사람들도 있다. 경우에 따라서는 잘한다고 소문난 국회의원보다도 야무지게 일하는 사람도 상당수 있다. 신언서판이 분명하여 그 그릇의 크기가 대단히 선명하게 가늠되는 그런 사람 말이다. 문제는, 어디 어디고 할 것 없이 그 숫자가 전국적으로 너무 적다는 사실이다. 현실이 이렇다 보니 그들은 본의 아니게 내부견제를 당하기도 쉽다. 의회든 집행부든 공무원들은 실력 있는 의원들에게 주목하는 경향이 있다. 이렇게 되고 나면 언제부터라고 딱 잘라서 말할 수는 없지만 의회는 내부적으로 일종의 '바보카르텔'이 형성되기 시작한다. 열심히 공부해서 실력을 키우려고 애를 쓰기보다는, '왜? 너만 인정을 받느냐?'는 식의 질투가 작용되어 악화가 양화를 철저하게 몰아내는 '왕따작전'이 전개되는 것이다. 여기에 몰지각한 단체장과 그를 무조건 따르는 의식 없는 일부 무뇌증의 간부공무원과 그의 직계 똘마니를 자처하는 무리들이 합세하기라도 하면 그땐 정말 가관이다. 실력 있는 의원이 제시한 의견이나 지적이 분명하게 맞는데도 이를 조직적으로 거부하거나 합법적 절차에 의한 자료 요구마저도 일부러 지연시키고 알맹이 다 빼고 계속 쭉정이만 건네주면서 본질을 호도하는 경우가 이에 해당한다. 더욱 한심한 것은 자신이 의회에 왜 나왔는지를 모르는 듯한 이상한(?) 의원들이 단체장이 지닌 그 알량한 권력을 개미눈물만큼이라도 함께 나누어 보겠다고 의회를 팔아먹는 꼴을 보면 개탄스러워 말이 안 나올 지경이다.

이런 일도 있다. 기초의원에 당선된 한 인사는 거의 매일 계산된 저녁시간에 맞추어 단체장의 집무실에 들러 그 단체장과 함께 주민의 세금으로 마련한 고급관용차를 타고 나가 술집으로 직행, 만취해서 귀가하는 것이 상례가 되었다. 공무원들은 그 단체장과 의원을 보고 각각 '주접'(주둥이가 접시에 박혀야 집에 가는 놈)과 '공팔'(공짜 술이면 마누라도 팔아먹을 놈)이라고 불렀다. 그러니 의회에서 벌어지는 아무리 사소한 일이라도 그를 통해 단체장에게 보고되었던 것은 불문가지다. 예를 들어, 간담회나 회의 때 어느 의원이 단체장을 어떻게 비난했다든지 어떤 의원은 집행기관에 무슨 생각을 가지고 있는 관계로 앞으로 그를 어떻게 요리해야 한다느니 그리고 직원 누구는 집행기관에 대해 어떻게 우호적이고 또한 어떻게 우호적이지 않은지 등등의 시시콜콜한 보고통로를 개설하였던 것이다.

한 가지 더 들어 보자. 이 사람은 대도시 지역에서 비례대표로 등원한 케이스인데 이른 아침 의장 부속실에 전화를 걸어 담당 여직원에게 "내가 아직 세수와 화장을 못 해서 그러는데 모닝커피 한 잔만 집으로 가져다줄래?"라고 부탁을 한다는 것이다. 이런 사실이 밝혀지기까지 상당한 시간이 걸렸지만 완전히 21세기 속편 '완장'이 따로 없다. 그리고 그 인사는 세미나나 비교시찰 그리고 공무로 여행을 떠나면 직원들을 아주 민망하게 하는 데 도가 텄단다. 통상 사람들이 여행을 하면 돌아오는 길에 가족들이 생각나서 조그만 선물을 사지 않는가. 그럴 때면 그는 거의 언제나 직원들을 대동하고 물건 앞에서 "조거, 우리 애 주면 좋아하겠는데……."라고 자꾸 얘기한다는 것이다. 그러면 옆에 있는 직원은 없는 돈을 마지못해 꺼내며 동냥하듯이 하나 사서는 '갖다 주라'고 건네주는데 기분 완전히 잡친다고 푸념한다. 그 다음부터는 그의 옆에는 절대 가지 않고 슬슬 피하게 되더란다. 너무 나이브nave해서 언급하지 말아야 하는 사례를 예로 들은 것 같아 필자도 민망하다. 그러나 나는 지방자치 운영과정에서 벌어지는 기막힌 현실을 드러내 보임으로써 지금의 상태를 우리 시민들이 좀 더 정확하게 이해할 필요가 있다 판단해서 이런 민망을 무릅쓰고 있다.

이런 케이스는 어쩌면 계속 존재할지도 모를 일이다. 다만, 지역 또는 의회별로 정도의 차이가 있거나 모양만 조금 바뀌었을 뿐이다. 안 그런 척하면서 한심한 권력을 즐기고 있거나 즐기려는 인사들이 제도권에 들어오는 것을 막는 효과적 차단장치를 우리는 아직 가지고 있지 못하다.

그렇다면 왜 다른 의원들은 이 같은 행태를 번연히 알면서 가만히 있는 것일까? 완벽하지는 않지만 지방자치법에 근거를 둔 소위 징계를 위한 윤리규정도 있는데 말이다. 여러 가지 이유가 있겠으나 한 마디로 말하면 이런 거다. 자기정화 능력이 모자라기 때문이다. 나는 이것이야말로 우리나라의 지방정치가 지닌 딜레마라고 본다. 자기 집단에 대한 정화능력이 없다는 것은 어느 집단이든 미래가 그만큼 어둡다는 뜻이다. 이것은 자기의 실체를 부정하는 것은 물론이고 크게는 지역주민들에 대한 확실한 배신이다.

지방의원을 하다 보면 크든 작든 마을의 대표라고 해서 이런저런 청탁이 있을 수 있다. 그리고 그 청탁이라고 하는 것이 대부분 취직 부탁 또는 불법이거나 비켜난 원칙을 '권력'(?)을 동원해서 합법적으로 만들어 달라는 것들이 거의 대부분이다. 이렇게 되면 행정권한이 없는 지방의회 의원들이 이들의 부탁을 들어줄 방법은 솔직히 별로 없다. 지방정부 자체의 자치권이 한심한 지경이다 보니 이를 견제하는 의회 입장에서 힘을 발휘하기란 태생적으로 쉽지 않기 때문이기도 하지만 의회가 주민을 직접상대로 행정권을 사용하지 않는 것이 주된 이유일 것이다. 그러니 의원이라는 직함을 이용해 압력도 아닌 조잡에 가까운 강짜(?)를 행사하는 수밖에 없다. 공무원들 입장에서도 의원들이 무서워서 응하는 것이 결코 아니다. 약간만 무리수를 두거나 조금만 고단해지면, 아쉬운 소리를 한 의원을 두고두고 신세 진 사람으로 만들어 자신들이 필요할 때 적절히 이용하면 굳이 나쁠 것도 없다는 일종의 거래를 깔고 있을 뿐이다. 그런데도 청탁을 대수롭지 않게 여기는 의원들은 자신이 권세와 능력이 대단해서 '알아서 잘 해주고 있다'고 착각하며 산다. 수준이 떨어지는 의원일수록 그 착각의 정도는 심각하다.

개인의 욕구를 대의나 명분보다 더 중하다고 여기는 청탁자의 입장에서는 자기가 요구한 부탁을 들어주지 않으면 일단 그 의원을 능력이 모자라는 것으로 인식하여 섭섭한 마음을 갖게 될 수도 있다. 이것은 어쩌면 사람이 사는 세상에서 전면적으로 부인되기는 어려운 일일지도 모른다. 그러나 이러한 상황의 연속은 결국 지방의회의원을 주민의 대표가 아닌 질 낮은 브로커로 전락시키게 되고 그 결과는 지방자치를 송두리째 뽑아 버리는 강력한 원인을 제공하게 될 것이라는 점에서 의원들의 고민이 깊어져야 하는데 이것이 너무도 쉽게 무시되는 현실이 너무 안타깝다.

그렇다면 제도권에 들어온 대표는 정말 이 정도로 다 일그러져 있을까? 결론부터 말하면 결코 그렇지 않다. 아직 수가 적기는 하지만 건강해질 수 있는 확실한 토양을 가지고 있다(김회창은 「지방정치엘리트의 특성에 관한 연구」에서 이에 대한 근거를 제시하고 있다).

13.

행정체제개편특별위원회 소위小委의 오만

지난 2월 7일, 행정체제개편특별위원회 소위원회가 지금의 69개 자치구로부터 '자치권'을 회수하는 것을 골간으로 하는 잠정합의를 했다. 소위원회의 잠정결론이라 최종결론까지 나오려면 거쳐야 할 단계가 남아 있지만, 아무래도 의아스러운 것은 대단히 중요한 정치적 쟁점임에도 불구하고 언필칭 독자를 많이 가지고 있어 힘 있다고 뻐기는 신문에서는 이 문제를 거의 다루지 않았다는 사실이다. 그런 면에서 우선 이 문제를 비교적 비중 있게 다룬 한겨레신문 사설을 통해 이 문제를 좀 더 구체적으로 들여다보자.

서울·부산·대구·광주 등 7개 특별·광역시의 구의회를 2014년부터 없애기로 국회 행정체제개편특별위원회 소위원회가 그제 잠정 합의했다. 자치구를 준자치구로 변경해 구청장은 지금처럼 민선으로 하되, 구의회 기능은 시의원이 대신 맡도록 한다는 게 합의안의 뼈대다. 국회 특위 소위는 구의회 폐지의 첫째 논거로 특별·광역시의 자치구는 지방자치를 할 만한 고유사무가 많지 않다고 주장한다. 또한 자치구의 심각한 재정난을 고려할 때 구의회 폐지가 비용을 절감하는 방안이 된다고 말한다. 국회 특위 소위에서는 특별·광역시 자치구들의 통합을 촉진하는 차원에서도 구의회 폐지 필요성이 거론됐다고 한다. 통합에 찬성한 자치구에서만 구의회를 없앨 경우 통합하지 않는 자치구와의 형평성 시비가 생기는 것을 막기 위해 모든 구의회를 없애기로 했다는 설명이다.

위의 사설이 실제 국회 소위원회에서 논의된 것과 앞뒤 맥이 다르지 않다면 이들은 국민을 위하는 대한민국의 국회의원이 아니라 한마디로 무섭다는 생각이 든다. 기가 차서 말이 안 나온다. 정신을 차려서 한번 보자. 그들이 내세운 논거 중 자치구는 지방자치를 할 만한 고유사무가 많지 않다는 것부터 보자. 그래 맞다. 고유사무가 많지 않은 것이 아니라 아예 없다고 봐야 한다. 지방자치를 하려면 기본적으로 해당 지방자치정부에서 자율적으로 판단해야 하는 일이 어느 정도는 돼야 자치도 되고 이런 과정을 통해서 공무원들을 포함하여 시민들로 하여금 자치역량도 높이고 또한 민주주주의 학습도 가능하다. 하지만 우리나라는 원체 중앙집권방식의 정치구조에다 오랜 기간 동안 지속된 독재체제의 유지로 인해 법령으로 표현되는 제도적 사무가 거의 중앙사무(국가사무)로 되어 있어 지방이 스스로 움직일 수 있는 공간이 거의 없다는 것은 이제 상식도 아니지 않은가.

그런 이유로 지방에서는 자치가 열리던 1991년부터 근래까지(지금은 그 요구가 완전히 멈추어 있는데 최근까지 같이 넣으면 이전의 애쓴 분들에게 예의가 아닐 것 같아서) "제도만 도입하고 사무의 권한을 주지 않으면 어떻게 자치가 되느냐?"고 길길이 뛰었던 것인데, 이에 대한 열쇠를 쥐고 있는 지방분권의 실태가 어디로 가서 지금 어떤 상태에 있는지는 아랑곳하지 않고 갑자기 생뚱맞게 고유사무가 많지를 않아서 자치구를 없앤다고 들고 나오면 이들은 도대체 뭐하는 인사들인지 어이가 없을 뿐이다. 국회의원만 되면 별안간 그 분야의 전문가가 되는 것

도 아닌데 말이다. 그래서 묻고 싶은 것이다. "자치구를 없애면 행정
효율이 올라가거나 낭비가 줄어들 거라고 기대하는 것이 아니라, 이
것들을 뽑아 버리면 앓던 이 빠진 것처럼 개운해서 그런 건 아닌지."
좀 더 정직해졌으면 좋겠다. 2000년 초에 기초자치단체장을 중앙에
서 임명하자며 폭력에 가까운 법안을 만들어 올렸다 시민사회의 뭇
매를 맞고 꼬리를 내렸던 예처럼 말이다.

심각한 재정난도 걱정을 했는데 그것도 동의하기 어렵다. 자치단
체의 재정난은 스스로의 문제가 아니라 사무배분처럼 애초부터 국가
와 지방 간의 재원배분 자체를 불균형하게 만들어 놓아 생겨난 문제
를 가지고 이제 와서 자치구의 재정난이 심각해서 폐지한다고 하면
지나가던 개가 웃을 일이다. 이런 식으로 따진다면 정작 재정난이
심각한 것은 자치구가 아니라 시 · 군 단위가 더욱 심각하다. 자치구
는 지방교부세가 없어도(광역시의 재정자립도가 높아 불교부한다는 논리는 적법
하지 않다) 어차피 의존재원에 기댈 수밖에 없는 한계에 놓인다지만
시 · 군은 관세를 제외한 국세 19.24%로 형성된 교부세가 없다면 바
로 파산이다. 지역의 특성에 맞게 자율적으로 지방세를 부과할 수
없도록 만들어 놓고 너희는 돈이 없으니 시민에게 부여된 자치권을
회수한다고 한다면 그건 깡패논리와 다르지 않다.

가까운 일본의 경우를 보자. 일본은 지방재정 대비 국가재정의 비
율이 약 7 : 3에 이른다. 그러나 우리는 2 : 8 정도로 역전되어 있다.
그러니 지방에서 아무리 머리를 써서 일을 한다고 해도 세수稅收가
없으니 그 일을 감당할 자신이 없는 것이다. 그래서 재정분권을 해
달라고 그렇게 요구하는 것이 아닌가. 자치권 확보과정에서 사무배
분(기능배분)과 재정배분은 가장 기본인 동시에 절대적이기도 하다. 이

런 실태를 드러내어 지방정부를 건강하게 가꾸어 갈 방도는 찾지 않고 기껏 한다는 소리가 우리나라에 있어 자치의 근간이며 자치의 꽃인 기초자치단체 가운데 자치구의 뿌리를 뽑아 버린다고 하니 어처구니가 없다. 위 특위 소위에서는 또 자치구들의 통합을 촉진하는 차원에서도 통합에 찬성한 자치구 의회만을 없애는 것은 통합하지 않는 자치구와의 형평성 시비가 생길까 염려되어 모든 구의회를 없애기로 했다고도 하였는데 솔직히 이 대목에 도달하면 여기에 참여한 국회의원들의 한심한 안목과 무지한 인식에 두려움이 앞선다. 설사 행정구역개편으로 통합이 되는 자치구가 있다고 치자. 그것하고 자치구를 몽땅 없애는 것하고 무슨 상관이 있다는 말인지 도대체 알수가 없다. 현행의 지방자치법 제5조는 어느 지방자치단체든 그 사정에 따라 해당 "지방자치단체가 그 구역을 변경하거나 폐지하거나 나누거나 합칠 때에는 새로 그 지역을 관할하게 된 지방자치단체가 그 사무와 재산을 승계한다."라고 되어 있다. 이처럼 어느 지방자치단체든 그 지역의 사정에 따라 그 지방정부를 폐치廢置하거나 분합分合하게 되는 것은 그들 지역주민들이 알아서 결정할 문제이고 그것은 매우 자연스러운 것이다. 이렇듯 자연스러운 것을 두고, 마치 자치구에 근원적인 불균형이 있어 이참에 확 해결해 버릴 요량으로 69개 자치구를 없앤다면 이를 어떻게 설명할 것인가.

그럼 무엇이 문제인지 차근차근 한번 살펴보자. 자치구를 없애는 대신 자치구의 구청장은 지금처럼 선거로 뽑겠다고 했다. 세상에 단체장은 직선으로 하면서 의회를 없애 버리는 방식으로 자치를 하는 나라가 이 지구상에 어디에 있는지 묻고 싶다. 우리나라 현행 헌법은 지방자치에 관한 규정을 딱 2개조(제117조－118조)로 두고 있지만 총 10개의 장으로 구분된 가운데 별도의 장(8장)을 마련한 것은 보통의 의미가 있는 것이 아니다. 즉 헌법 제118조 제1항은 "지방자치단체에 의회를 둔다."라고 명시하고 있다. 여기서 말하는 의회는 사실 단위 지방정부의 핵심을 일컫는 말이다. 제대로 공부한 행정학자 100명의 길을 막고 물어봐라. "만약 어쩔 수 없이 한 지방정부에서 의회와 집행기관의 장을 없애야 한다면 어디를 없애는 것이 맞느냐?"고 말이다. 그러면 그들은 조금도 머뭇거리지 않고 "단체장"이라고 대꾸할 것이다. 이것은 주관적이거나 한낱 감정의 문제가 아니라 자치가 버려서는 안 되는 대원칙이기 때문이다. 물론, 충분한 의견 수렴과정을 거쳐 자치구청이 보유한 자치권自治權을 회수하겠다는 정치적 결정을 보았다고 하면 그래도 그것은 지금보다 낫겠다. 자치구조의 형식은 시대와 시민의 요구에 따라 정치적으로 조정이 가능한 문제인 까닭이다.

그러나 지금의 결정방식은 정치적인 것도 아니고 효율성을 겨냥한 고민도 아닌 그야말로 아무것도 아닌 감정 그 자체다. 지방자치의 모범국가 하면 나름의 평가기준이 있겠으나 많은 한국 사람들이 유럽을 상기하고 그중에서도 독일의 경우를 예로 들기 좋아하는데 독일의 경우도 남독일과 북독일의 자치형태가 다르지만 단체장만을 달랑 선거로 뽑고 의회의 뿌리를 이렇게 무참하게 뽑아 버리는 케이스는 없기도 하지만 그런 발상을 갖는 것 자체를 상상하지도 않는다. 일례로 베를린의 경우, 구청장은 시장이 임명하더라도 선출직 구의회는 그대로 나누고 있는 것은 주민의 다양한 의견을 수렴할, 합법적 창구를 버려서는 안 된다는 자치원리를 존중하는 정신이 있기 때문이다. 이렇게 말하면, "여기가 유럽이냐? 한국이지, 우리의 방식대로 하면 그게 우리식의 자치지." 이렇게 받을까 겁난다. 하지만 그건 어깃장이다. 자치제도가 한국에서 만들어지지 않았기에 애당초 우리의 브랜드가 아니다. 잘났다는 유럽시민들이 스스로의 권리를 보장받을 수 있고 자기들의 세금으로 운영되는 자신들의 지방정부에 문제가 있으면 즉각 저항할 수 있는 통로가 자치이자 실행기제mechanism이다. 이 중대한 문제를 국민들의 의견도 듣지 않고 뿌리를 뽑으려 하고 있으니 대명천지에 이런 나라가 어디 있는지 모르겠다. 한번 해 봐라. 광역의원을 많이 뽑아서 직선의 구청장을 잘 관리하겠는지. 터무니없는 소리다. 주민의 손에서 멀어진 정부는 주민을 결코 존중하지 않는다. 견제되지 않는 권력이 썩는 이치다. 자치 재개 이후 20년 동안 현장경험을 통해서 얻은 예민한 결론이다.

우리는 흔히 지방의원을 단체장보다 얕잡아 보는 경향이 있다. 아니 실제 얕잡아 본다. 평균적인 학력이 그들에 비해 뒤지는 것이 주된 이유가 될 것이다. 그러나 이 말도 아닌 평균으로 인해 덕을 보는 엉터리 단체장이 얼마나 많은 줄도 알았으면 좋겠다. 학력이나 이름 있는 학교 나왔다면 자신도 모르게 켕기는 것이 있는 것처럼 행동하는 것이 우리가 사는 대한민국이 아닌가. 그런 의미에서 보면 대한민국 참으로 좋은 나라다. 이름 있는 학교에 적을 두었기에 능력도 있을 거라고 짐작한 인사 가운데 한심할 정도로 무능한 인사가 얼마나 많은지를 수도 없이 경험했으면서도 그것에 일단은 주눅 드는 경향이 있으니까 말이다.

이 기회를 통해 한 가지 제안한다. 이제부터라도 그러고 살지 말자. 사람을 바라볼 때 편견을 가지고 예단하는 것은 그 자체도 문제지만 겪어 보지도, 검증되지도 않은 이력履歷에 후한 점수를 주려는 거지근성은 정말로 위험하기까지하다. 미국 사람들을 맹목적으로 따라가는 것도 우습지만, 나이 들어가면서 한 가지 절실하게 느껴지는 것은, '왜 그들이 젊은 학생들에게 전인교육을 시키려 애썼고 또한 요구했는지 처절할 정도로 알겠다.'는 점이다. 허울은 좋아 보이나 개뿔도 모르면서 지구당 언저리를 기웃대다 위원장 빽(?)을 밑천 삼아 원시적인 공천과정을 거쳐 단체장에 올라 허구한 날 허우적대는 인사들을 보면서 얻은 결론은 "뼈 빠지게 돈 벌어 세금 내는 시민들만 불쌍하구나". 하는 것이다. 어떤 때는 참으로 인내하기 어렵다.

'시장학교'를 운영하는 서울의 모 연구기관에서 비공식적으로 조사한 바에 의하면 우리나라 230개 기초자치단체장 가운데 단체장으로서 일정한 자격기준에 도달하는 인사는 빡빡하게 치면 약 20명, 약간 후하게 쳐 주면 약 30명만 해당되고 나머지는 모두 자격에 미달한다는 견해를 밝힌 적이 있다. 막연해 보이는 것 같지만 크게 틀리지 않아 보인다. 무엇으로 따져 봐도 제도권의 리더로 나와서는 결코 안 되는 사람들이 한국선거의 맹점을 비집고 들어와 공동체의 뿌리인 지방정부를 불구로 만들고 있다. 그런 그들도 시간만 나면 주민을 위한다고 아우성이다.

그러나 정말 주민을 위한다면 능력과 기본이 안 된 그런 인원들은 선거에 나와 주지 않는 것이 주민을 위하는 길이다. 남 똥도 못 누게 화장실 차지하고 앉아서 세월을 죽이고 있는 일은 죄악 가운데 가장 확실한 죄악이다. 지금은 은퇴하셨지만 참여정부 시절 중앙인사위원회 위원장을 지낸 조창현 교수는 인사개혁을 논할 때마다 "젊어서 바싹 공부해 고시에 합격하고 나서 공부도 안 하면서 정년까지 그걸 우려먹고 출세하는 고시 출신들은 개혁해야 한다."고 했다. 그러고는 정말 인사위원회에 들어가 혁혁한 개혁의 성과를 거두기도 했다.

얘기가 본의 아니게 옆으로 샌 것 같으나 다시 제자리로 돌아와서 지방의원 얘기를 계속해 보자. 그들이 사는 마을에 무슨 일이 생겼을 때, 집단적 민원이 아니면 주민들은 단체장이나 국회의원을 찾지 않는다. 왜? 만만(?)한 지방의원들이 너무 편하기 때문이다. 사실 이들을 동원하면 어지간한 민원이 원만하게 해결이 되기도 한다. 그래서 지지고 볶으면서도 그들이 좋은 것이다. 그러면서 한편으로 자기도 주민의 표에 의해 대표가 될 수 있다는 꿈을 꾸게 되기도 한다. 이것이야말로 지역에 관심을 갖게 되는 강력한 동기이기도 하다.

행정체제개편특별위원회 소위小委의 결정이 그들의 뜻대로 되지도 않겠지만 이들이 얼마나 비민주적인가를 우리나라 69개 자치구의 인구를 통해서 다시 한 번 살펴보자. 2009년 10월 말 행정안전부 통계에 의하면, 서울특별시의 인구는 1천2십2만 4천 명, 부산광역시 3백5십4만 8천 명, 인천광역시 2백7십만 6천 명, 대구광역시 2백4십9만 2천 명, 광주광역시 1백4십3만 2천 명, 대전광역시 1백4십8만 5천 명, 울산광역시 1백1십1만 4천 명으로 7개 지역 자치구에 거주하는 인구수는 총 2천3백만 명을 상회하고 있다. 전체 인구의 50%에 육박하는 인구다. 그래 백번 양보해서 다 좋다고 치자. "광역시의회의 의원수를 늘리면 되지 않느냐? 그러면 다 커버가 되는데 무얼 걱정하느냐?" 이렇게 말할 수도 있다고 치자. 문제는 늘린다면 지금의 광역의원 수에서 몇 명이나 더 늘리겠느냐는 말이다. 어느 의회가 현재 100명이었다면 배를 늘려 200명으로 늘리겠느냐는 말이다. 설사 늘린다 해도 구청장이 선거로 뽑히는 한은 자치단체의 성격을 갖는다. 따라서 예산도 독자적으로 편성해야 한다. 독자적으로 편성된 예산을 심사하는 기능이 2개 기관으로 분산되면 하나는 포기해야 한다. 물리적으로 두 기관의 업무에 집중이 불가능해지기 때문이다. 자치구 폐지를 작당(?)한 국회의원들이 이를 몰랐다면 한심하기 이를 데 없는 것이고 알았다면 이는 치졸한 음모를 꿈꾸고 있는 것이다. 5천만을 대표하는 국회의원수가 299명인 것을 감안하면 광역의원수를 늘려 봐야 얼마나 늘리겠는가 말이다. 서울특별시의 기초의원수가 419명인데 이들을 대신할 인원을 그들의 생각같이 어느 정도 늘린다 해도 그 한계는 뻔하다. 뒤집어서 말하면, 이 한정된 인원들이 서울특별시 예산 22조 원과 25개 자치구 예산 6조 원을 터무니없이 제한된 기간 안에 주민의 입장에서 심의한다는 것은 거짓말에 가깝다. 물론, '잘 편성했겠지.' 하고 대충대충 지나간다면 의회가 할 역할은 없다. 그냥 잘 놀면 끝이다. 어느 지역의 의회에서 약 10조 원에 가까운 예산을 처리하는 예산결산특별위원회가 열려 딱 40분을 심의하고 끝냈다면 '설마 그럴까?'라고 의심하겠는가? 불행하게도 이것은 실제 상황이다. 대부분 지방의원들은 자기들이 저평가되고 있다는 사실을 굳이 숨기려 하지 않는다. 그러나 그 구성원 모두 그 평가 자체를 존중해서 그러는 것이 아니다. 감당하지 못할 만큼 개념 없는 인사들이 너무 많아서 주민의 이익이 무엇인지 매우 잘 아는 능력 있는 인사들이 그저 잠자코 있을 뿐이다.

제도권에서 활동하는 주민의 대표 중 믿고 일을 맡기면 훌륭하게 처리할 수 있는 능력 있는 인사가 일반에 알려진 것보다 훨씬 많다는 사실에 주목할 필요가 있다. 자치의 이상 실현을 위해 분투하는 것은 물론 도덕적으로나 실력으로 봐도 훌륭한 바탕을 가진 인사가 상당히 포진하고 있음에도 그들이 속한 지역사회는 그런 사람의 발굴에 매우 인색하다.

이왕지사 행정체제개편특별위원회 얘기가 나왔으니 행정체제 개편 관련문제에 관해 그 배경과 속내가 무엇인지 다시 한 번 살피고 가자. 2009년 8·15경축사에서 이명박 대통령은 소위 '근원적 처방'의 하나로 지방행정체제 개편을 언급하였다. 이 언급과 관련하여 행정체제개편특별위원회 위원장인 한나라당 허태열 의원이 대표발의하고 62명이 서명한 법안을 비롯하여 소령으로 전역한 뒤 일반 행정을 경험한 경남 창원의 권경석 의원, 민주당의 우윤근 의원 등 6명의 의원이 이 내용 관련 법률안을 발의하고 지금에 이르고 있다.

개별법률안의 내용을 들여다보면 약간의 차이가 있는 것이 사실이나 행정구역개편에 대체로 동의하는 것을 감안하여 우선 위원장인 허태열 의원의 안을 들여다보자. 허태열 의원은 전국 230개 시·군·구를 2~5개씩 묶어 전국을 60~70개로 통합하자는 것이다. 이의 근거는 통합 시·군·구의 평균 인구를 70만 명으로 가정할 경우 전국 시·군·구가 60~70개로 통합될 것으로 추정하기 때문이라 하고 있다. 동시에 서울특별시 및 광역시의 통합을 촉진하되 인구 100만 명 이상은 자치구로 하고 100만 명 미만은 행정구로 전환하자는 계산이다. 여기에 권경석 의원과 민주당 우윤근 의원은 광역자치단체인 시·도를 사실상 폐지하고 기관위임사무와 특별행정기관의 사무를 수행하는 국가가 운영하는 별도의 광역행정기관을 설치하는 것을 주장하는 것이 주요 골자다. 이 법안에 담긴 의견이 나름의 이유가 있는지 없는지는 일단 논외로 두더라도 그에 앞서 가장 우선적으로 살펴볼 일이 있다. 지방자치가 누구를 위해서 가동되고 있는 것인가 하는 본질적인 문제question가 그것이다. 물으나마나 시민을 위해서 있는 것이다. 골백번 죽었다 깨어나고 지구가 삼각형으로 바뀌었다고 해도 이것은 변해서는 안 되는 거다. 우리가 지금까지 수도 없이 보고 속았던 말로만 시민을 위하는 그런 입에 발린 '립 서비스' 방식의 민주주의가 아니라 진짜로 시민들로 하여금 자기들의 권력을 가장 가까운 곳에다 두고 자주 만져 볼 수 있게 하는 시스템인 것이냐가 가장 중요하다는 말이다. 그런 차원에서 본다면 위의 법안은 기본적으로 다음과 같은 흠결을 지니고 있다. 즉 지방자치 하기 가장 적정한 인구규모를 70만 명으로 두고 있다는 점이다. 한국적 지방자치(한국적 지방자치라 한다면 그것은 한국적 민주주의와 맥을 같이하는 독재정권의 언어다)면 몰라도 이런 대규모의 인구를 단일체제로 두면서 이걸 자치라고 하는 나라는, 제대로 민주주의 하는 나라에서는 존재하지 않는다. 글쎄, 그들이 주장하는 행정의 효율성이 무언지 잘 모르겠으나 시민권력을 그들의 손에서 아주 멀리 떠나 버리게 하는 것이 행정의 효율이라면 그들은 뭔가를 크게 잘못 알고 있는 게 틀림없다. 민주성과 효율성을 분리된 별개의 개념으로 본다면 그들은 기본적으로 무지한 것이거나 아니면 행정학 공부를 잘못 한 것이거나 둘 중의 하나일 가능성이 크다.

지방정부운영과정에서 무엇이 가장 합리적인 것이냐 하는 문제와 관련해서 '로버트 달Robert Dahl'보다 체계적인 연구를 한 사람은 흔치 않다. 평생 이것만 실험하고 연구한 사람이기 때문이다. 그런 그가 말하는 자치인구의 적정선은 아주 많아도 20만 명이 넘으면 자치효과를 달성하기가 어렵다고 말하고 있다. 70만 명씩 쪼개서 광역자치를 만들고 간다고 하면 시민을 시민으로 보기보다는 통치의 대상으로 여길 가능성이 커진다. 시민사회를 민주의 상징으로 보기보다는 통치의 대상으로 여겼던 사람들에게는 그것이 더 익숙한지 모르겠다. 하지만 시민의 입장에서는 최악의 선택이 될 수가 있다. 니어 이즈 베터Near is better가 가장 합리적이고 제대로 된 민주주의의 구현임에도 이를 제대로 설명하지 못한 채, 그들만 문제가 없다고 하면서 이를 급히 추진해 간다면 거기에 응할 사람이 누가 있겠는가? 하시모토 토오로 오사카부지사가 지난해 10월에 서울에 와서 거의 울부짖는 톤으로 "지방정부는 주민 가까이에 있어야만 한다."고 했다.

물론, 정치권에서 이런 방식으로 어젠다를 들고 나오니까 여기에 동조하며 팔을 걷어붙이는 일부 학자들도 있다. 관련 토론회장에 나와 아무런 합리적인 설득이나 설명도 없이 무조건 전국을 70개로 쪼개 광역으로 가는 것이 맞는 거라며 동조하는 사람들 말이다. 정책결정과정에서 나타나는 학자적 견해를 넘어 정치적 신념까지 보이는 광경을 보면 할 말을 잊는다. 주장을 뒷받침하는 근거가 취약하기 이를 데 없다. 특정 정당으로부터 요구된 임무를 띠고 참여한 저격수 같아 보일 때가 있어 씁쓸하다.

"그동안 지방자치단체에 지방분권도 잘 해 주었는데 그것을 운용하는 자치단체 구성원들이 문제가 있어 불가피하게 광역으로 가야 행정의 효율성도 확보할 수 있고 자치도 성공적으로 정착될 것이다." 충북의 모 대학 행정학과에 적을 두고 있는 어떤 교수의 견해다. 기본 견해에 차이를 느껴 그 교수를 지목하여 질문을 던졌다. "교수께서는 지방분권이 잘 되었다고 말씀했는데, 지금 자치구 각 부서에서 돌아다니는 중앙·정부의 지침이 몇 개나 되신다고 보십니까?" 잠시 얼굴이 붉어지더니 "압축해서 말하다 보니……."

"약 230개가 넘습니다. 지방정부에 있는 공무원들이 자율적으로 결정하는 것 하나도 없습니다. 중앙에서 내려 준 지침이 그들의 판단기준이고 그것이 그들을 지키는 명줄입니다. 이런 상태를 아시면 지방분권이 잘 되었다고 말할 수는 없지 않겠습니까?" "……."

지식인이라는 자격을 가지고 깊은 고민보다는 다분히 개인적 혹은 정치적 이득만을 겨냥하여 당장 우세해 보이는 정치집단에 입을 맞추는 지식인이 좌우에 넘쳐나는 세상에 살고 있다.

노엄 촘스키Noam Chomsky는 말한다.

> 지식인의 역할은 민중을 소극적이고 순종적이며 무지한 존재, 결국 프로그램된 존재로 만드는 데 있습니다. 19세기 미국의 위대한 철학자이자 수필가였던 랠프 월도 에머슨Ralph Waldo Emerson도 교육프로그램을 시작하면서 "민중이 우리의 멱살을 잡지 않도록 민중을 교육시켜야 한다."라고 말했습니다. 말하자면, 민중을 소극적인 사람으로 만들어 우리에게 저항하지 못하게 만들어야 한다는 뜻입니다. 사실 많은 부문에서 지식인이 이런 역할을 하고 있습니다. 물론 예외가 없지는 않지만 결코 부인할 수 없는 사실입니다. 나는 개인적으로, 정규교육을 전혀 받지 않았지만 적어도 내 눈에는 훌륭한 지식인으로 보이는 사람들을 알고 있습니다. 거꾸로 이런 이상理想에 전혀 부응하지 못하지만 세상사람들에게 존경받는 대학 교수들과 저술가들도 많이 알고 있습니다. '저명한 지식인'이 곧 진정한 지식인이라고 말할 수는 없습니다. 저명한 지식인은 어떤 사람입니까? 그들만의 고유한 권력체계 내에서 '책임 있는 지식인'이란 직함을 부여받은 사람입니다. 게다가 서구사회에서 그들은 스스로 '책임 있는 지식인'이라 자처합니다.

1996년 어느 날 한양대학교 나우만 재단의 한국 사무소장(마이나루 두스)이 인천을 방문했다. 인천공항이 한창 공사 중이던 시기니까 인천이 전국 뉴스의 초점이 되던 시절이었다. 그가 물었다. "인천의 구도심은 향후 공항의 배후 도시로서 상당히 중요한 역할을 하리라 예측되는데 공사 진행과정에서 주민들의 의견은 어떻게 전달되고 또한 수렴되고 있습니까?” 그 질문에 참여한 인사가 답변하기를 “이 사업은 국책사업이라서 특별한 의견 개진 없이 진행되고 있습니다.”

“예? ……이해하기 어렵습니다. 독일의 프랑크푸르트 공항을 개설할 당시에 이해 당사자 간에 의견 조율을 위해 무려 16년을 논쟁하였습니다. 그것은 그만큼 중요한 것입니다.”

이것을 두고 우리는 무조건 그들과 다르다고 하면 당장은 무어라 할 말이 없을지도 모른다. 그러나 곰곰이 생각해 보면 그들이 정상이다. 제도는 필연적으로 문화를 낳게 되어 있다. 그런 차원에서 보면 행정체제 개편과 관련한 문제는 특정한 정부에서 단기간에 결론을 낼 일이 아닌 것이 분명하다. 장기적 프로그램을 만들어 정치권에 속한 제한된 정치인들의 정치적 명줄의 연장수단이 아니라 진정으로 시민사회의 협력을 이끌 수 있는 방안을 제시하는 것이 중요하다. 지금 국회를 비롯하여 정치권에서 논의되는 것처럼 전국을 60~70개로 광역 분할하여 광역행정체제를 구축하겠다는 생각은 건강한 시민사회를 위한 방안 마련과 같은 진짜 본질적인 문제는 빼고 중앙집권에 집착하는 일부 정치인의 야심에 이끌리는 듯한 의문을 갖게 하기에 충분하다. 그들은 흔히 지역을 광범위로 키우면 행정의 효율이 커진다고 말하면서 그런 형태가 선진국의 대세라고 말하지만 틀려도 한참 틀렸다.

왜 틀렸는지 우선 결정적인 문제부터 살펴보자. 전통적으로 생활권과 경제권이 동일한 지역의 단일정부 구성 논리는 특정한 이론에 근거한다고 보기보다는 상식에서 출발한 것으로 보는 것이 좋을 듯하다. 말하자면 동질적인 지역이 하나의 정부를 구성하는 게 바람직

할 것이라고 본 것이다. 미국에 있어 광역은 19세기에 뉴욕, 보스턴, 필라델피아 등 대도시 지역에서 주State의 주도로 이루어졌는데 이렇게 된 이유는 당시 지방정부가 지닌 자치권한이 우리와는 현저히 다르게 확대된 상태에서 지방정부가 부패하고 비능률적으로 운영되다 보니까 20세기 초의 윌슨Wilson 등을 비롯한 행정학자들의 이론과 테일러Taylor 등의 과학적 관리론을 기반으로 단일의 대도시권 정부를 만들 것을 주장했던 때문이다. 권한 자체가 지나칠 정도로 분권화되어 광역권에 통일적으로 제공되어야 할 서비스를 다수의 지방정부가 제공함으로써 같은 성격의 서비스가 그 수준에 격차가 일어나는 것을 경계하였던 그 이유라는 말이다. 즉 대도시권 안에는 일부 지역의 특수이익을 넘어서는 공익이 있고 지방정부의 주요 과제가 정치적이 아니라 기술적인 문제해결이기 때문에 정치는 최소화되어야 한다고 말하고 있는 것이다. 결국 미국의 경우, 이때 대도시권으로 재구조화된 케이스가 일부 있었던 것도 사실이지만 그들 중 대부분은 댈러스와 캔자스 등 남부지역이었다는 점이다. 남부지역이 주로 편입된 이유는 이들 지역이 교외지역으로서 아직 자치단체로서 법인화가 덜 되었기 때문이다. 반대로 법인화가 벌써 이루어진 동북부 지역은 편입의 여지가 훨씬 적었다. 그리고 이 논리는 신공공관리론이 등장한 1980년대부터는 완전히 빛을 잃게 된 1960년대 개혁론자들의 주장이었다는 점이다.

사정이 이러함에도 우리의 경우 지방정부에 이렇다 할 권한이 거의 없는 초보적인 지방분권이 부재한 상태에서 행정권역만 크게 넓히고 가자는 발상은 행정기술을 통한 공익의 실현보다는, 정치공학적 판단에 근거한 전후 사정을 정확하게 이해하지 못한 일부 정치인의 이익배분에만 목표가 맞추어졌다는 인상이 짙다. 또한 이를 뒷받침하는 것은 대도시권 다수 정부가 그들이 생각한 만큼 그렇게 비효율적이지 않다는 점이다. 이를 전문적으로 연구한 린드블롬Lindblom 같은 학자들이 명명한 '상호조정을 통한 협력'이 작동되면 문제가 해결되고 또한 대도시 정부구조 변화가 효율성 내지는 재정적 격차 해소를 이룰 수 있다는 견해가 낙관적이라는 점이다. 아울러 정부단위가 커지면 커질수록 관료적 비용의 증대로 공급비용이 높아질 수 있다는 사실을 간과했다는 점을 들고 있다. 마지막으로 통합은 주민들의 참여를 근본적으로 어렵게 하여 특히나 참여가 어려운 소수자의 정치적 소외가 심각하다는 사실을 정치적으로 덮으려 했다는 점이다. 이외에도 광역적으로 지역만 넓히는 조치가 얼마나 많은 불편들을 주는지에 대해서는 아무런 언급이 없다는 사실이다.

지금의 행정구역은 이미 100년 전에 만들어진 것으로 현대의 상황과는 너무나 다르기 때문에 개편을 해야 한다고 하고 있으나 그 얘기는 다음과 같은 역사적 사실에서 설득력을 잃고 있다.

먼저, 지난 100년간 우리나라의 행정구역은 실로 엄청난 변화를 겪었다. 거슬러 올라가면 이미 1906년 당시 조선통감부에서 작성한 '지방군현폐합조사안'이 작성되어 13도를 9성으로 하고 2~4개의 군현을 1개로 합쳐 345개의 군을 170개의 군으로 개편하자고 하였다가 저항에 부딪혀 결국 1914년에 군을 합병하여 220개 군으로 통합하게 된다. 이것도 100년 이내의 일이지만 해방 이후에도 끊임없이 일어났다는 사실이다. 1961년 5·16군사쿠데타 직후 박정희 군사정부는 포고령을 통해 지방자치를 중단시키고 자치단체였던 읍·면을 폐지하여 행정구역으로 전환하고 대신에 단순한 행정단위에 불과했던 군을 자치권이 부여되지 않은 말뿐인 지방자치단체로 전환했다. 이는 선진국에서는 유래를 찾기 힘든 대대적인 자치구역의 개편을 의미하는 것이다. 그리고 1961년 당시 26개 시 85읍 1,407면으로 구성된 지방자치단체를 26개 시 140군으로 개편하였던 것이다. 이것은 기초자치단체의 자치구역을 10배 가까이 통합하여 확대한 것으로 세계에서도 그 유래를 찾기 어려울 정도로 파격적인 변화다.

이어 근래인 1994년부터 시작된 시·군 통합은 1997년까지 무려 4차례에 걸쳐 43개 시와 40개 군을 통합하여 41개의 통합 시로 개편하였던 전력이 있다. 여기에 2006년에는 제주도의 4개 시군을 폐지하여 하나의 '제주특별자치도'를 만들어 냈던 것이다. 이 정도로 지방자치행정구역이 과거 100년 동안 대폭적인 개편을 단행해 왔음에도 불구하고 책임 있는 사람들이 기회 있을 때마다 "100년 전에 마련된 낡은 행정구역이 지역주의를 심화시키고 효율적인 지역발전을 가로막는 벽"이라고 표현한 것은 심각한 왜곡이라고 말할 수밖에 없다. 행정체제개편특별위원회 위원장인 허태열 의원의 법률안 제안 이유도 "현재의 지방행정체제의 주요 골격은 농경시대였던 100여 년 전에 정해진 것"이란 표현을 시작으로 그 제안이유를 달고 있다. 모두 심각한 사실의 왜곡이 아닐 수 없다. "낡은 행정구역이 지역주의를 심화시키고 효율적인 지역발전을 가로막는 벽"이라고 언급한 것도 따지고 보면 백년대계를 내다보는 국가운영의 철학이 빈곤한 것에서부터 연유된 것이 아닌가 싶다.

지역주의 자체가 문제가 있다고 보기보다는 지금과 같은 시대적 측면에서는 그것은 매우 당연한 것일 수도 있다. 불순한 정치적 의도가 판을 깨서 그렇지 지구상에 이런저런 형태의 지역주의가 없는 곳은 단 한 군데도 없다. 그것은 인간의 본성과 관련한 문제이기도 하다. 다만 그것을 가지고 계속 거짓말 시키면서 그들만의 정치적 이득을 보기 위해서 국민정서를 집요하리만큼 왜곡시킨 정치꾼들이 문제가 있었던 것이지 지역주의는 오히려 긍정적인 측면도 있다는 뜻이다.

유럽선진국은 우리와는 달리 지역주의를 강조하고 또한 이를 토대로 지역과 국가의 활력을 찾으려는 시도를 보인다. 지역주의를 지향하고 있다는 말이다. 우리는 여기서 교훈을 얻어야 한다. 즉 지역에 지역문제를 해결할 수 있는 권력과 자원을 배분하고 지역문제를 지역에서 자기책임하에 처리하도록 하여 지역문제가 중앙정치의 부담으로 작용하지 않도록 하는 것과 함께 지역 간 경쟁을 통하여 국가적 활력을 찾는 일이 더 이상 정치적으로 악용되는 것은 모두를 위해 이로울 것이 없다는 의미다.

우리나라에서 발생한 지역주의의 근원은 중앙정부가 거의 모든 권력을 독점하고 이것을 지역에 배분하는 과정에서 편파적으로 운용되었기 때문에 발생한 문제다. 예컨대 선거 때마다 어떤 지역에 무슨 선물을 주겠다는 포퓰리즘적인 공약을 남발한 잘못 등이 부정적 인식으로 악화된 것임에도 불구하고 이를 행정구역의 탓으로 몰아가는 것은 본질을 호도해도 이만저만 호도하는 것이 아니기 때문에 이 문제해결방법은 의외로 간단할 수도 있다.

즉 지금처럼 중앙에 끝도 없이 몰려 있는 지방의 사무를 지방에 과감하게 돌려주어 각자가 자기 일을 잘 할 수 있도록 여건을 만들어 주기만 하면 바로 해결된다.

일본의 경우 약 3,300개에 달하는 자치단체가 통합을 통해 지금은 약 1,800여 개로 줄었는데 통합한 지 얼마 되지 않아 많은 사람들이 본래대로 돌려 달라고 요구하며 불만을 제기한다는 것이다. "우리는 '정부에서 통합하면 좋은 것이 많다.'고 부추겨 통합에 동의한 것뿐인데 도저히 불편해서 못 살겠다."는 것이 주된 이유다. 제주도 역시 크게 다르지 않다. "주민투표 시키면서 '통합해서 하나로 가면 실보다 득이 많다.'고 해서 동의한 것이지 이렇게 불편할 줄은 몰랐다."고 하소연하는 시민 수가 점점 늘어나고 있다는 사실이다.

제2부

이것만 고쳐도
기본은 간다

1.

지금의 지방분권 왜 문제라는 것인가

정 치인들의 신뢰가 문제가 되는 것은 어제오늘 일도 아니고 딱히 특정한 나라에만 국한되는 일도 아니다. 다만 정도의 차이가 있을 뿐이다. 그 가운데서 우리나라가 무척 심각한 편인데 이런 결과를 가져온 주된 이유는 권력이 중앙으로 집중된 역사가 너무 길고 강했기 때문이다. 대통령을 제한된 기간의 지도자로 보기보다는 부지불식간에 제국의 왕으로 인식하려는 경향이 있는 것도 바로 이 때문일 것이다. 권력이 대통령을 축으로 중앙에만 과도하게 집중되어 있는 관계로 다양한 기능과 역할을 요구하는 시대에 지방의 역할은 아예 없는 듯 보이는 것이다. 오늘날의 지방분권이라는 것은 정치적 선택의 문제가 아니라 글로벌시대에 생존과 직결된 문제인데 말이다. 그러면 이렇게 한번 생각해 보자. 정치는 꼭 있어야 하는 것인가? 없으면 안 되는 것인가. 만약에 이 세상에 있는 모든 권력을 한데 끌어 모아 도마 위에 올려놓고 잘게 썰어서 나누어 가질 수만 있다면 그때는 정치가 필요 없을 수도 있다. 그러나 그것은 현실적으로 가능하지가 않다. 그래서 이를 가급적 나누어서 관리하면 다원적 사회에서 많은 사람들의 참여를 통해 보다 나은 결과를 만들 수 있을 것이라 믿고 어떻게든 권력사용을 효과적으로 나누려 하는 것이 아닌가. 이것의 가장 효과적 수단이 당장으로서는 지방자치이고 이것을 실현하는 과정에서 반드시 필요한 것이 바로 지방분권地方分權이다.

탈냉전 이후 국제사회가 만들어 낸 많은 변화 가운데 두드러진 특징 중의 하나는 신자유주의적 세계화의 기류 속에서 전 지구가 무한 경쟁체제를 지향하고 있다는 점일 것이다. 이러한 시대상황에서 개별국가들의 생존과 번영은 오로지 스스로 국가경쟁력을 갖추고 민첩한 대응태세를 확보하는 것만이 그것을 지속가능하게 한다. 이 같은 시대적 조류는 지방정부의 역할에도 근본적인 변화를 요구하게 되었고 지방정부로 하여금 지역주민에 대한 기본적인 공공서비스의 제공자로서 기능은 물론 국가발전의 한 축을 담당하는 성장엔진으로서의 핵심적 역할도 동시에 요구하게 되었다. 지방정부 부문의 경쟁력 확보는 곧 국가 전체의 경쟁력 강화로 이어지기 때문이다. 특히, 이 과정에서 중앙정부와 지방정부가 상호 협력적인 관계를 구축하고 기능배분을 통한 권한과 책임을 적절히 분담하여 최고의 경쟁력이 발휘될 수 있도록 여건을 조성하는 일은 매우 중요한 의미를 갖는다.

우리나라의 지방분권은 1988년 「지방자치법」 전면 개정 이후 지속적으로 추진을 설계한 것이 사실이나 과시적 분권이 강조되었던 것과는 달리 실제적 결과는 상대적으로 미흡했다는 평가를 받고 있다. 특히 참여정부 들어와서 지방분권을 정부의 핵심과제로 선정하여 「지방분권특별법」을 제정하고 입법목적 달성을 위해 실무를 보강한 '정부혁신분권위원회'를 창설하여 운영하기도 하였으나 그 현실적 결과는 여전히 지방정부 구성원이나 지역주민들이 체감하기에는 매우 미흡한 실정이다. 더욱 갑갑한 일은 이 정부 들어 그러한 노력들이 거의 성과를 보이지 못하고 있다는 점이다.

지방자치의 발전을 막아 온 주된 요인에 관해서는 이미 밝혔지만 강력한 중앙집권에 따른 일체의 기능이 중앙으로 과도하게 집중되어 있다는 데 있다. 중앙사무의 지방이양은 1991년 당시 총무처에 설치한 '지방이양합동심의위원회'가 설치되면서 시작되었고 이어 1999년 '지방추진위원회'가 창설되면서 본격화되었다. 특별히 참여정부는 '10대 국정과제'에 지방분권을 포함시키기도 하였다. 그러나 현재까지 달성된 중앙사무의 지방이양 결과를 지방정부 입장에서 바라보면 특별한 변화를 찾기 어렵고 오히려 자치단체의 자율성 확대와는 거리가 있는 사무를 이양함으로써 재정적 부담을 비롯한 업무량만 증가하였다는 주장이 더 설득력을 얻고 있는 실정이다.

일반적으로 분권화decentralization의 의미는 복합적이고 다면적인 측면의 의미를 내포하고 있어 그 개념의 정립이 용이하지 않은 것이 사실이다. 분권화의 개념이 한 국가의 통치시스템으로서 지방자치제도라는 측면에서 일관되게 이해되어야 한다는 사실이 부인되기 어려울 수 있기 때문일 것이다. 그러면서도 UNDP(United Nation Development Program)는 '지방분권'을 정의함에 있어 "지방정부가 일정한 수준의 독립적 권한을 가질 때 사용되는 일반적 표현"이라고 설명하고 있다. 동시에 분권은 권한의 배분뿐 아니라 인적·물적 자원과 정보기술능력의 배분, 통치상의 분권과 행정상의 분권을 포괄한다고 밝히고 있다.

민주정치는 자치를 요건으로 하고 지역별 분권화가 전제되는 것으로 인식하고 있다. 바우만Bowman을 비롯한 분권화 옹호론자들은 분권화가 이루어져야 하는 이유로 첫째, 중앙정부의 대규모정책이 모든 지역에 효과적으로 시행되기 어렵고 적정규모의 지방정부는 국가 정치의 능률성에도 기여한다는 사실이다. 둘째, 지방정부가 지방적 요구에 더욱 민감하게 대응할 수 있고 서비스 수요자인 주민에게 물리적·심리적 거리를 단축시킬 수 있다는 것이다. 셋째, 예산을 지출하고 지방정부가 납세자에게 근접한 관계로 예산의 내역을 잘 파악하여 낭비요소를 사전에 효과적으로 차단할 수 있다는 것이다.

지방자치단체의 존립의의는 주민을 위하여 어떠한 기능을 수행하여 해당 주민들에게 어떠한 편익을 제공하느냐에 달려 있다. 우리나라 지방자치단체의 기능배분 근거는 「헌법」 제117조와 「지방자치법」 제9조, 제10조, 「지방자치법시행령」 제10조, 「지방분권촉진에 관한 특별법」 제5조 및 제6조에 규정되어 있다. 특히, 「지방자치법」 제10조 제1항의 배분기준에 따른 지방자치단체의 종류별 사무는 대통령령으로 정하도록 되어 있고, 시·도와 시·군·자치구는 그 사무를 처리함에 있어 서로 경합하지 않도록 하고 있다. 그 사무가 경합하는 경우에는 기초자치단체에서 우선적으로 처리하는 것으로 규정되어 있어서 '보충성의 원칙'을 수용하도록 비교적 명확하게 하고 있으나 문제는, 국회의 개별법제정 만능주의가 이를 철저히 무력화시킨다는 데 있다. 이미 언급했지만 현행의 지방자치법 제9조에 단서규정 "다만, 법률에 이와 다른 규정이 있으면 그러하지 아니하다."고 하는 몰자치적 괴물을 만들어 놓고 지방자치를 제대로 할 수 없게 하는 것이 작금의 현실이다. 그러면 실제로 사정이 어떤지 좀 더 구체적으로 살펴보자. '지방이양합동심의회'는 1991년부터 1998년까지 8회에 걸쳐 개최되었는데 1997년까지 7년간 실적은 총 2,779건의 사무가 선정되어 심의되었고, 이 가운데 42%인 1,174개 사무의 이양이 확정되었다. 확정된 1,174개 가운데 70%인 824개의 사무가 이양 완료되었고 나머지 350개 사무는 추진 중에 있다고 밝혔고 그 이후 2007년까지 「중앙행정권한의 지방이양촉진 등에 관한 법률」을 제정하여 속도를 내는 듯했으나, 결론은 처음이나 이때나 지방 입장에서는 그 결과에 대한 체감이 좀처럼 시원하지 않다는 사실이다.

그렇다면 중앙정부 일방에 의한 획일적 관료주의와 과부하로 인한 국가기능의 장애를 극복하고 행정의 창의성과 효율성 신장을 위한 기능 배분은 시대의 요구인데 이를 극복할 방안은 무엇이란 말인가?

무엇보다 우선적으로, 중앙관료집단에 의한 제도와 관행으로 형성된 계층적 관치주의에서 벗어나 중앙정부차원의 지방분권세력의 확대는 매우 중요한 의미를 갖는다고 보아야 한다. 아울러 이를 실현하기 위해서는, 지방정부는 물론 민간조직과 주민들 간의 기능배분에 대한 다음 세 가지로 요약되는 논리 확신이 필요할 것이다.

첫째, 기능배분을 위한 정치적 압력행사다. 기능배분은 행정부와 입법부가 이를 수용하지 않으면 소기의 결실이 현실적으로 불가하기 때문이다. 지방자치법 제165조에 근거한 지방4단체와 시민단체를 비롯한 시민그룹의 유기적 연대가 절실히 요구되는 것도 같은 이유다. 둘째, 기능배분의 당위성을, 지역언론을 적극 활용하여 주민에게 알려야 한다. 지역주민들의 지방분권 개혁에 대한 관심이 지역언론에 의하여 결정되기 때문이다. 오사카에 본사를 두고 있는 '아사히신문'이 오래전부터 지방분권과 관련된 이슈를 주요 기사로 다루어 왔는데 이처럼 지역언론이 지방분권 개혁에 크게 기여하였다는 사실을 우리는 상기할 필요가 있다. 셋째, 지역주민의 분권화 운동이다. 분권화 논리의 확산은 결국 '지방분권운동'이라는 시민운동의 전개로 이어져야 한다. 예를 들어, 지역별 지방분권 실현을 위한 시민 서명 운동, 공청회, 토론회, 성명서 채택 등 방식이 지방수준에서 보다 폭넓게 다루어져야 할 것이다. 이와 함께 정말로 중요한 것은 지방공무원들의 기능배분에 대한 인식의 재무장이다. 지방분권은 중앙정부에 과도하게 집중되어 있는 권한을 지방에 이양함으로써 다양한 지역특성에 기반을 둔 주민의사를 반영하고 차별화의 이점을 통해 지역주민들의 삶의 질을 향상하려는 것이다.

따라서 이를 실현해 가는 과정에서 지방정부 소속 공무원의 지방분권에 대한 인식은 매우 중요한 의미를 지닌다. 하지만 이와 관련한 많은 연구에서 일관되게 나타나는 결과는 지방공무원 스스로 중앙사무의 지방이양에 관해 하나같이 일관되게(?) 적극적이지 못하다는 것이다. 그렇지 않기를 기대하지만, 만에 하나 계속해서 지방정부 구성원들이 이에 대해 지금처럼 관심을 게을리 한다면 지방분권을 통한 자치성공은 그만큼 줄어들 수밖에 없다.

1991년 아무런 연습도, 준비도 없을 때 사막에서 바늘 찾는 마음으로 지방자치를 이렇게 이해하면서 살아왔다. "지: 지난한 역사 속에 방: 방치할 수밖에 없었던 자: 자신들의 자아를 치: 치유할 수 있는 최고의 기회이자 합법적 도구"라고 여기면서 말이다.

2.

정당추천推薦(公薦)제가 지방자치에 미친 폐해

30년의 질곡을 털어 내며 주민이 진정으로 자치권의 소유권자였음을 확인하는 것에 가슴 벅찼던 기쁨을 채 만끽하기도 전에 이제 우리는 숱한 고난을 헤치며 투쟁으로 쟁취한 그 귀한 자유를 영원히 박탈당할지도 모른다는 위기감에 몸을 떨며 오늘 이 자리에 섰다. 나랏일 잘 하라고 뽑아 준 우리의 국회의원들은 여·야를 가릴 것도 없이 그렇게 만류했던 절대다수 국민들의 뜻을 묵살하고 지난 6월 30일 임시국회에서 기어코 「공직선거법」을 개정하여 기초의원마저도 정당추천을 강제함으로써 자치행정의 실제 소유주인 주민들을 밖으로 영영 몰아내고 말았다. 각 당은 지방자치를 통해 '자치권력'을 스스로 만져 보며 민주주의의 귀중함을 배우고 키워 가는 주민들의 민주의식이 어디까지 도달해 있는지 전혀 가늠하지 못하고 마치 지방자치를 중앙정치인의 노리개인 양 오직 당세확장의 수단으로 이용하는 데 혈안이 되었다. 공천권을 무기 삼아 기초단체장과 기초의회 지망자들로부터 공천헌금을 받아 지방자치를 더러운 돈 정치로 물들이고 당선된 후에는 그들을 손아귀에 쥐고 스스로 제왕행세를 감행하려 하고 있는 작금의 정치권 분위기에 우리 주민들은 가슴이 미어지고 눈이 터질 듯한 분노가 하늘을 찌를 지경에 이르렀다. 6월 30일 개정된 「공직선거법」은 주민의 권한을 송두리째 뒤엎는 반민주 악법에다 그 흔한 공청회도 한 번 없이 속전속결로 해치운 일고一顧의 가치도 없는 폭거이고 국회의원들의 사리사욕이 빚어낸 원시적 작태이다. 국민의 70%, 관련분야의 교수 90% 이상이 기초자치단체선거에 정당공천을 배제해야 풀뿌리가 산다고 의견을 냈음에도 그 흔한 여론수렴 한 번 없이 법개정을 강행한 여·야는 국민 앞에 속죄해야 마땅하다. 지방자치는 모리배의 거래가 아니고 깨끗한 민주정치를 실현하기 위한 절체절명의 과제이며 우리들의 후손에게 물려줄 고귀한 유산인 것이다.

따라서 우리 인천지역 기초의회의원 모두는 비장한 각오로 다음과 같이 결의한다.

하나. 여·야는 이번 정기국회에서 기초의원 후보에 대한 정당공천을 배제하는 법개정을 반드시 관철하라. 하나. 우리는 시민들과 똘똘 뭉쳐 정당공천 배제를 위한 1천만 명 서명운동을 대대적으로 전개한다. 하나. 우리는 지방자치의 암적 존재이며 부정부패의 근원인 기초자치단체선거 후보 정당공천제를 엄격히 금지하는 입법청원을 반드시 실현한다. 하나. 우리는 중앙정치권이 우리의 정당한 요구를 받아들이지 않고, 국회의원들의 당리당략에 따라 기초의원들을 지방조직책으로 사병화하는 악법을 계속 고집한다면 공천배제를 요구하는 국민들의 염원을 묵살한 것으로 간주하고, 기초의원 총 사태를 시발로 중앙정치권과 강력히 투쟁할 것을 결의한다.

지난 2005년 9월 13일 인천광역시 10개 기초의회에서 일시에 있었던 '기초의원정당공천으로 인한 풀뿌리 민주주의 압살기도壓殺企圖에 항거하는 우리의 결의'라는 제목으로 채택되었던 필자가 작성한 결의문決議文의 전문이다. 지금까지 우리들이 줄곧 경험한 많은 질서 가운데 특정 정치그룹으로부터 강요된 질서에 대한 숭배야말로 파시즘의 전형적 특성에 가까운 것이 많다. 우리는 아주 어렸을 때부터 갈등은 매우 부정적인 것으로 인식하도록 교육받으며 살았다. 질서의 이데올로기는 무조건 옳은 것이며 갈등은 무조건 위험한 것이니 언제나 천편일률적으로 위에서 교통정리를 해 주는 대로 살아야 하는 것이 미덕인 것처럼 그렇게 살기를 끊임없이 강요받았다. 갈등이 없는 역사를 역사라고 할 수 없고 갈등이 없는 사회는 진화하지 못한다는 진실을 배우며 살지 못했다.

정치에서야 갈등은 너무나 당연한 것 아닌가. 과거에도 그랬고 지금도 그렇고 앞으로도 그럴 것이다. 그 속에서 자라날 지방자치 역시도 이런저런 갈등을 겪으며 자리를 잡아 가는 것이 순리다. 그것은 매우 당연하고 자연스런 일이다. 애초부터 누가 조정하고 닦달한다고 해서 끌려갈 구조가 아니다. 그런데 어찌된 일인지 대한민국의 정치권은 철저하게 거꾸로 가고 있으니 이 노릇을 어쩌면 좋단 말인가.

"이제 법을 만들고 돌아섰는데 국회체면이 있지 시행도 안 해 보고 법을 바로 개정할 수는 없지 않느냐? 한번 시행해 보고 문제가 되면 바로 여러분들의 요구대로 고치겠다."

지난 2005년 8월 기초의회의원마저 각 정당이 추천권을 행사할 수 있도록 공직선거법을 바꾸었을 때, 전국단위의 지방의회의원대표 및 정세욱 교수를 비롯한 학계에서 참여한 학자들이 "지금의 개정선거법방식으로 정당이 공천권을 행사하면 이제 발아되기 시작한 지방자치는 쑥대밭이 되니 선거 전에 개정을 통해 정당이 관여하는 끈을 끊으라."고 요구하자 당시 이재오 의원이 손사래를 저어 가며 한 말이다.

그로부터 4년이 흐른 지금 어떻게 되었는가? 확실하게 쑥대밭이 되었다. 만일 지금의 자치실태를 두고 쑥대밭이 아니라고 한다면 그는 쑥대밭의 의미를 정확히 모르거나 아니면 그 쑥대밭에서 금붙이라도 주워 내심 지금의 쑥대밭이 좋아죽든지 둘 중의 하나일 것이다. 그러면 당시 국회의원들은 정말 쑥대밭이 되는지를 몰랐을까? 정말 몰랐다고 한다면 그 인사는 기초적인 사리분간이 안 되는 함량미달인 경우일 게고, 알면서도 모르는 체했다면 그는 분명 한국적(?) 민주주의를 그리워하는 인사일 것이다. 극히 일부를 빼고 대부분 국회의원들은 사실상 기초의원까지 정당의 공천을 이뤄 내기 위해 그동안 엄청 많은 노력과 노심초사(?)를 이어 왔다. 정당의 추천으로 생긴 폐해가 너무나 심각해 선진국에서는 이를 폐기처분한 지가 거의 한 세기가 지났다. 그런 20세기 초기의 유물을 대한민국은 어쩌자고 21세기 대명천지에 이를 거꾸로 부여잡고 난리를 피우고 있는지 기가 막힐 따름이다. 그럴듯한 포장의 수단으로 '공심의公審議'를 내세우지만 이건 완전히 허수아비다. 공심의 참여자 스스로는 문제가 없는 경우가 많다. 아무리 옳은 심사를 내놔도 개별 지역을 지키고 있는 두목(?)들이 나서서 강짜를 부리면 그건 아무것도 아닌 휴지에 불과하다. 그래도 일말의 양심은 있어서 겉으로 드러내 놓지는 않지만 대부분 국회의원들은 이 상황을 즐기고 있는 듯하다. 그들은 보통 '절대다수의 국민이 원하지 않으면 안 한다.'고 말하기를 좋아한다. 그러나 자기들의 개인적 선호나 '권력의 확대'와 관련해서는 설사 그 권력이 너무 추악해서 당장 국민들의 거센 비난과 저항을 받는다 해도 싱긋도 안 한다. 어느 집 개가 짖고 있느냐는 식이다.

독일의 정치문화 비평가 한스 마그누스 엔첸스베르거Hans Magnus Enzensberger는 이렇게 말하고 있다. "정치인들은 시민들이 점점 더 정치에 무관심해지는 것에 모욕감을 느끼고 있다. 하지만 이들은 그 원인이 무엇인지를 자문해야 한다. 정치인들이 자기기만의 희생자로 전락한 것은 아닌지 또 정치를 잘못 정의하고 있지는 않은지 의심이 든다. 오늘날 정치의 핵심은 자율적 조직능력이 되었다." 여기서 말하는 자율적 조직이란 하부정치, 즉 상향식 사회형성의 지향이다. 시민들이 정당하고 근거가 확실한 잘못된 결과를 치유하라고 요구하면 마땅히 그렇게 해야 그것이 국민의 대의기관이 아닌가? 하기야 아직도 "우리나라 나름의 방식이 있는 것 아니냐?" 하는 인사들이 꽤 있다. 그러면 이렇게 말해 주고 싶다. "시민이 중심에 서야 하는 이 자

166
위장된 지방자치

치제도가 조선시대 때 우리 조상들이 만들었냐?"고.

서양에서 시작된 보편적 가치를 지향하는 이 제도가 오늘날처럼 정립되는 과정에서 이루 헤아릴 수 없을 만큼 많은 사람들의 죽음과 희생을 진정 생각해 보기는 했느냐고 묻고 싶을 때도 있지만 적어도 이에 관해 고민하며 살기를 거부하는 듯한 그들에게 이 물음이 당장은 가당치도 않아 보인다. 민주제도를 말하면서도 걸핏하면 '우리 식'을 말하는 인사들의 면면을 보노라면 합리적 민주주의와는 완벽하게 담을 쌓고 사는 사람들인 경우가 너무 많아 때로는 측은하기까지 하다. 머리가 말랑거릴 때부터 '한국적 민주주의'를 입력해 두고 철저한 체화과정을 거쳐 거기다 관성까지 키웠으니 당장은 방법이 없어 보인다. 그렇다고 살아오는 동안 자발적인 학습과정을 통해 '내 사고가 지금의 시대상황에 맞기나 한 것인가?'라고 단 한 번도 진지하게 고민한 적이 있어 보이지도 않는다.

국회활동 하다가 지역에 내려가면 적어도 자치 재개 이전만큼은 아니더라도 국회의원으로서 어느 정도는 한국스러운(?) 대접을 받고 싶었는데 어느 때부터인가 그 우아한 한국적 대접이 빠져 버리니까 한없이 공허했을지는 모르겠다. 물론 국회의원들에게만 성자가 되기를 기대할 수는 없을지도 모른다. 많은 지방자치단체장들이 정치적 경쟁을 염두에 둔 나머지 '일'보다는 '감정'에 기초한 소갈머리 없는 짓에 열받은 면도 적지 않았을 것이란 말이다.

예를 들어 사람들이 모이는 지역행사에서 정치적 이해가 엇갈리거나 감정이 허락지 않으면 그 흔한 초청장 하나 보내 주지 않는다. 설사 그렇지는 않는다 하더라도 초라하기 이를 데 없는 방식, 주민 앞에 소개를 시키지 않는다거나 아니면 맨 뒤에 마지못해 아주 짧게 한마디 하는 등으로 국회의원들을 조리돌림 하듯이 모욕을 주어 화가 났다는 것이 국회의원들의 항변이다. 거기다 기초의원마저도 이 같은 분위기에 편승하거나 최소한의 예의를 갖추지 않는다는 생각이 밑바닥 감정을 자극해서 국회의원들로 하여금 일종의 전격전처럼 관계법률을 개정하게 되었는지는 모르겠다.

그렇다고 지금의 정치상황에서 이 같은 문제가 곧바로 법개정으로 이어지지는 않을 것이다. 아주 특별한 계기가 있으면 모를까 국회의 원들은 현재의 상황에 애써 무관심하려 하거나 여론이 아무리 들끓어도 속으로는 계속 즐김을 이어 갈 것이다. 그동안 말도 안 되는 똘마니(?)들에게 당했다고 여기면서 말이다. 약 10년 전 기초자치단체장을 임명직으로 돌려야 한다는 법안 발의안에 실제적으로 찬성한 인원은 34명에 불과했지만 내부적으로는 약 95%가 이 안에 묵시적으로 동조했었던 것처럼.

국회를 포함하여 개별 지방정부의 운영 및 기능이 본래부터 시민사회와 더불어 성장했다면 이런 촌극은 애초부터 벌어지지 않았다. 우리의 정치적 목표가 국민 또는 시민을 위해 맞추어지기보다는 오직 그들만의 '권력'에 두다가 이러한 상황을 맞았으니 업보라 생각하고 시민사회가 자성할 수밖에. 국회의원들의 속내는 이제 다 드러날 대로 드러났다. 기초지방정부까지 공천이라는 과정을 통해, 어느 날 똑똑한 경쟁자가 나타나 자기의 자리를 탐하게 될지도 모른다는 우환을 확실하게 걸러 내는 장치를 구축해 두었으니 마르고 닳도록 국회의원도 하고 경우에 따라서는 다선의원이라는 경력을 등에 업고 장관도 한 번 해먹을 수 있는 문호를 활짝 열어 놓았으니 거칠 게 없겠다. 일을 못해 능력을 인정받지 못하면 언제든 그 자리에서 내려오는 것이 당연한 민주주의의 법칙인데, 무능한 자신의 영광을 위해 인재의 싹을 영원히 자를 생각이나 하고 있으니 이 얼마나 같잖은 일인가.

지방정부가 제대로 작동되기 위해서는 행정의 중심에 있는 시민들의 요구를 실천할 지방정부를 대표하는 지방의원들이 가장 가까이에 있어야 하는데 공천제를 도입하고 나서부터는, 언제나 시민들 옆에서 시민들의 관심과 요구를 경청할 것 같았던 그들이 진공청소기에 먼지 빨려들어 가듯 갑자기 다 사라져 버리더라는 사실이다. 아무리 봐도 그들에게 시민들은 안중에도 없는 듯하다. 지금이야 선거시즌이 임박해서 본의 아니게 명줄관리상 위원장과 주민을 향해 양다리를 걸친 형국이지만 선거만 끝나면 그 시간부터 그들에게 주민은 안중에도 없을 게 뻔하다.

불합리한 방법으로 공천관리를 해 온 국회의원들이 들으면 언짢을지 모르겠지만 선거가 끝난 후를 한번 생각해 보기 바란다. 주군으로 모시겠다며 교묘한 수법의 거래와 추잡한 모양의 술시중을 비롯한 갖은 교태를 동원하여 공천과자를 따먹은 지방정치 대표들은 곧 있을 다음 총선에서 그들의 위원장을 아무렇지도 않게 쓰레기통에 처박아 버리는 일이 여기저기서 생겨날 것이다. 그렇다고 그들에게 비겁하다고 손가락질할 것까지는 없다. 이것은 단순히 개인의 성향인 배신 차원 문제가 아니라 한국 지방정치구조의 태생적 모순이 낳은 인과응보이고 시민사회의 수준을 결정짓는 과거의 정치행적과 연관된 일종의 '배신의 관성'이라고 보는 편이 마음이 편할 것 같아서 하는 소리다.

따라서 이를 한 인간의 특성에 비유하는 것은 아무래도 무리가 있어 보인다. 보통의 인간의지는 우리가 스스로 부지불식간에 믿으려 하는 것보다 그렇게 단단하지 못할 때가 많다. 자신들의 존재근원이 '지방'에 있다는 사실을 쉽게 망각할 수 있을 정도로 무리한 욕심을 과도하게 허용하는 '사회적 동의'(시민을 의식하지 않는 대표들을 합법적 체제 안으로 넣어 준 시민의 판단을 비판하기는 곤란하다는 전제하의 동의)가 형성되어 있는 한, 지방대표들은 공익보다는 공조직을 발판으로 더 나은 개인의 이익을 위해 오직 본인이 속한 정당과 지구당 위원장의 입술만 주목하기에 바빠지리라는 것은 이미 충분하게 예견되었던 문제가 아 닌가? 얘기가 다소 우회한 느낌이 있으나 다시 제자리로 돌아와서 그럼 구체적으로 무엇이 어떻게 쑥대밭이 되었는지 한번 살펴보자.

무엇보다 먼저, 지역주민의 선거를 통해 나온 지방대표들이 어느 날 갑자기 국회의원의 똘마니로 변해 버리더라는 것이다. 하기야 공 천을 하다 보니까 죽은 사람까지도 당선되는 해괴한 일이 벌어졌었 으니 말은 해 무엇하랴만. 지역주민이 선거를 통해 지방대표들을 제 도권에 보내 준 것은 권력의 소유자인 시민들의 합법적 명령에 따라 부여된 역할을 제대로 하라고 보내 준 것이지 또 다른 형태의 선출 직 공직자인 국회의원의 개인적 심복이 되라거나 눈치 보는 하수인 이 되라고 보내 준 것이 아니다. 국회의원과 지방의원의 차이를 설 명할 때 유권자의 숫자가 많고 기관의 사이즈가 큰 것에 의해 구별 지어지는 것은 맞다. 그러나 지방정부를 구성하는 선출직 공직자라 고 해서 이들을 자기들의 졸병으로 삼아도 된다고 유권자가 이들을 제도권으로 보낸 일은 결코 없다.

어느 정당이든 충분한 자격과 자질을 가진 후보자와 그 후보자를 검증하는 과정이 보편적 시민사회로부터 신뢰와 지지를 받고 있다면 정당의 역할을 무조건 잘못되었다고 하기는 곤란하다. 하지만 이런 신뢰가 없으니까 공천을 미끼로 선출직 공직자들을 마치 자기들의 하수인인 양 마구 굴리고 있는 것이다. 의회가 열려 안건이 심의 중에 있는 줄을 번연히 알면서 집합명령을 내려 출판기념회나 토론회를 비롯한 국회의원 개인적 활동에 인원 동원하는 일들을 그저 아무렇지도 않게 벌이고 있다. 더구나 이를 마치 당연한 것처럼 여기는 많은 수의 지방의원들을 보는 일은 너무 힘들다. 사정이 이러한데도 이런 이들이 당선될 가능성은 여전히 높다. 대한민국은 아직 그러한 상태다.

　지금과 같은 방식의 공천제가 유지되는 한, 지방행정은 병들어 썩고 결국 그 책임은 모두 시민들이 져야 한다. 이미 우리는 지난 2006년 정당공천제를 전면적으로 경험하면서 그들이 저지른 비리와 만행을 보았다. 그 유형이 다양하기도 했지만 유권자들로 하여금 정치혐오증까지 불러일으키면서 투표참여를 저하시키는 일까지 벌어지게 했다. 꾸준한 식사 및 향응의 제공으로 점수를 관리하는 것은 이미 고전이다. 전문가 이외에는 액수를 알 수 없는 수법으로 검찰까지 교란하고 국내에서는 돈세탁이 어려운 점을 이용하여 외환으로 바꾸는 외환치기수법, 차용증을 써 주고 나중에 갚는다는 식의 공천계약금 수수형태, 여론조사 조작비리수법, 후보자들의 막무가내식의 돈 두고 가기 수법, 측근이 공천헌금을 수수하는 수법, 후보자가 자기 하수인을 지구당 사무실에 심어 두고 아첨과 진실을 가장하여 반복적으로 위원장을 세뇌하는 수법, 돈이 없는 후보는 위원장의 집에 가서 청소도 해 주는 등의 단계까지 발전(?)해 가고 있다. 하지만 위원장이 구린 데가 없다면 모를까 뒤에서 켕기는 짓을 했다면 그것은 꼼짝없이 당하게 되어 있다. 이런 경우는 오히려 후보자가 칼자루를 쥔 격이 된다. 앞에서는 아첨으로 무장하고, 언제든 기회만 되면 배신을 꿈꾼다. 심각한 문제는, 이들의 비리는 워낙 은밀히 이루어지는 속성으로 인해 밝혀진 것은 빙산의 일각에 불과하고 이보다 더 끔찍한 비리를 저지르고도 그 사실이 밝혀지지 않은 상태에서 그들이 단체장이든 의원이든 당선되면 그 인사들을 통제할 방책이 사실상 없다는 사실이다. 이렇게 되면 이들에 의해 자행되는 갖가지 만행으로 인해 공직문화가 파괴될 것이고 또한 공익과는 상관없는 마구잡이식의 예산이 편성되거나 집행될 것이 너무 뻔하다. 그리고 그것에 대한 부담은 고스란히 시민들에게 떠넘겨진다. 이 상태가 얼마나 심각한지 2010년 3월 4일 한겨레신문에 보도된 기사를 통해 한번 살펴보기로 하자.

여러분 지역의 시장·군수·구청장은 안녕하십니까? 그들이 하나 둘씩 자리에서 사라지고 있다. 박주원 안산시장은 지난 2일 밤 철창에 갇혔다. 박 시장은 안산 복합개발사업 우선협상대상자 선정과 관련해 건설업체한테서 1억 3천만 원을 받은 혐의(특정범죄 가중처벌법의 뇌물)를 받고 있다. 노재영 군포시장도 지난달 18일 재판 및 선거비용 채무 변제금 명목으로 4억 5천만 원을 받은 혐의로 구속되었다. 이기하 오산시장은 지난해 11월 아파트 분양가 승인과 관련해 건설업체한테서 10억 원을 받은 혐의로 수감되었다. 최근 4개월 동안 경기남부 지역의 한나라당 소속 현역시장 셋이 철창신세가 된 것이다. "내가 공무원 맞나? 건설업자한테 꾸중이나 듣고……." 수원지검 안산지청이 지난 2007년 당시 이연수 경기시흥시장의 수뢰사건 조사과정에서 시흥 시市 한 공무원한테서 압수한 수첩에 적혀 있던 내용이다. 검찰은 "당시 한 건설업자가 이 시장이 있는 자리에서 이 공무원에게 '너 이렇게 큰 게 누구 때문인데 이런 허가 하나 내주지 않냐.'고 질책했다는 내용이 들어 있었다."고 전했다. 이 시장은 변제명목으로 1억 내지 1억 5천만 원씩을 업체로부터 받은 선거참모 등 7명과 함께 구속돼 지난해 1월 대법원에서 유죄판결을 받았다. 지방선거마다 격전지로 분류되는 경기도에서 민선 4기 기초단체장 가운데 비리 혐의로 기소된 사람은 전체 31명 가운데 10명. 이 가운데 6명이 3,000만~10원 수뢰협의로 기소됐다.

기초자치단체장 230명 가운데 제4기(2006년~2010. 3. 현재) 들어 기소된 인원은 총 94명이다. 무려 41%에 육박하는 비율이다. 지역별로 한번 보자. 서울이 25명 중 10명으로 40%, 경기가 31명 중 13명으로 41.9%, 인천이 10명 중 4명으로 40%, 강원이 18명 중 6명으로 33.3%, 충북이 12명 중 4명으로 강원과 같고 경북이 23명 중 15명으로 65.2%, 충남이 16명 중 5명으로 31.2%, 대구가 8명 중 3명으로 37.5%, 울산이 5명 중 1명으로 20%, 광주는 5명 중 1명으로 20%, 전남이 22명 중 15명으로 68.1%로 가장 높고 전북은 14명 중 6명으로 42.8%, 경남이 20명 중 9명으로 45%, 부산이 16명 중 2명으로 12.5% 반면, 대전은 5명의 기초자치단체장이 있으나 기소된 경우가 하나도 없는 것으로 나타났다. 문제는 전면 지방자치가 재개된 1기(1995~1998년)에 23명이 기소되더니 이후 기소증가 폭이 가파르게 신장되어 왔다는 사실이다. 즉 2기에 59명, 3기에 78명이 보이더니 급기야 지금에 와서는 무려 40%를 상회하는 증가세를 보이는 상황까지 온 것이다. 물론 이런 결과를 두고 그 원인이 모두 공천과 관련되었다고 보기는 어려울지도 모른다. 그러나 공천이 이러한 비리의 정치적 토양을 제공했다고 봐야 할 개연성은 너무도 크다. 일종의 '깨진 유리창의 법칙'에 비견되는 그런 속성을 가지고 있다. 말이 나온 김에 '깨진 유리창 법칙'에 관해 좀 더 살펴보자.

스탠퍼드 대학에서 심리학을 가르치는 필립 짐바르도는 매우 흥미로운 실험을 하였다. 슬럼가 지역의 한 골목에 동일 모델의 차량 두대를 놓고 모두 보닛을 열어 둔 채, 1주일에 걸쳐 차량의 변화를 관찰하는 실험이었다. 두 차량의 차이점이 있다면 한 대는 보닛을 열어 두면서 동시에 차량의 유리창을 일부 깨 놓은 상태에서 주차를 하였던 점이다. 실험결과는 어떠했을까? 보닛만 열어 놓은 차량은 1주일간 특별한 변화 없이 그 상태를 유지했으나 유리창이 깨진 차량은 방치 10분 만에 배터리가 없어지고 타이어도 훔쳐 갔던 것이다. 잠시 후 차량에 낙서와 쓰레기가 발생하고, 얼마 있으니까 거의 폐차에 가까운 상태가 되어 버렸던 것이다. 동일한 조건의 차량이 깨진 유리창으로 인해 완전히 형편없는 상태로 변해 버린 것은 작은 결함이나 틈의 방치가 얼마나 급격하게 그 상태를 악화시키는지에 대한 심리실험을 보여 준 것이다.

'돈 몇 푼 주고 얻은 공천이 뭐 그리 큰 문제가 되겠느냐'라는 식의 사회적 허용과 용인이 우리 사회를 전체적으로 '깨진 유리창'으로 만들어 버린다. 비리는 명백한 범죄이고 이렇듯 행정현장에서 벌어지는 유형의 범죄는 사회적 통제가 무르다 싶으면 급속도로 창궐하는 특징을 가지고 있기 마련이다. 공천과정이 우리처럼 비민주적이거나 불합리하지 않은데도 이런 문제 때문에 선진국에서는 정당공천을 아예 배제하는 경우가 지배적이고, 일본은 지사부터 시작해서 시장, 특별구장特別區長, 정·촌·장 모두 99%에 이르는 숫자가 무소속 출신이다. 특히, 우리처럼 기초자치단체장에 해당하는 시·정·촌장의 경우는 거의 100%가 무소속이다. 풀뿌리 민주주의의 전형이면서 오랫동안 정당정치가 정립되어 온 미국의 경우, 주州 단위선거는 정당의 주도로 이루어지나 지방선거에서는 정당참여가 허용되는 주와 금지되는 주로 구분되기는 한다. 하지만 허용을 하는 주州는 전

체의 20%도 채 안 된다. 미국의 지방정부에서 4분의 3 이상이 정당
표방금지제non-partisan를 채택하고 있는 것은 이를 증거한다. 이들 선
진국가들이 이렇게 하는 것은 지방정치에는 중앙정치가 개입되지 말
아야 한다는 사회적 동의가 형성됐기 때문이다. 진정한 의미의 민주
주의를 가꾸는 지름길은 건강한 시민권력이 성장하게 그 토양을 만
들어 주는 일이다. 건강한 시민권력이 자리를 잡지 않으면 우리는
언제고 또다시 독재의 그늘에 웅크리고 앉아 암울한 시대를 보낼지
도 모른다.

3.

지방의회사무기구 그 구조적 문제를 살펴라

단체장은 물론이고 지방의원들이 당선되고 나면 가장 먼저 관심을 가지고 보는 것들 중의 하나가 바로 의회사무기구다. 단체장이 관심을 갖는 것은, 당신의 정책결정 하나하나에 견제를 받아야 하는 대립적 관계에 있는 의회를 구성하는 공무원 대부분이 천만다행(?)히도 자기가 인사권을 쥐고 있다는 점에서 생긴 안도의 관심일 것이고, 의회의원들의 입장에서는 천신만고 끝에 입성은 하였지만 대체로 행정업무와 관련한 전문지식이 취약한 상태여서 불가피하게 가장 지근거리에 있는 의회공무원들에게 전문성의 공백을 의탁해야 하는데 그런 기대를 과연 그들이 얼마나 충족시켜 줄 수 있겠느냐 하는 점에서 관심이 집중되게 될 것이기 때문이다. 특히나 의원에게 있어 이 문제는 보통 중요한 문제가 아니다. 의원 개인에게 개별보좌기능이 전혀 마련되지 않은 상태에서 종합행정과 관련한 의정활동을 원만하게 수행하려면 상당한 정도의 지식정보 제공의 기반이 구축되어야 한다.

그러나 결론부터 말하면, 그 기반은 전혀 없다. 조금도 의심하지 마라. 하나도 없다고 봐야 한다. 불편하게 하려거나 겁주는 것은 물론 아니고 절망을 주자는 것도 결코 아니다. 현 실정이 그렇다는 말이다. 지방자치법을 비롯하여 연관된 제도의 한계를 이해하면 매우 간단하게 그 해법을 찾을 수 있는 문제이기도 한데, 안타깝게도 당선되고 얼마 뒤부터 앞뒤좌우 살피지 않고 의회공무원들에게 말로 다 할 수 없을 정도로 무례하게 대하며 다짜고짜 마구 짜증을 내기부터 하는 인사들이 의외로 많다. 이처럼 '개념 없는 완장(?)'이 또 따로 있을까 싶을 정도다. 하지만 걱정할 필요는 전혀 없다. 이런 의원들일수록 대부분 무능하다는 사실이 밝혀질 테니까. 이것에 대해서는 단체장이라고 다를 게 없다. 흔히들 단체장은 지방의원보다 실력으로나 인격적으로 훨씬 낫다고 보는 경향이 있는데 그것은 심각한 오해다. 오히려 어떤 경우는 문제의 지방의원들보다 훨씬 심각하게 치명적일 수 있다는 사실을 알았으면 좋겠다.

우리는 자신도 모르는 상태에서 어떤 사람이 차지하고 있는 '좋을 것 같은 자리'만을 보고 그 사람을 멋지게 포장하거나 튀겨서 생각하는 못된 습성이 있다. 일종의 '토머스 키다'가 말하는 '생각의 오류'다. 지방자치를 하면서 그래도 얻은 것 중의 하나를 꼽는다면, 우리가 일반적으로 '부럽다', '좋다' 하는 경력을 가진 자들 가운데 '어쩌면 이렇게도 무능할 수가 있나.' 하는 사실을 매우 광범위하게 인식할 수 있도록 철저하고도 구체적으로 확인할 수 있었다는 사실일 것이다. 아울러 학력은 그럴 듯해 보였지만, 평소에 문제가 있다고 중론이 모아진 인원이 종합행정을 다루는 지방자치 지도자가 되었을 때, 그 무능함은 결코 치유되지 않는다는 사실 발견도 거기에 포함될 것이다.

민주주의가 일부 문제가 있는 것은 사실이지만 그래도 의미가 있는 것은 민주주의의 경험이 축적되면 될수록 허망한 상상을 하는 수많은 사람들을 올바르게 상상할 수 있도록 '희망의 끈'을 제공한다는 점이다. 아주 상쾌하고 경쾌하리만큼 말이다. 자유가 아름다운 이유는 보고 싶은 것만 보고 믿고 싶은 것만 믿게 하는 '생각의 오류'를 적절히 차단해 주기 때문이라고 믿고 싶다. 이쯤에서 '생각의 오류'를 작성한 토머스 키다Thomas Kida의 분석을 한번 들여다보자.

자신의 생각이라고 함부로 믿어서는 안 된다. 분명한 증거가 있다기보다는 무언가를 믿고 싶어서 믿는 일이 흔하기 때문이다. 뒷받침해 주는 증거가 있다기보다는 반대되는 증거가 없어서 어떤 주장을 믿는 이들도 있다. 이런 사람들은 거짓임을 증명할 수 없다면 그건 진실인 것이라고 주장한다. 그러나 그런 것들은 모두 무지에 호소하는 논리적 오류에 지나지 않는다. 우리의 기억은 실제를 정확하게 복사한 것이 아니다. 우리는 일어났던 일들을 잊어버릴 수도 있고, 실제로 자신도 모르는 사이에 기억을 변화시킬 수도 있다. 그러나 정말 심각한 문제는 있지도 않은 완전히 새로운 기억을 만들어 실제 일어난 적이 없는 사실을 믿을 수도 있다는 점이다. 우리에게는 확인을 받으려 하는 타고난 성향이 있다. 기존의 믿음과 기대를 지지해 주는 정보에만 선택적으로 주의를 기울인다는 말이다. 우리의 사고와 결정을 향상시키는 최고의 길은 비판적이고 회의주의적인 접근법을 취하는 것이다.

누구든지 선거를 통해 제도권에 들어오는 일이 생각했던 것보다 그렇게 녹록하지가 않다. 물론 자치 재개 초기에는 무투표 당선자가 많았던 것이 사실이다. 그러나 이것은 선거를 보는 시각 자체가, 일을 통해서 절대다수를 이롭게 하는 시민들의 대표선수를 내보내는 것이 아니라 벼슬자리(?)를 주기는 해야겠는데 그 방법으로 선거를 택한 것처럼 인식하게 했기 때문에 생긴 결과일 뿐이다. 인격자를 추대한 것도 아닌데 투표도 하지 않고 주민의 대표가 탄생한 것은 그 이전의 한국정치가 빚어낸 비극의 단면이기도 하다. 그리고 여전히 그 수준 낮은 정치환경을 옆에 끼고 오늘도 살고 있다. 당선자도 유권자도 모두 선거를 통해 제도권에 입성하거나 자기를 지지하는 후보를 입성시키는 것에만 몰두했지 자신들이 들어가서 활동할 근거지에 대해서는 거의 생각이 못 미친 채 그들은 제도권에 들어온다. 말하자면, 의정활동의 에너지를 주입하고 사고를 확장하여 주민에게 그 이익을 어떻게 돌려줘야 할 것인가에 대한 수단을 찾는 베이스캠프 격인 '의회사무기구'가 어떤 모습인지에 관해서는 크게 고민하지 않는다는 뜻이다. 물론 초창기에는 크게 관심을 갖는 듯이 말하고 행동한다. 대부분 초보적 수준이거나 추상적 개념의 자치담론에 그치는 것이 고작이지만.

그러나 이마저도 등원 후 3개월이 채 못 가서 모두 다 없어지거나 주저앉아 버린다. 마치 5월 어느날, 강원도 철원 휴전선에 흐드러지게 핀 진달래가 때늦은 함박눈을 맞고 약속이라도 한 것처럼 한꺼번에 스러지듯이 말이다. 아니, 다소 경박스럽지만 '폭삭 고꾸라진다'고 하는 표현이 더 적절할지도 모를 일이다.

대한민국의 지방자치에 있어 최소한의 '자치권 획득'은 누누이 말했지만 시간이 간다고 저절로 얻어질 문제가 결코 아니다. 글로벌 환경에서 개별 지방정부가 왜 몸부림을 쳐야 하는지를 누구에게든 충분히 이해시킬 수 있을 만큼의 '지방의 논리'가 확보되어야 가능한 문제다. 한마디로, 시민들을 말뿐이 아닌 진정으로 '행정의 중심'에 올리는 시민공동의 목표를 이루기 위해서는 '중앙과의 권력게임'이 불가피한 것은 한국 지방자치의 숙명이라는 말이다.

이렇듯 어려운 상황에서 제도권에 들어온 시민의 대표들에게 제도 운영과정에서 발생한 결과들 가운데 무엇이 문제인지, 그 문제를 해결하는 과정에서 전문성을 가진 의회직원으로서 직무상 인지하거나 개별적 연구를 통해서 획득한 제도적 결함을 해소할 수 있는 현실적 방안을 제시하는 일은 매우 중요하다. 그러나 현실은 베이스캠프에 이런 것에 관해 업무적으로 고민할 인적 구조가 시스템적으로 갖추어져 있지 않다. 이건 보통문제가 아니다. 그렇다고 이 문제를 당장의 인적 구성원에게 돌린다면 그것 또한 사정을 몰라도 너무 모르는 일이다. 개별 구성원의 문제가 아니다. 제도의 문제이고 전국에 걸친 정치적 문제다.

천신만고 끝에 의회에 들어와 보면, 밥 먹고 차 마시는 것 말고 주민을 위해 실제 처리할 업무와 관련하여 속사정을 털어놓고 말을 걸어 볼 직원이 거의 없다는 사실에 놀란다. 이 대목에서 한 가지 꼭 잊지 말아야 할 것이 있다. 사정이 이렇다고 해서 밑도 끝도 없이 의회공무원들을 공박하거나 적대시하는 일이 생기면 이건 공멸이다. 처음에야 다소 당황스럽겠지만 제도와 연관 지어 구조적인 문제를 들여다보는 것이 현명하다. 그들도 속으로는 진심으로 의원들을 돕고 싶어 한다. 업무와 관련된 것이라면 무엇이든 요구하는 의원의 진심만 확인되면 공무원들은 그렇게 하고 싶어 한다.

그러나 누누이 말하지만 지금처럼 인사권이 단체장에게 가 있는 상태에서 그들에게 더 많은 것을 요구하는 것 자체가 무리다. 이것을 인정하지 않고 마구 덤벼들면 꼴만 우습게 된다. 생각을 한번 해봐라. 의회에 있는 동안 근무평가를 비롯하여 공무원 개인에게 유리하게 작용할 이득이라고는 아무것도 없는 의회에서, 오직 의원들을 위해 모든 것 다 포기하고 백의종군하라고 하면 누가 그렇게 하겠는지 말이다. 의회에서 하는 일이라고 하는 것이 대부분 단체장이 결정한 사안에 대해 평가하고 비평하고 주민 입장에서 이해득실을 가리는 일이 태반인데, 자기의 명줄(?)을 쥐고 있는 직속상관의 결심에 대해 문제를 제기하는 일에 열성을 다할 공무원이 쉽지 않은 것은 오히려 당연한 일이지 않은가. 광역의회라고 나을 것이 전혀 없다.

우선 '지방자치의 꽃'이라고 일컫는 기초의회를 더 들여다보자. 대부분 기초의회에 소속된 공무원의 수가 워낙 적기도 하지만 기능상의 구조를 보면 저절로 한숨이 나온다. 의회 평균 15명 정도로 구성된 의회사무기구는 대개 '의정팀'과 '의사팀'으로 구분한다. 의정팀은 의정활동이 효과적으로 진행될 수 있도록 행정적 지원을 한다고 하지만 그것은 명분이고 실제적으로는 개별의원들의 개인적인 심부름꾼으로 전락된 형국이다. 물론, 사람이 살다 보면 이런저런 사정으로 인해 도움을 주고받는 일이 있게 마련이다. 그러나 남에 대한 배려라고는 눈곱만큼도 없는 것은 물론이고 예의라고는 눈 씻고 찾아봐도 없는 엉덩이에 뿔난 완장 찬 의원이라도 나타나면 이건 의회가 아니라 난장판이 따로 없다. 직원 알기를 개떡으로 아는 것은 예사다. 대학을 졸업한 뒤 100 대 1이 넘는 엄청난 경쟁을 뚫고 들어온 공무원이 의회에서 하는 일이라는 것이 고작, 시도 때도 없이 반복되는 의원들의 사적인 심부름이나 해 주고 공식·비공식을 불문하고 반말 투의 하대가 횡행하는 수준 낮은 분위기에서 생활한다는 것은 근무가 아니라 종교적으로 '시험에 든' 고행이 따로 없다. 심지어 면전에서 욕지거리를 해대는 의원들도 꽤 있다. 이런 인사들일수록 언론사에 있는 기자들에게는 설설 긴다. 어찌 보면 참 우습기도 하지만 어이가 없어 허탈할 때가 있다. 효과적으로 일하라고 만들어 놓은 직급이 인간의 기본권을 박탈하는 양量조절의 기준이 되고 또한 그로 인해 한 인간이 심한 모멸을 느껴 인간적 갈등에 봉착하게한다면 거기서 기대할 것은 이미 아무것도 없다.

원칙을 특별히 좋아해서가 아니라 세상의 순리도 그렇거니와 공무원 자신의 징계가 염려되어 업무추진비를 비롯한 예산을 '정부회계 원칙'에 맞게 써 달라고 요구하면, 이 의원 저 의원 찾아다니며 "빡빡하게 구는 쟤를 하루빨리 다른 데로 보내 버려야 한다." "능력이 부족하고 융통성이 없어 의회 근무가 맞지 않는다."는 등 인신공격성 모욕이 들어오는 예는 이제 사건도 아닐 정도로 몰락한 지방의회가 여전히 많다. 그리고 이런 사건으로 생긴 갈등은 특별한 조치가 없으면 모르긴 해도 앞으로도 상당기간 계속될 것이다.

의사팀도 다를 것이 없다. 팀장 포함하여 3～4명 가운데 속기하는 인원 제외하면 잔여 인원 한두 명 남는데 이들도 행정팀과 같이 전천후 하인 혹은 급사(?)로 전락하기는 매한가지다. 게다가 이 같은 부류의 의원 숫자가 많기라도 하면 솔직히 근무가 아니라, 하루에 열두 번씩 "내가 공무원 맞아?"를 의심하며 비굴하게 지내야 한다. 의원들로부터 도와 달라는 요구가, 업무적으로 충분히 고민할 가치가 있는 것 같으면 그것은 불평할 이유가 하나도 없다. 오히려 내 스스로의 발전을 위해서라도 적극적으로 참여해야 하는 문제이기도 하다. 하지만 도와 달라는 요구의 거의 대부분이 사적인 것이라면 얘기는 달라진다. 물론 모든 지방의회가 다 그렇고 모든 지방의원이 그렇다는 것은 아니다. 그 수가 워낙 적어서 그렇지 어떤 경우는, 국민들의 진짜 사랑을 받는 어느 이름 난 국회의원보다 혹은 인정하고

픈 어떤 행정가보다 더 훌륭한 자질과 지역에 대한 애정을 가지고 있는 지역의원도 있다. 그렇지만 많은 지방의회가, 위에서 소개한 것처럼 이상한 종류의 잘못 뽑힌 인사들로 인해 '생산성 빵점'의 내홍을 앓고 있다는 사실은 아무래도 부인되기 어렵다.

그러면 결국 의제처리과정에서의 중요한 역할은 위원회의 전문위원이 맡게 되는데 한심스러운 것은, 각 위원회에서 전문위원을 직접 도우며 일하는 직원이 거의 없다는 사실이다. 서울의 자치구처럼 아주 드물게 약간의 인원을 확보한 경우도 있지만 자기 직무에 몰입할 수 있을 만큼의 기초적인 행정환경이 조성되지 않은 현재의 상태에서 그것은 있으나 마나다. 예컨대, 수석전문위원(서울특별시는 직급에 따라 국회처럼 수석전문위원제를 도입하고 있다) 중심으로 지휘관계가 형성되지 않고 그저 친목회나 학교동문회 조직처럼 일반적 협조관계인 상태에서 지역과 주민들의 공동이익을 위한 효율적인 안건검토를 기대한다는 것은 그 자체가 현실적이지 못하다. 국회와 지방의회를 단순 비교한다는 것이 문제가 되기는 하지만 안건의 검토라는 측면에서 보면 크게 다를 것도 없다. 그런데 국회의 경우는 17개 위원회에 적게는 15명, 많게는 22명씩 두면서 차관보급의 수석전문위원을 비롯하여 이사관, 부이사관, 서기관, 사무관 등 전문성이 확보된 인원들이 포진해서 입법심의관 내지는 입법조사관의 직함을 가지고 제안된 안건에 관해 심혈을 기울여 검토의견을 작성하고 있다. 이들은 보통의 행정조직처럼 탄탄한 지휘채널 속에서 한 가지 목표를 향해 움직인다. 즉 '이 안건이 시행되거나 발효되었을 때 어떤 결과가 나올 것이냐' 하는 것에 엄격하게 맞추어져 있다는 말이다. 어떤 사안에 관해 비평하고 문제를 찾고 그 바탕에서 대안을 찾는 정교한 프로세스다.

그래서 항상 공부하고 연구하지 않으면 일이 안 된다. 의원들에게 사적인 서비스를 제공하는 하인(?)이 아니고 그런 결과를 통해서 인정받고 진급하는 시스템을 가지고 있다. 그런데 지방의회는, 내무부 시절부터 지금에 이르기까지 이런 것은 상상도 못 하게 꽁꽁 묶어 두고 있으니 이 노릇을 어찌해야 할지 난감할 뿐이다. 의회가 제대로 기능하면 중앙정부의 말을 잘 듣지 않아 '통제해 먹기 곤란하다'는 행정안전부에 적을 둔 일부 몰지각한 인원들의 꼼수가 의회를 이 지경으로 만들었다는 사실이 이제는 비밀도 아니지만, 이런 꼼수가 중앙 일부 직원들의 의지일 것이라고 믿는 순진한 지방공무원들은 아무도 없다.

그렇지만 한편으로 생각해 보면, 오직 자기들만을 위한 그 알량한 권력을 위해 지방의회가 언제까지 희생되어야 하는지 아무리 생각해도 불쾌하다. 물론, 그들만 나무라고 싶지는 않다. 냉정하게 보면 지금처럼 지방의회가 초보적인 기능도 기대할 수 없을 만큼 쪼그라들게 된 주원인은 지방의원들이 역량이 부족한 결과가 가장 직접적인 이유다. 일본사람들이 우리를 왜 집어먹었냐고 분통을 터뜨리는 것도 중요하겠지만 아주 냉정히 생각해 보면 솔직히 그 책임은 우리에게 있듯이 말이다. 지방이 못나서 당한 것이다. 당연히 지방에서부터 문제를 제기하고 해법을 찾아야 하는데 아주 많은 지방의회에서 개원 초기 이 문제만 나오면 누구라 할 것도 없이 분통을 터뜨리다가도 금방 식어 언제 그랬냐는 것이 습관이 되었다. 결속력도 없고 지속성도 없다. 그러니 중앙정부의 사무관과 주사들이 뺑뺑 돌리면서 가지고 노는 것이다.

의회에 올라오는 안건은 대부분 중요하지만 그래도 더 중요한 것이 뭐냐고 묻는다면 대부분 머뭇거리지 않고 '예산'이라고 말할 것이다. 맞다. 돈이다. 행정운영과정에서 돈과 관련되지 않은 것은 거의 없다. 다 국민의 세금으로 형성된 돈이라서 문제가 생기고 관심도 많다. 그런데 이 중요한 문제를 다루는 현 실태는 어처구니가 없을 때가 너무 많다. 이에 대한 구체적 사례는 이어서 전개되는 '지방의회 회의 실시간 중계하기'에서 다루기로 하고 일단 접어 두자.

국회는 기존의 '국회사무처'에다 별도의 독립기관인 '입법조사처', '예산정책처'를 두어 전문성을 보강하고 있다. 매우 바람직한 일이고 진작 그랬어야 했다. 그리고 이것 가지고는 부족하다. 앞으로 국회가 진정으로 국민의 대표이고 국민의 사랑을 받는 입법기관으로 거듭나기 위해서는(시간이 걸리겠지만) 현재 행정부에서도 동시에 가지고 있는 '법률안 제출권'을 전면 회수하여 국회로 넘겨야 할 것이다. 입법권은 국회만 가져야 한다는 뜻이다. 그래야 국회가 자기를 선택해 준 국민들에게 정치적 책임을 지게 되고 국민의 요구를 직접 듣고 실천하게 된다. 공무원이 국민의 공복公僕인 것을 새삼스럽게 강조할 필요는 없지만 공무원들은 국민들이 직접 뽑지 않은 관계로 아무래도 국민을 향해 책임을 지는 태도가 훨씬 덜 직접적이다. 아니 직접적으로 국민을 의식하는 경우는 극히 드물다. 국회의 예를 들다 보니 얘기가 많이 돌았다. 그러나 국회를 아는 것은 지방의회를 구체적으로 아는 것하고 직접 연결되어 있어 해가 될 것이 없다. 지금 지방의회에서 쓰고 있는 「의회회의규칙」의 운영근간이 '국회법'에 있기 때문이다.

지방의회에 등원하면서 가장 먼저 눈여겨볼 것은 위에서 이미 장황하게 언급했지만 사무기구(처·국·과로 표현되는 국회의 사무처 같은 것이다)의 구조와 인적 구성에 관해 정확히 이해하는 일이다. 의정활동을 내실 있게 하기로 결심했다면 이것만큼 중요한 것은 없을지도 모른다. 이것이 안 된 상태에서 개별보좌기능이 전무한 지방의원이 성공한다는 것은 말처럼 그렇게 쉽지가 않다. 그리고 이와 관련된 제도적 개선을 위한 정치적 요구과정에서 행여나 의회직원들에게 '미움의 눈길'을 고정시키는 일은 아무짝에도 실익이 없다. 이렇게 말해줘도 이 구조를 이해하지 못하고 성깔부터 부려 공무원들의 인내심을 시험케 하는 대표들이 지금까지 지방의회에 참 많았었다. 물론, 의회에 소속된 직원들이 다 문제가 없다는 것은 아니다. 그들 중에는 의원과의 개인적인 친분을 등에 업고 불순한 의도로 개인적 이득(의회의 정치적 압력을 통해 진급을 노리거나 아니면, 보험 든다 생각하고 차후 보직의 보장을 위한 포석으로)을 챙기려고 의원에게 줄을 대는 인원도 있다. 이런 경우, 그 직원은 확실하게 그 의원만의 종이 되어야 하고 이것이 정도가 지나치면 의회의 물은 탁해지기 시작한다. 지방의회가 불필요한 갈등에 휩싸이는 원초적 기원이 여기에서 잉태되는 경우가 허다하다. 의원 스스로 자기하고 친분이 있는 직원을 의회에 앉히면 개인적인 덕을 볼 거라고 생각하는 경향이 있는 데 그처럼 어리석은 판단도 없다. 특정한 직원이 아니라 의정본질적인 활동에 목표를 두고 열정으로 임하다 보면 좋은 직원들은 얼마든지 나타나게 되어 있다. 생각해 보시라. 특정한 직원과의 은밀한 소통에서 얻는 이익과 실력과 열정을 통해 전체 직원을 얻는 것 중 어느 것이 나은지 말이다.

지난 5대 의회에서 많은 의회가 자중지란自中之亂을 거듭하며 실패한 이유가 사실은 많은 부분 여기에 있었다. 의회사무기구가 파가 갈려 분화되면 그 손해는 전적으로 의원들에게 돌아올 수밖에 없다.

그럴 에너지가 있으면 차라리 인접 단위의회와 연대하고 기초와 광역이 뭉치고 지역별 의회와 네트워크를 형성해서 지방의회 힘을 키우는 것이 훨씬 똑똑한 짓이다. 하긴, 불합리한 지방차별과 위장偽裝된 지방자치를 가지고 민주주의를 참칭僭稱하는 참담한 행위에 저항하는 일은 아무나 하는 것은 아니겠지만.

4.

지방의회 회의 실시간 중계하기

"이 번에 의회 명의로 사업예산을 올리려고 생각하고 있습니다. 어제오늘 얘기는 아니지만 지방의회 무용론이 끊이지를 않고 있어요. 마음이 편치 않지만 그러는 시민들을 원망하기에 앞서 우리 쪽에서 먼저 변하면, 한 번에 다는 아니겠지만 근거 없는 오해는 많이 풀어질 것이라고 봅니다. 그런 차원에서 우선적으로 의회에서 하는 공식적인 모든 회의를 내부 모니터와 인터넷 방송을 통해 실시간으로 내보내려고 합니다. 이에 관해 의원들의 의견을 듣고자 합니다."

아무 소리가 없다. 얼마 전 인천의 한 지방의회에 의견을 제시하면서 겪었던 풍경이다. 왜 그들은 아무런 말을 안 하고 꿀 먹은 벙어리처럼 입을 다물고 있었을까? 참여한 인원 모두 입을 다물고 싶었을까? 아니다. 그중에서는 전혀 다물고 싶지 않은 사람도 있었다. 다만, 그것을 자기 입으로 말하면 '너무 튀고 잘난 척한다'고 입방아에 오르내릴까 염려되어 입을 다물었던 것뿐이다. 소수의 의원들을 제외한 나머지는 실시간 방송 자체에 대해 단순히 싫은 정도를 넘어 두렵게 느끼기까지 한다. 실시간으로 주민들에게 회의상황이 전달되면 자기가 가진 모든 것이 하나도 빠짐없이 그대로 드러나게 되어 철저하게 비교가 되니까 그 점을 죽기보다 싫어한다. 무슨 내용인지를 정확히 알아야 하고 공무원들이 한 일에 관해 잘잘못을 가릴 줄도 알아야 함은 물론 거기에다 경우에 따라서는 대안까지 내야 하는 상황의 연속이, '의회의 일'이라는 것을 시민들이 구체적으로 알기 시작하면 자기는 다음에 의원을 할 수가 없을지도 모른다는 걱정을 하고 있기 때문이다.

지금은 상당히 많은 지방의회가 실시간 중계를 하고 있고 그 확산 속도는 좀 더 빠르게 전개되고 있다. 솔직히 말하면, 대부분의 시민들은 지방의회에서 구체적으로 무엇을 하는지 잘 모른다. 욕먹을 소리인지 모르겠지만 먹고살기도 바쁜 시민들이 그것까지 일일이 챙길 수는 없다. 그러나 어떻게든 회의가 중계되기 시작하면 그동안 막연히 느꼈거나 전혀 몰랐던 자신들의 선거 대표들에 대해서 매우 정확하게 알게 될 것이고 그 결과를 가지고 그들은 다음 선거를 벼르거나 경우에 따라서는 소환recall을 동원할지도 모른다. 그래서 서양 사람들은 이를 두고 '민주주의의 혁명'이라고 했던 것이다. 일종의 정보화 사회의 위력인 셈이다.

246개 지방정부에서 쓰는 돈의 규모를 작년 결산기준으로 따져 보면 무려 180조 원이 넘는다. 어마어마한 돈이다. 여기다가 중앙정부에서 편성한 예산 가운데 실제 지방에서 쓰이는 돈(약 60%)까지 합하면 무려 350조 원이 넘는다. 문제는 이렇게 엄청난 돈을 '어디에 어떻게 무엇 때문에 쓸 것이냐' 하는 것인데, 이 결정을 다름 아닌 시민들의 손에 의해 뽑힌 지방의원들이 결정한다는 사실이다. 지방선거는 말할 것도 없고 대통령이든 국회의원이든 우리나라 사람들처럼 자기가 뽑아 놓은 대표자들을 구체적으로 발가벗겨 가며 욕을 해

대는 국민들도 많지 않다. 분명 화가 나서 성을 내는 것 같기는 한데 자세히 살펴보면 이건 분노가 아니다. 일종의 습관이다. 눈앞에 펼쳐진 결과가 아무리 암울하고 비민주적이어도 자기하고는 아무런 상관이 없다는 식으로 욕만 해댄다. 나는 솔직히 이 대목을 접하면 조금 두려워진다. 정말 분노를 잃은 사회에 우리가 살고 있다면 앞으로 우리들이 유일하게 할 수 있는 일이라는 것은 '그냥 멍청하게 우는 일'밖에 없게 되지 않을까 겁나서다.

"사람들은 왜 분노를 잃었을까? 이 의문이 나를 분노케 한다." 「인물과 사상사」에서 강준만이 내린 의문스런 분노다. 강준만은 우리 사회가 분노를 잃은 이유를 다음과 같이 설명하고 있다.

첫째, 원죄의식이다. 나는 대부분 사람들이 이걸 가지고 있다고 생각한다. 그들은 내게 묻는다. 너 군사독재정권 시절엔 뭐 했니? 나는 여기서 무너진다. 할 말이 없기 때문이다. 너 왜 그땐 침묵하다가 세상 좋아지니까 설치니? 너 꿍꿍이속이 있지? "그러면 영원히 침묵해야 하냐?"는 나의 항변이지만 너무 무력하다. 한번 침묵했으면 영원히 침묵하는 게 좋다는 일관성의 미덕은 의외로 우리의 일상적 삶에 깊은 뿌리를 내리고 있다. 둘째, 공범의식이다. 내가 분노를 터뜨리는 주요 대상은 수구 기득권 세력이다. 그들이 힘을 쓰는 영역이 좀 넓은가. 많은 사람들이 그 영역과 어떤 형태로든 관계를 맺으며 살아가고 있다. 그 기득권 세력을 마땅치 않게 생각하는 사람이라도 호구지책 차원에서 어쩔 수 없이 그들과 살아갈 수밖에 없는 것이다. 그 기득권세력에 대한 분노는 그 내용이 아무리 옳아도 그들과 관계를 맺고 살아가는 사람들에게 불편을 안겨 준다. 셋째, 냉소주의다. 이 치열한 생존경쟁사회에서 이 한 몸 제대로 건사하기도 힘들다. 공적인 분노? 그건 너무 사치스럽다. 그건 힘이 남아돌아가는 사람들이나 할 짓이다. 아니면 공적인 분노를 빙자하여 개인적 이익을 취하려는 사람이나 할 짓이다. 그래 네 말 다 옳아 공적인 분노? 아이고 그럴 힘 있으면 아껴 뒀다가 자동차 바꾸는 데나 쓸란다. 넷째, 보신주의. 이건 주로 사회참여를 열심히 하는 지식인들이 갖고 있는 것이다. 물론 그들에게도 공적인 분노가 있을 수 있다. 문제는 표출방법이다. 사회비판을 하되 무난하게 하겠다는 것이다. 실명비판은 절대 금기다. 추상적으로 싸잡아서 두루뭉술하게 비판해야 한다. 실명비판은 천박하고 상스럽다고 꾸짖어야 한다. 나의 비판이 결코 보신주의적 비판이 아니라는 걸 입증해야 하기 때문이다. 나는 이러한 네 가지 명백한 의도를 가지고 있다기보다는 자연스럽게 문화로 정착되었다고 생각한다.

맞다. 우리 사회 문제의 근원을 여기서 찾아야 한다. 허리가 부러지도록 돈 벌어 세금 냈는데 그 돈이 정작 어디에 쓰이는지는 잘 모른다? 애고 어른이고 요즈음처럼 돈을 밝히는 세상에 살면서 우리 돈, 아니 내 돈이 어디에 쓰이는지에 관해 평소 아무런 관심도 없다고, 발작發作도 아니고 습관처럼 '방방' 뜨면서 욕이나 해댄다면 사실 그보다 썰렁한 일도 없을 것 같다. 정치든 행정이든 다 돈이다. 하늘에서 공짜로 떨어진 것이 아니라 우리들의 고단함과 애환이 '돈'이라는 화폐가치로 바뀌었을 뿐이다. 의회에서 다루어지는 안건 중 그 비중의 기준은 결국 돈의 크기가 결정한다. 그런데 지금 지방의회에서 그 돈을 다루는 행태를 보면 너무 안이하다. 차라리 모르는 경우는 그래도 낫다. 그건 시간을 가지고 그 기법을 터득하면 되니까 말이다. 정말 심각한 것은 내용을 모르기도 하지만 아무것도 하지 않으면서 '마음씨 좋은 아저씨 행세'를 하는 경우다. 시민이 낸 돈을 어디다 썼는지 잘 살피라고 대표 만들어 주었더니 마음씨 좋은 아저씨처럼 굴면서 공직사회에 인심이나 구걸한다면 그걸 이해하려는 시민이 과연 얼마나 될까? 보나 마나 없다. 그러면 실제 제도권에 있는 대표들은 어떻게 이 돈들을 다루고 있을까? 결론부터 말하면 매우 위험스런 지경이다. 그럼 얼마나 위험하다는 건지 실제로 한번 확인해 보자. 다음의 내용은 2010년 어느 광역자치단체의회에서 다룬 예산과정이다. 무려 예산의 규모가 10조 원에 육박한다. 먼

저 것은 당초예산관련 심의에 앞서 전문위원의 검토의견이고 뒤의
것은 상임위원회에서의 예산심의에 앞서 있었던 예산검토에 대한 회
의내용이다. 그리고 세 번째는 국회의 예다. 그리고 마지막에 다룬
것은 어느 기초자치단체의 예다.

(당초예산)

○ 위원장 ○○○: 기획관리실장님 수고하셨습니다. 다음은 전문
위원의 검토보고가 있겠습니다.

○ 전문위원 ○○○: **2010년도 인천광역시 세입·세출 예산안과**
기금운용 계획에 관한 검토의견을 말씀드리겠습니다.

2010년도 예산안의 총괄규모는 전년도 대비해서는 8.7%가 증액이 되었습니다.
이 중에 일반회계는 3.7%, 특별회계는 16.5%가 증가한 규모로 편성 요구되어
있습니다. 2006년도 이후의 예산규모의 증감추이를 살펴보게 되면 매년 평균
13% 이상의 높은 증가율을 보이고 있습니다. 11페이지의 세입예산 부분에 있
어서 재원별로 살펴보게 되면 자체재원인 지방세와 세외수입은 세입예산의 전체
대비 구성비가 69%로써 전년도보다는 감소가 되어 표면적인 재정자립도는 약
간 낮아졌다고 볼 수가 있고 의존재원인 지방교부세와 국고보조금 등은 전년도
대비해서 27.9%가 증액 편성이 되어 있습니다. 따라서 아직 내시되지 않는 국
고보조금 등은 반드시 지원될 수 있도록 의존재원 확보에 만전을 기해야 될 것
으로 사료가 됩니다. 12페이지의 지방세 부분에 대해서 말씀을 드리겠습니다.
지방세는 전년도 당초예산과 대비해서 7.2%가 증가를 했고 주요 증가세목을 살
펴보면 자동차세가 26%, 도축세는 37.4%, 레저세는 16.8%를 각각 차지하고
있고 취득세는 반면에 0.02%가 감면이 되어 있습니다. 따라서 지방세 세목 중
에 증감변동이 큰 세목에 대해서는 증감의 원인과 향후 세입증대 확보대책 또는
새로 세목이 신설되는 지방소비세와 지방소득세에 대해서는 징수의 절차 및 세

입추계에 대한 상세한 설명이 있어야 될 것으로 사료가 됩니다.

특히 지방세 중에서 주요 세원인 취득세 그리고 등록세의 경우 금년도 10월 말 현재 징수실적을 살펴보게 되면 당초 목표액을 대비해서 각각 64.9%와 65%의 저조한 징수율을 보임에 따라서 금번 정리추경에 각각 22.7% 그리고 16.8%를 삭감하여 세입규모가 줄어드는 주요 원인이 되고 있습니다. 재산임대수입은 전년도 대비해서는 9.4%가 증가를 하였습니다. 행정재산을 효율적으로 활용하고 임대수입을 증대할 수 있는 방안이 강구되어야 된다고 사료가 되고 재산매각수입은 전년도 대비해서 78.7%가 감소된 바 이에 따른 상세한 설명이 또한 요구가 됩니다. 부담금수입은 전년도와 대비해서 61.7%가 감액이 되었습니다. 따라서 부담금의 세입내역 및 감소사유에 대한 설명과 심사가 필요하다고 판단이 됩니다. 15페이지의 이자수입에 관련된 사항은 28.4%가 이자수입이 감소되어 있습니다. 최근 경기회복 추세에 따라서 은행권의 금리인상과 향후 인상요인이 있어서 이자수입이 다소 증대될 수 있다고 판단이 되는바 전년도 대비해서 28.4%나 감액 편성한 사유에 대해서는 별도의 심사가 있어야 될 것으로 판단이 됩니다. 회계별 이자수입 예산편성 현황은 도표를 참조해 주시기 바랍니다. 의존재원 추가확보가 필수적이라고 판단이 됩니다. 운용에 효율성을 도모하였는지 또는 재원배분의 적정성에 대해서도 심사가 있어야 될 것으로 판단이 됩니다. 재정투융자사업 심사는 2009년도에 총 111건을 심사하였고 심사결과 적정이 32건, 조건부가 66건, 재검토는 13건으로 분류가 되어 있습니다. 따라서 20억 원 이상의 신규투자사업 및 10억 원 이상의 공연 그 다음에 축제, 행사 등에 대해서는 2010년도 당초예산에 투융자사업 심사결과를 반영해서 타당하게 예산이 편성되었는지의 여부를 심사해야 될 것으로 판단이 됩니다.

특별회계에 있어서 예산규모는 전년도 대비 16.5%가 증가하였고 전체 예산의 42%를 차지하고 있으며 이는 우리 시의 재정구조상 특별회계의 비중이 굉장히 높은 것으로 판단이 됩니다. 회계별 전년도 대비 증감현황을 살펴보면 대폭 증액된 것으로 지역개발기금특별회계 96.5%를 차지하고 있고 학교용지부담금 등은 91.5%를 차지하고 있는 반면에 불로지구토지구획정리사업지구가 84.1%의 감액 등이 발생이 되었습니다. 따라서 각각 증·감액 사유에 대해서 상세한 설명이 요구가 됩니다. 56페이지를 참조해 주시기 바랍니다. 일반회계 전입금 현황 등은 유인물을 참조해 주시고요. 2010년도 기금운용계획에 대해서 말씀을 드리겠습니다. 2010년도 기금운용계획 총괄을 살펴보게 되면 지방자치단체기금 관리기본법 제8조에 의해서 회계연도마다 세입·세출예산액과 함께 지방의회의 의결을 얻도록 되어 있습니다. 먼저 2010년도 운용계획을 살펴보게 되면 전년도보다는 12.8%인 437억 5,900만 원이 증가하였습니다. 이 중에는 통합관리 기금이 12.7%, 지방채상환기금은 51.3% 등이 증액되었고 남북교류기금 등에 대해서는 감소가 된 바 주요 증감사유에 대한 설명과 심사가 있어야 될 것으로 판단이 됩니다.

○ 위원장: 네, ○ ○ ○ 전문위원님 수고하셨습니다.

(추가경정예산)

세입예산

○ 세입은 기정예산 217,038,856천 원 대비 6.3%가 증가된 230,816,649천 원 으로 시 총 세입의 4.8%를 차지하고 있음.
○ 주요증액내용
 - 생활폐기물 전처리시설 설치비(예산안 80쪽) 2,270,000천 원과 공공하 수처리시설 설치비(예산안 81쪽) 1,396,000천 원 그리고 숲 가꾸기 자 본지원 사업비(예산안 81쪽) 1,561,225천 원이 증액되었으며
 - ○○공원 조성사업비(예산안 82쪽) 27,700,000천 원과 ○○공원 조성 사업비(예산안 82쪽) 3,700,000천 원이 신규 편성되었던 바 이에 대한 설명이 필요함.

세출예산

○ 세출은 기정예산 34,241,244천 원 대비 6.9%가 증가된 373,460,000천 원 으로 시 총 세출의 7, 8%를 차지하고 있음.
○ 신규사업으로는
 - 예산안 333쪽 000철도변 생태복원 조성 등 그린 포리스트 조성 4개 사업 에 3,075,991천 원을 신규 계상하였는 바, 사업내용에 대한 설명이 필요함.
○ 주요 증감사업으로는
 - 예산안 319쪽 저공해 경유자동차 보급 등 5개 사업에 36,856,172천

원을 증액하였는 바, 그 사유에 대한 설명이 필요함.

○ 委員長 ○○○: 다음은 의사일정 제3항 2009년도환경녹지국 세입·세출제2회추가경정예산안을 상정합니다. 제안설명 없이 바로…….

○ 委員 ○○○: 제안설명하지 말고 바로 들어가요.

○ 委員長 ○○○: 그럼 제안설명은 안 하고 바로 질의로 들어 가겠습니다. 질의하실 위원님 계십니까? ○○○ 위원님 질의 해 주시기 바랍니다.

○ 委員: ○○○ 위원입니다.

전문위원 검토 보고 안 받고 막바로 들어가는 거죠?

○ 委員長: 네.

○ 委員: 조금 전에 ○○○ 위원님께서 자동차 매연 내지 자동차 로 인한 비산 등등에 대한 말씀을 해 주셨는데 저도 이 예산과 관련해서 말씀드리면 9페이지 운행차 배출가스 검사 및 저감 사후관리 관련해서 예산을 증액해서라도 지금 도시축전에 이어 서 계속 아시안게임을 준비할 텐데. 그리고 사실상 우리 ○○ 시민들이 각종 기관지염 등 폐렴이 어느 시보다도 환자가 많다 고 하거든요. 결국 공기인데 그전보다는 한참 나아졌다고 해요. 그러나 아직까지도 멀었단 말이죠. 우리 ○○이 동북아의 중 심 더 나가서 세계적인 도시가 되기 위해서 엄청난 노력을 하 고 있습니다. 그렇다고 보면 국제공항을 통해서 들어오는 외국 인들이 들어와서 첫인상 공기가 너무 안 좋다고 인식이 될 거 예요. 그게 문제라는 거죠. 그래서 계속해서 공기정화에 대한

노력을 해야 됩니다. 그렇다면 예산을 지금보다, 어느 예산보다 많이 증액시켜서라도 사전, 사후 관리를 철저히 해야겠다. 예산을 더 많이 증액해야겠다 이거예요.

(국회의 예)

먼저 국가채무 관리 적정성과 재정건전성 확보방안입니다. 내년도 국가채무는 금년 366조 원보다 41조 1,000억이 증가한 407조 1,000억 원으로 GDP 대비 36.9% 수준입니다. 그 규모는 해마다 증가하여 2013년에는 493조 4,000억 수준으로 500조 수준에 육박할 전망입니다. 국가채무의 증가에 따라 그 이자도 금년도 15조 7,000억 수준에서 내년도에 20.8조 원 수준으로 증가하고 앞으로도 계속 증가될 것으로 예상되므로 정부는 과도한 이자부담으로 인하여 재정운용의 경직성이 심화되지 않도록 주의할 필요가 있다고 보았습니다. 한편 정부는 비과세·감면 폐지 등을 주요 골자로 하는 09년도 세제개편안을 내년부터 3개년간 약 10조 5,000억의 세수증대를 추진하고 있지만 국가채무의 증가속도 등을 감안할 때, 각 제도별로 효과성을 면밀하게 분석할 필요가 있다고 보았습니다. 또한 세입기반 확충이 긴요한 시점임에도 08년 말까지 누적된 국세체납액이 19조 4,000억에 달하고 있습니다. 고액 또는 상습 체납자 등에 대한 체납액 징수노력을 강화하는 등 징세행정을 보다 철저히 해야 할 것으로 보았습니다. 차율인 달러당 1,230원보다 훨씬 낮게 전망하고 내년에는 경상수지 흑자와 달러화의 가치하락이 지속되어 환율이 하향 안정화될 것이라는 전망이 우세합니다. 국내외 주요 기관의 전망치도 정부의 기준환율보다 하향 조정되고 있습니다. 환율 하향 조정 시 감액규모를 추계했습니다. 표를 참조해 주시고, 예컨대 달러당 100원이 하향 시에는 4,000억 이상의 삭감요인이 발생됩니다. 세 번째, 법률 제·개정 등과 관련한 예산안 편성 문제입니다. 내년도 예산안에는 법률안의 처리 여부와 연계해서 심사해야 하는 사업들이 있습니다. 법률안 처리를 전제로 편성된 예산안을 보면 보건복지가족부가 국민연금법 개정안 처리를 전제로 편성한 기금운용공사 설립비 등 12개 부처에 20개 사업들이 있는데 해당 법률안이 처리되지 않을 경우 관련 사업비를 조정할 필요가 있다고 보았습니다. 또한 행정안전부와 교육과학기술부 등 2개 부처 예산안에는 공무원연금법 개정안의 내용이 반영되어 있지 않습니다. 이 법률안이 국회에서 처리되면 행안부의 경우 약 1,506억 원, 교과부의 경우 약 7억 원 등 감액요인이 발생할 것으로 추산했습니다. 내년도 예산안의 보건복지 분야 총 지출은 81조 원입니다. 이는 정부 총지출의 27.8%에 해당하는 규모로 금년 본예산 대비 8.6%, 추경예산 대비 0.8%가 증액된 것입니다. 한편 내년에 우리 경제가 회복된다고 하여도 그 효과가 나타나는 시차로 인하여 경제위기에 따라 어려움을 겪고 있는 저소득층의 생활수준은 크게 개선되지 않을 것으로 예상됩니다.

따라서 금년도에 한시적으로 실시하였으나 내년도 예산안에는 현재 반영되어 있지 않은 결식아동 급식비 지원, 재산담보부 생계비 융자사업 등의 사업에 대해서는 이를 계속 연장해서 지원할지를 신중하게 재검토할 필요가 있다고 보았습니다.

필요에 따라 각색하지 않고 그대로 실었다. 숫자와 퍼센트를 나열하니까 약간은 머리가 아파 외면하고 싶거나 아니면 그럴듯하게 보일는지 모르겠다. 그러나 약간만 정신을 집중해서 보면 지방의회에서 위원장, 의원, 전문위원, 공무원 모두 시민들을 철저히 배신하며 못할 짓들을 하고 있는 것을 금방 알 수 있다. 위 지방의회 전문위원의 경우 숫자를 나열하기는 하는데 내용은 '꽝'이다. 지출의 바탕이 되는 세입예산이 얼마가 편성되었다는 말만 나열이 되었지 그래서 뭐가 문제가 된다거나 해법이 무엇이라는 현실적 차원의 재정분석을 통한 심의과정에서 참고할 만한 지식이나 정보를 제공하는 일은 눈을 씻고 봐도 없다. 당당(?)하게 예산서 페이지만 확인해 주고 의원들보고 관심 있게 보란다. 더 기가 막힌 것은 상임위원회 단계에서는 제안설명도 필요없고 검토의견도 필요 없으니까 그냥 우리끼리 하잔다. 차라리 한글을 모르는 의원들이 수두룩하니까 그렇게 페이지를 일러 주는 것이 전문위원이나 공무원이 하는 일이라고 했으면 좋겠다. 상태가 이지경인데 전문가라고 불려야 하는 전문위원이

의회에 왜 필요한가? 있을 이유가 없다. 광역의 경우 고참 4급 정도
의 연봉을 받으며 거기 그렇게 자리를 지키는 것은 시민들을 욕되게
하는 것이 아닌가.

그런데도 이렇게 검토보고를 하고 나면 회의를 진행하는 위원장은
"예, 전문위원님 수고하셨습니다." "국장님의 제안설명과 전문위원의
검토의견을 들으시고 본예산에 관해 질의하실 의원님 질의해 주시기
바랍니다." 뭘 어떻게 수고했다는 것인지는 모르겠으나 하여튼 회의
가 아니라 완전히 기계다. 로봇 성능시험장 같다. 의회공무원이 써
준 의사진행 시나리오에 그렇게 적혀 있으니까 위원장도 의원도 그
냥 습관적으로 그렇게 하고 있을 뿐이다. 특별히 관용적인 마음이
많은 소위 '천사표 의원'들만 당선되어 들어와서 그런 것이 아니란
말이다. 어떻게 하는 것이 맞고 옳은 것인지에 관해 모두 똑같이 모
르는 결과가 이렇게 나타난 것이다. 물론 의원 중에는 매우 드물게
일정 정도 예산운용에 관해 상당한 전문지식을 확보한 경우도 있다.
그들의 경우 이따금씩 문제제기를 하기도 한다. 그러나 고르게 분포
되어 있지 않거나 극소수인 관계로 바른 의견임에도 말이 묻혀 버리
는 경우가 다반사다. 되레 상대 의원에게 어깃장을 당하는 예도 수
없이 많다. 참한 공무원들의 관심이 자연스럽게 그에게 집중되다 보
니 질투심이 발동해서 그건 또 죽어도 못 보아 준다. "왜 다 같이
하향으로 가는데 너만 튀냐".는 식이다. 이것이 속일 수 없는 작금의
지방의회 실상이다.

그리고는 열을 받고 쏟아 내는 내용을 보면, 대부분 재정운영의
기본적 사항이나 문제는 안중에도 없고 개인적으로 가슴에 담은 장
광설만이 난무한다. 사정이 이렇다 보니 공무원들(의회공무원이든 집행부

공무원이든)은 누구를 막론하고 그냥 물끄러미 바라만 보고 있는 경우가 허다하다. 의원들 자신들은 의미 없는 장광설을 쏟아 내고 있으면서도 정작 공무원들이 좀 더 자세히 언급하려 하면 그건 또 질색이다. 이런 상황에 오래도록 길들여지면 그 의원들은 자기 스스로 똑똑해졌다고 오해하기 시작하는 경우도 많다. 말도 안 되는 의원의 발언에 작심하고 의견을 제시하지 않는 한, 상대편인 공무원들은 그냥 가만히 있을 뿐인데 자기 혼자 도취되어 마치 양귀비 우려먹은 듯 신이 나서 떠드는 모습을 보는 일은 정말이지 견디기 힘들다. 한국의 지방의회가, 격한 감정만 있지 이성적인 문제의식을 찾기가 쉽지 않다. 이런 현장을 보려면 예고 없이 방청권을 얻어 예산을 다루는 의회현장에 꼭 한번 가 보길 권한다.

이어 그 다음에 있는 국회의 경우를 보자. 금방 비교가 된다. 초보적 수준의 나열이 아니라 분석이 보인다. 그 분석을 기초로 국회의원들에게 의사결정을 제대로 할 수 있게끔 돕고 있다. 예산의 규모가 지방의회보다 큰 탓도 있겠지만 국회의 경우 예산결산특별위원회에서 분석되어 나오는 검토의견은 에이포A4 분량으로 1천 페이지가 넘는다. 국회의원이 게을러서 메뉴를 고르지 않으면 몰라도, 메뉴만 제대로 찾아 의견을 제시해도 멋지게 먹힌다. 경우에 따라 논쟁의 수단으로 삼아도 손색이 없다. 꼭 그런 것은 아니지만 일반적으로 비교우위의 전문성을 확보하고 있다는 행정부 장차관들과 어떤 재정분야의 논쟁을 해도 밀리지 않는다. 이게 바로 의회에서 전문성을 지닌 전문위원의 역할이다. 이미 앞에서 잘했다고 언급했지만 국회는 그것도 모자라 예산정책처를 설치하지 않았던가.

세 번째 예로, 한 기초의회에서 근무하고 있는 어떤 전문위원의

사례를 들여다보자.

내년도 예산안과 관련한 국내 재정여건을 살펴볼 때, 전반적인 경제상황이 경제위기 이전의 수준으로 회복되기 위해서는 앞으로도 상당한 기간이 필요할 것으로 판단이 되었습니다. 따라서 재원조정에 의해 배분되는 국세의 조정을 통한 지방으로의 지원재원의 증가세는 미미할 것으로 추정되고 이에 따른 영향으로 국고보조금도 제자리걸음을 하게 될 것이라고 봤습니다. 한편, 세출전망은 국가적인 경제위기의 영향에 따라 발생한 취약계층의 고용부진, 소득분배의 악화로 연결되어 지방자치단체 수준의 지출요구로 확대될 가능성이 커 특정 자치단체에 한정치 아니하고 상당한 수준의 재정압박이 일정 정도는 불가피하게 될 것이라고 예상하였습니다. 특히, 종합부동산세의 일부 위헌판결로 인한 세입축소의 본격적인 영향 아래 놓이는 내년은 우리 구도 역시 재정운용의 융통성에 상당한 제한이 따르게 될 것이라고 판단되었습니다. 물론, 우리 구의 경우 이 재원의 배분 규모가 그리 크지 않아 당장의 영향에 관심이 떨어질 수도 있겠으나 현재 시기를 기준으로 전체 종합부동산세의 감소가 국가 전체적으로 약 1조 1천억 원을 상회하고 있는바, 이에 대한 재정공백을 고려하여 중앙정부 차원의 지방소득세와 지방소비세를 신설하려는 정책적 복안을 가지고 있는 것이 사실이지만, 관련 법제를 창설하거나 설치하는 데 소요되는 기간 내지는 그 성사 여부를 감안하면 일련의 이 같은 재정적 상황은 크든 적든 우리 구의 지출부담을 가중시킬 가능성은 여전히 크다고 보았습니다. 바꾸어 말하면 우리 구 수준에서 지금까지 비교적 적극적으로 다루어지지 않았던 지역 내 취약주민의 안정을 포함하여 지역경제 활성화에 대한 재정력 집중 문제를 새롭게 인식할 필요가 있다는 말씀이 되겠습니다. 예를 들면 지역 내 주민을 위한 생활여건의 개선이나, 소극적 고용보다는 구 능력범위 안에서 적극적 생산을 통한 소득기반의 확충 등 우리 구 지역특성을 고려한 특화발전 전략에 관심을 모으는 일은 매우 중요한 의미를 갖는다는 뜻이 되겠습니다. 작년과 마찬가지로 조정재원 및 보조금 재원의 규모가 일반회계 예산의 약 70%를 육박하는 상황에서 재정운영의 자율성을 기대하기가 쉽지 않은 점을 감안할 때 변동요인이 상대적으로 적은 경상적 세외수입에 있어 전년 대비 약 10%가 감소하고 있는 것에 주목할 필요가 있습니다. 즉 구 금고 예금 평균잔액의 축소로 인한 이자수입의 감소를 제외하면 급부를 제공하고 획득한 수입 수준에 거의 변동이 없는 상황에서 생긴 감소분으로 판단되지만 이는 세입의 자주 재정력 강화를 위한 현실적 대책에도 문제가 있다는 것을 암

시하는 만큼 이에 대해 주의를 환기할 필요가 있다고 보았습니다. 예컨대 물가
상승에 직접적 영향을 미치는 수수료의 인상을 통한 세입증대가 아닌 사용료수
입 등 상대의 일방적 요구를 통해 발생하는 차별적 수요에 현실적으로 대응하는
것은 조직적 세수확대를 위한 현실적 고려가 미흡한 우리 구 현재의 행정여건에
서 최소한의 대응방식이 될 것이라 보았습니다. 아울러 우리 구 차원의 재정력
확대를 위한 선택가능한 실험에 관해서도 지속적인 관심을 유지할 필요가 있다
고 보았습니다. 다음은 임시적 세외수입에 편입된 순세계잉여금에 대한 의견입
니다. 2009년도 당초 규모보다 28%가 늘어난 253억 원으로 편성한바 이는
변동 폭이 비교적 크지 않은 우리 구 재정운영 결과에 기초하여 추계한 것으로
예년 평균의 약 70%에 육박한 것으로 비교적 적절한 반영이라고 보았습니다.
다만, 최근 3년 동안 약 30%씩 지속적으로 증가한 이 재원이 계획적인 재정운
영을 실현하려는 적극적 수단으로 작용하기보다는 금년에 경험한 조기집행과정
에서 발생한 부작용을 감안하지 않은 채 금년에 이어 조기집행의 실적만을 염두
에 두고 재원의 총량을 확대하려는 시도로 기능하는 것은 엄격히 경계되어야 한
다고 보았습니다. 왜냐하면 위에서 이미 언급한 것처럼 국가 차원의 조정재원의
규모는 거의 제자리걸음인 데 반해 우리 구 보조금의 규모는 약 20% 가까이
증가하고 있는 것에 따른 구비부담의 상대적 확대를 눈여겨보아야 하기 때문입
니다. 다음은 지방교부세의 세입편성에 관한 의견입니다. 지방교부세의 세입을
580만 원으로 추계하고 있음을 살필 때, 이 문제는 당초예산과정에서 공동세적
인 의미가 있는 국세의 일부로 형성된 지방교부세 재원이 세입구조의 과목에서
조차 제외되어서는 곤란하다는 검토 의견에 동의한 조치로 판단되나 580만 원
을 세입에 편입한 것은 지나치게 소극적인 세수 추계의 결과인 바, 과년도의 교
부통계를 반영하여 적극적으로 세입추계를 판단할 필요가 있다고 보았습니다.
물론, 내국세의 일부를 관계 법률에 따라 조정받는 과정에서 절차적으로 업무상
상급자치단체인 인천시의 교부요구에 합산하여 교부토록 하고 있는 현행 제도적
한계를 십분 감안한다 하여도 최근 3년 동안의 결산결과에 의하면 회계연도 평
균 약 40억 원에 이르는 재원을 교부받던 사실을 상기하면 이는 안 추계에
개선의 여지가 있는 것입니다. 또한 이 재원의 법률상 교부절차가 이중구조로
되어 있어 교부 요구하는 우리 구의 입장에서 다소 불합리하게 운용된다는 사실
이외에 인천시의 교부요구에 합산하여 요구하는 자체가 우리 구 교부 규모를 결
정하는 법적 근거는 아무것도 없다는 점과 아울러 이는 엄밀한 의미에서 자주재
원이라는 사실을 새롭게 인식하여 이 재원 확보에 좀 더 적극성을 가질 충분한
이유가 있다고 보았습니다. 다음은 재원조정교부금의 세입예산 편성에 관한 의

견입니다. 이 재원의 세입편성을 2009년보다 1억 3,800만 원이 증액된 414억 원으로 추계하고 있으나 본 재원의 근간이 되는 세목의 특성상 경기침체에서 쉽게 회복되지 못할 때, 이 추계는 본의 아니게 상당 정도 허수로 작용할 가능성이 크고 배경에서 이미 언급을 했습니다만 종합부동산세의 공백을 감당할 지방소득세나 지방소비세의 창설이 더뎌지거나 또한 소기의 목표를 달성하지 못하게 된다면 세출 예산편성을 조정할 수밖에 없고 이렇게 되면 결국 취약계층에 심하게 노출된 우리 구 입장에서는 재정압박이 가중될 수밖에 없는 상황에 놓이게 될 것인바 이에 관해 깊은 관심을 유지하는 일은 매우 중요한 일이라고 보았습니다. 다음은 국시비보조금의 세입편성에 관한 의견입니다. 위에서 이미 언급하였지만 전반적인 재정여건의 어려움에도 불구하고 우리 구 국시비보조금의 규모는 각각 17%와 19%로 비슷한 증가폭을 보이고 있습니다. 그러나 보조금 전체 증가의 주된 이유가 공공도서관 건립을 비롯하여 생계급여, 희망근로사업 등 중앙정부 차원의 사업 확대에 따른 비용으로 신규정책 개발을 위한 재원보존의 의미는 상대적으로 약한 편이라 할 수 있겠습니다.

이어서 세출예산 편성에 관해 의견을 드리고자 합니다. 교육 분야, 보건 분야의 증액에 관해서는 다음과 같은 문제가 있는 바 심의과정은 물론 실제 재정운용과정에서 면밀한 관심이 요구된다고 보았습니다. 먼저 교육 분야의 경우, 주요 증액사유를 교육경비보조금과 평생학습네트워크 지원사업비로 계상하고 있는데 지방자치법을 포함한 관련 법규는 구청으로 하여금 재정지원 외에 교육성과와 관련한 실제적 참여가 제한되고 있다는 점을 상기하여 지원결정에 따른 사업의 성과에 접근하는 업무의 권한 확보와 관련된 제도적 보완에도 관심이 요구된다고 보았고 또한 그 결과에 관해서도 깊은 관심이 요구됩니다. 보건 분야에 관해서는 과課신설에 따른 보건청사 증축에 대한 예산계상 자체의 문제보다는 예산확보의 시기조절에 주의를 환기할 필요가 있다고 보았습니다. 다양하게 발생되는 사업을 고려하여 사무공간을 확보하는 것이 현재의 우리 구 입장에서 용이한 일이 아닐 수도 있겠지만 과거로부터 현재까지 상당기간 동안 사무의 연속성이 어느 정도 보장되고 조직개편의 필요성이 충분히 예측가능했던 상황을 감안하면 안처럼 수요가 발생할 때마다 증축공사 예산을 요구하여 결과적으로 공사비 절약의 기회를 잃는 것은 지양되어야 한다고 보았습니다.
다음은 특별회계에 관한 의견입니다. 우선 발전소 주변지역 지원사업특별회계 관련 세입의 증가는, 해당 업체의 기본사업비 지원이 주된 이유가 되겠습니다. 그러나 이 재원의 활용을 고려하지 않고 전액 예비비로 편성하는 것은 행정수요가 다양한 우리 구의 현 여건을 적극적으로 수렴하지 않은 결과로 개선할 필요가 있다고 보았습니다. 즉 관계법규는 물론 구㾼조례에서도 이 재원의 활용범위가 비교적 적극적으로 확대되어 있는 점을 감안할 때, 이를 전액 예비비로 묶어두는 것은 그 설명력이 약하다고 보았습니다. 이상과 같은 기본적인 분석을 토대로 해서 안의 심의방향과 관심을 개략적으로 제시하면 다음과 같습니다. 첫째, 부서별 경상경비의 증액에 관한 사유를 직무의 성격과 성과를 비교해 확인하는 것은 매우 긴요하다 보았습니다. 둘째, 수혜보장적 의존재원 이외의 보조사업을 수행키 위한 자체적 사업프로그램의 설계 여부와 그것들이 안에 구체적으로 적용된 사례에 비해 조직이 지나치게 방만해져 불필요한 구체적으로 적용된 사례를 확인하는 것은 그 의미가 클 것이다 할 것이고 셋째, 지원부서의 기능 및 운영성과에 비해 조직이 지나치게 방만해져 불필요한 경상경비의 지출로 작용하는 것은 경계되어야 한다고 보았습니다. 이것은 결국 재정 운용의 효과가 극대화되지 못하도록 경직된 구조화를 요구하는 조직운영과 관련된 근원적인 문제가 포함되어 있기 때문입니다. 그러므로 당장 해결을 모색하기는 어렵다 하더라도 재정 통제를 통해 끊임없이 요구하고 개선토록 해야, 일정한 성과가 발생하는 매우 어려운 점이라는 것에 관해서도 인식을 확대할 필요가 있다고 보았습니다.

이어서 기금운용계획안 검토에 대해서는 4번에 기금운용의 개선방안만 말씀드리도록 하겠습니다. 우리 구 8개 기금의 경우 개법 법률에 근거를 두고 운용하는 것과 우리 구 조례입법에 의해 그 운영근거를 둔 경우로 살펴볼 수 있지만 전반적으로 안에 표현된 기금 운용이 문제가 된다고 보기는 어렵습니다. 다만, 신청사 건립을 위한 기금의 조성에 관해서는 향후 구㾼인구의 증가추이, 행정구역의 개편추이, 기타 지방교부세를 비롯한 재정조정제도에 근거한 외부재원의 지원 등을 중장기적으로 충분히 고려하여 그 규모를 현저히 줄여가는 한편, 그 재원으로 지역경제 활성화를 위한 기반조성 사업비의 확보와 아울러 취약계층을 위한 복지예산 분배의 방안을 마련하는 것이 재원의 효율적 운용원칙에 부합한다고 보았습니다.

내용을 약간만 정성을 가지고 찬찬히 들여다봐도, 한 지방자치단체의 재정운영의 문제와 해법이 검토의견 안에 다 들어 있음을 매우 쉽게 이해할 수 있다. 그리고 재정의 숲을 보는 차원에서도 그 운영 방향을 제시하고 있다. 이를 참고로 삼아 학습으로 준비된 지방의원들의 발언과 제안이 만만할 리가 없다. 계속 반복하지만 이러한 차이를 지금까지 시민들이 확인할 기회는 거의 없었다. 제대로 된 민주주의의 위력이라는 것은, 머리는 비워 있고 가슴은 차가운 사람들이 공허하게 큰소리칠 수 있는 환경에서 철저하게 격리되는 것을 말한다. 그것을 가능하게 해 주는 것이 정보의 공유다. 그 위력을 모든 권력의 주인인 우리의 시민들에게 돌려주자는 것이 필자의 신념이다. 그러려면 국가로부터가 아니라 지역단위의 기초자치단체에서부터 이 작업은 확대되어야 한다.

역겹고 구린내 나는 억압의 시대를 살면서 정치적 감각을 익힌 인사들일수록 행정구역이 넓어져야 '행정의 효율성이 커진다'고 말하는 경향이 있다. 그런 후진 인사들의 인식을 이 장에서 비판하거나 '왜 생각이 다르냐'고 시비 걸고 싶은 생각은 추호도 없다. 다만, 한 가지 분명한 것은 행정의 민주성과 효율성은 서로 분리된 가치가 아니고 민주성에 효율성이 녹아 있다는 사실을 왜곡하지 말라고 하고 싶을 뿐이다. 뭐가 그리 깊게 작용했는지 모르겠지만 적어도 행정의 개념을 정확히 이해했다면 최소한 양심을 배반하는 일은 그만했으면 좋겠다. 예컨대 프랑스에서 전체 지방자치단체 가운데 90%를 상회하는 자치단체의 인구수가 2,000명 이하라는 사실을 그들의 관점이 아닌 우리 시민들의 입장에서 설명해야 하듯이 말이다.

지역 케이블방송을 통하든 실시간 인터넷방송을 통하든 아니면 현장 확인을 통하든 한 번이라도 지방의회가 가동되는 것을 관심 있게 확인한 경험이 있다면 정보의 공유가 얼마나 중요한 일인지를 새삼스럽게 인식하게 된다. 참담함을 넘어 분노를 느끼게 되지 않을까 겁난다.

"어느 신문의 주필이 정말 파렴치한 칼럼들을 써대면 그 순간 분노해 그 신문을 끊어 버리는 그런 실천이 있어야 한다고 생각한다. 집단적으로 크게 하는 분노는 진정한 의미의 분노가 아니다. 다수의 합의에 의한 전략적 분노이기 때문이다."라고 말한 강준만의 정의처럼 개별 지역단위 지방의회에서 회의중계를 통해 끊임없이 옥석을 골라내는 일은 분명 이 시대의 우리의 사명일 것이다.

5.

지방자치단체 감사시스템 완전히 바꿔야 한다

지방자치는 발전을 거듭해야 할 일이지 후퇴하거나 장식용으로 한번 해볼 일은 결코 아니라고 생각합니다. 운영과정에서 부작용이 있는 것이 사실이지만 종국적으로 국민의 정제된 자치역량을 키우는 길은 이 선택 외에는 달리 방도가 없다고 봅니다. 그러나 발전적 모델을 만들어 가는 과정에서 감사 기능과 관련한 지금의 지방자치단체가 처한 입장은 딱하기 이를 데 없다는 점을 호소하고 싶습니다. 많은 공무원들과 함께 감사에 관심 있는 인사들은 중복감사의 폐해에 관해 걱정하고 있습니다. 물론 그 의견이 전부 틀렸다고 말할 수는 없습니다. 문제는, 중복감사의 문제점을 말하면서 그 논의의 중심에 감사의 약화를 기도하는 '집단적 회피심리'가 동시에 작용하고 있다는 것에 대해서는 상대적으로 소홀히 다루고 있습니다. 가끔 자치단체의 감사문제에 관해 감사원의 의견을 청하려 해도 거의 출장으로 자리를 지키지 못하는 감사원 직원들의 노고를 저는 잘 알고 있는 편입니다. 그렇지만 그러한 노력과는 별개로 지방자치단체의 감사기능은 날로 약화되어 가고 있으니 이를 걱정하지 않을 수가 없는 것입니다. 어떠한 일이 있어도 감사가 지닌 원초적 기능이 후퇴되어서는 나라가 지탱할 수가 없습니다. 피감사자의 내면적 자기보호본능에서 출발한 일단의 구호나 캠페인성 요구에 감사의 본래기능이 위축되거나 퇴색되어서는 정말 곤란합니다. 그러나 작금의 사정은 그 우려가 현실로 나타나고 있다고 저는 생각하고 있습니다. 일반적 감사기법만을 동원하더라도 잘못된 행태가 대부분 노출되기도 하지만 때로는 집단적으로 연결되어 있어 그 근원을 밝혀야 되는, 대단히 토착적이고 기술적인 문제에 대해서는 한정된 자원과 기간을 가지고는 도저히 밝혀낼 수 없는 것들도 적지 않습니다. 이러한 행태는 특히, 지방자치 이후부터 그 정도가 심해졌다고 봐야 할 것입니다. 더 이상 비밀도 아니지만 대부분 기초 민선장들의 경우, 행정능력을 인정받고 당선되기보다는 정치권 근처에서 조직책 혹은 돈줄로 연을 맺은 인사들이 어느 날 갑자기 공천받고 자치단체장 입문으로 인해 생기는 폐해는 실로 큰 걱정거리가 아닐 수 없습니다. 지방의 무능을 말할 때 으레 지방의회에 초점을 두고 성토하는 경향이 있는데 그 자체가 틀렸다기보다는 정작 권한이 단체장에게 과도하게 쏠려 있는 상태에서 자치단체장의 무능이나 비리로 얼룩진 한심한 실태에 대해서는 전혀 위기감을 느끼고 있지 못하다는 데 문제의 본질이 있다고 저는 보고 있습니다. 이미 말씀드린 것처럼 지방자치단체 감사의 문제점을 정치적 재해석이 아닌 있는 그대로 받아들여 그 공백을 지방의회가 메워 간다면 상당한 성과가 있으리라 기대됩니다. 하지만 지금의 사정은 설령 의회 내 소수가 이런 결정을 한다 해도 자치단체장 측에서 노골적인 방해공작 예컨대, 자료접근을 근본적으로 차단한다든지 혹은 자기에게 길들여진 일단의 공무원들에게 암묵적으로 지시를 내려 음해성 여론몰이로 몰고 가면 이것이 먹힌다는 사실입니다. 되레 지역여론을 호도하기까지 하고 있습니다. 사정이 이쯤에 이르면 지방자치법에 명시한 지방의회의 행정사무감사권과 조사권은 아무것도 아닌 것이 되는 것입니다.

지방의회 직원에 대한 임명권이 단체장에게 있다는 이유로, 본연의 직무수행이 차단되고 많은 의견이 다양하게 요구되는 제법 규모가 큰 사업에 있어서도 정상적인 수준의 내용검토마저 감정을 실어 위협적으로 다가선다면 이러한 풍토에서 근무할 공직자가 과연 얼마나 되겠습니까? 실제로 얼마 전 경상남도 의회에서 이러한 일은 실제 벌어졌고, 이와 유사한 사례들이 전국 각 지방자치단체에서 오늘도 일어나고 있습니다. 믿기 어려우실지 몰라도 이것은 사실입니다. '의리' 와 '룰'이 전혀 구분되지 않는 '낮은 단계'에 머물러 있기를 바라는 듯한 지방공직사회에 대한 개선책은, 성군聖君의 자질을 가진 단체장이 등장해 주기를 막연히 기다리는 것이 아니라 그 시대가 요구하는 시스템을 가장 효과적으로 구축하는 일이 우선 전제되어야 한다고 저는 생각하고 있습니다.

연전에 하도 답답해서 당시 감사원장께 보냈던 서신의 일부다. 중간에 배달사고가 날까 염려되어 등기로 보냈던 편지이기도 하다. 오죽하면 그랬으랴마는. 물론 이렇게 한다고 해서 제도와 관련된 개선이 이루어진다고는 애초부터 기대하지도 않았다. 단지, 현장에 있는 사정을 가감 없이 전해 줌으로써 실상을 정확히 알아 제발 좀 스스로 생각하는 것만 믿지 않기를 바랐던 마음이 전부였다. 지방자치단체의 감사와 관련한 문제가 심각한 상태에 이르고 있다는 인식은 어제오늘의 얘기가 아니다. 감사가 문제의 개선과 관련한 합법적 수단이라면 그 효과를 극대화하는 현실적 방안을 어떻게 찾을 것인가 하는 물음은 매우 중요한 의미를 가지게 된다. 하지만 언제나 그렇듯이 이 문제에 대한 개괄적 인식만 있었지 적극적으로 해결하려는 지방 차원의 고민은 거의 없었다. 그저 중앙의 처분만 바라는 정도가 고작이었다. 그러나 약간만 정직하게 다가서면 이 문제는 의외로 쉽게 풀 수 있다고 본다. 즉 일방적으로 중앙에 의존할 것이 아니라 지방이 직접 나서서 지방의 입장에서 문제를 진단하고 그에 대한 결과를 검증받고 그것을 근거로 관련된 제도를 풀면 얼마든지 가능하다는 말이다. 그렇지 않고 감사의 문제를 '권력'으로만 인식하는 한 이 문제의 해법은 요원하다.

좀 더 실제적으로 접근해 보자. 주지하는 것처럼 자치단체는 그 종류에 상관없이(기초든 광역이든) 모두 '자체감사기능'을 가지고 있다. 광역은 '감사담당관실'로 대표되고 기초는 대부분 기획부서에 주사(6급)가 팀장으로 있는 '감사팀'을 두고 있다. 그런데 광역의 입장에서는 감사의 경계가 없다. 즉 광역자치단체의 감사기구는 마음만 먹으면 각 자치단체별로 구분된 사무의 성질이 어떻든 간에 전혀 관계없이 언제든지 감사가 가능하다고 판단하고 있다. 심지어 기초자치단체와 연관된 어떤 일에 대해 광역의원의 심사가 틀려진 상태에서 "당장 저 구청은 시에서 감사를 해야 한다."고 요구해도 광역자치단체의 감사가 발동되는 정도이니 말해 무엇하랴만. 더욱 한심한 노릇

위장된 지방자치

은 민선으로 기초자치단체 살림을 맡겠다고 나온 단체장 가운데 상당수가 여기에 관해 기본적인 문제의식도 없다는 사실이다. 문제의식은 고사하고 되레 좋아하는 지경까지 이르렀음을 확인하면 정말할 말을 잊는다. 자치단체 고유사무(自治事務)에 관한 일은 바로 단체장 자신의 자주권인데 이를 헌신짝 버리듯 버리고 광역자치단체에 맡겨 버리는 것이다. 그러고도 자기가 자치단체장이란다. 흔히 하는 말로 "그것을 거역하면 불이익을 받지 않느냐?" 이렇게 말하는 것을 볼 수 있는데 이 또한 거짓말이다. '주민의 권리'와 관련한 가장 기본적인 원칙을 지키라고 말하는데, 이를 두고 불이익을 받을까 두렵다거나 머뭇거릴 것 같으면 뭐 하려고 단체장에 나왔는지 묻지 않을 수 없다. 물론 공무원들은 이렇게 말한다. "광역자치단체의 말을 듣지 않으면 재정적으로 손해 보는 것은 말할 것도 없고 실제로 일을 할 수가 없습니다." 정말 그럴까? 물론 불법과 비원칙이 용인된다는 가정하에서 이 말은 다분히 현실적일 수 있다. 그러나 도대체 현실적이라는 것이 무엇인가? 불법에 근거한 권위주의적 행정을, 자치가 열린 지 20년이 다 돼도 그대로 가지고 가자는 것이 현실적이란 말인가? 말하자면 이런 거다. 단체장이 업무상 상급자치단체에게 '원칙을 지키라'고 요구했다 해서 재원조정과 관련된 재정교부의 양이 적어지거나 누가 봐도 주민을 위한 공익적 사업에 쓰일 보조금의 사이즈가 줄어 버린다면 그것이야말로 원칙이 아니고 '개판'이 아닌가 말이다. 돈이 배분되는 기준이 정립되기까지 많은 시행착오를 거쳐 이미 정교할 정도로 법제화되어 있고 당연히 그렇게 하는 것이 마땅하다는 사실만 알아도 당당할 텐데 겁도 아닌 겁을 먹고 있는 꼴을 보는 일은 참으로 딱하기 이를 데 없다.

차라리 떨지 말고 "그래 광역단체 당신들 마음대로 해라."라고 선언을 하면 '저 단체장이 도대체 무슨 이유로 저러는 것인지?'에 대한 시민사회의 의문이 일어날 것이고 그를 통해 형성된 여론은 잘못된 문제를 바르게 푸는 단초를 제공할 수도 있으니 나쁠 것도 없다는 말이다. 그렇다면 일부를 제외한 많은 수의 단체장들은 왜 그렇게 못 하는 것일까? 대단히 무례한 말씀이겠으나 '몰라서 그러는 경우가 전체를 지배한다.'고 봐야 한다. 아주 일반적인 정도의 행정수행수준에 이르는 동안 아물아물 물어서 행정을 처리하는 단체장이 차고 넘쳐 난다면 그들 중 일부가 지금 당장 주먹을 쥐고 달려올까? 달려와도 상관없다. 그건 사실이니까. 공무원들의 특성상 워낙 보신에 신경 쓰는 관계로 그런 것들이 대부분 노출되지 않고 덮어지는 경우가 많아서일 뿐이다.

그러면 여기서 자치단체 감사의 문제를 의회와 단체장의 감사로 구분해서 한번 들여다보자. 지방의회가 1년에 한 번 행정사무감사를 한다고 하지만 그 과정을 통해 지방행정의 문제점들이 개선되기를 기대하기는 어렵다. 감사가 제대로 되기 위해서는 피감기관의 인원들보다 훨씬 더 정확하게 관련내용을 숙지하는 것은 기본이고, 눈에 보인 결과를 유추하여 정확한 실태를 파악할 수 있을 정도로 발전되어 있어야 감사가 가능한데, 제출된 자료의 내용이 궁금해 묻는 정도라면 그것은 이미 감사가 아니다. 세비 받고 장난치는 것에 다름 아니다. 지방의회에 감사권 이외에도 조사권을 두고 있으나 지방의회가 조사권을 발동하여 행정적으로 문제가 있는 사실들을 개선하였다는 보고는 거의 없다. 행정사무조사 발동이 드문 것에 대한 대체적인 이유는, "행정사무조사는 지역적으로 상당한 문제가 야기되었을 특별한 경우에 한해 제한적으로 가동되는 것입니다."라고 수시로 말해 주는 의회 주변에 있는 공무원들의 반복학습(?)으로 그 경로가 굳어진 면이 크기 때문이다. 또 사실 많은 수의 지방의원들은 그런 근거가 희박하거나 입법취지에 반하는 얘기들을 너무 쉽게 수용하기도 한다. 최초 당선기준으로 약 1년만 지나면 의원들은 "중앙정부의 지침에 어떻게 되어 있습니까?"라고 묻기 시작한다. 숱하게 많은 자치단체 고유사무를 중앙이 앗아가서 거꾸로 지침을 내려 주는 케이스가 얼마나 많은데……. 어디가 어딘지도 모르고 주민의 대표라는 의원들이 오히려 공무원보다 더 '지침타령'을 하는 것을 보면 웃지도 못하고 울지도 못하고 참으로 말문이 꽉 막힌다.

아무리 수준 높게 고민해서 감사자료를 요구하고 그것을 통해 시원하게 써먹을 수 있는 확실한 자료를 집행기관으로부터 받았다 해도 정작 실전에 나가 하나도 써먹지 못한다면 그것이 무슨 소용이 있는가. 흔히들 감사기간이 부족해서 감사가 부실하다고 하는 소리를 많이 한다. 전혀 터무니없는 소리는 아니지만 100% 동의하고픈 마음도 없다. 만일 감사기간을 지금보다 배를 더 준다 해도 결과가 지금보다 현저하게 나아지리라는 보장은 없다. 결국 감사는 기간이 아니라 관련지식에 근거해서 얼마나 기술적으로 집중하느냐가 관건이라는 말이다. 무조건 기간이 짧다고만 소리를 낼 것이 아니라 그동안 지방의회가 그런 사례들을 비교적 자주 보여 주고 주민들로부터 신뢰를 축적해 오면서 그 기간을 늘려야 한다고 주장했다면 오히려 그 말이 더 설득력을 얻었을 것이다. 그리고 이 문제는 지방선거 방식에 대변혁이 있지 않는 한, 당분간 큰 변화가 오기를 기대하기는 곤란할 것이다. 시민의 대표기관에서 수행하는 감사에 권위가 전혀 없다. 감사과정에서 그 필요에 따라 참고인을 부른다 해도 안 오면 그만이다. 물론 5백만 원 이하의 과태료를 부과할 수 있도록 규정해 둔 것이 사실이다. 하지만 설사 이와 같은 일이 벌어졌다 해도 직접 이해관계에 있는 피감사기관의 장이 부과를 거부하면 그야말로 닭 쫓던 개 지붕 쳐다보는 격이다. 국회의 경우는 최고 5년 이하의 징역에 처할 수 있도록 관련 법제를 마련해 놓고 있으면서도 지방의회는 이 지경을 만들어 놓고 있다. 이 규정을 지난 1994년 지방자치법을 개정하면서 국회의 「국정감사 및 조사에 관한 법률」에 준하여 '지방자치법시행령'에 두도록 하겠다고 했는데 무려 16년이 지나도록 아무런 소식도 없다. 대통령령에 둘 일도 아니지만 격에 맞게 "지방자치단체의 조례로 둔다."고 했으면 아무런 문제가 없는 것을, 어떻게서라도 지방에 권한을 주지 않으려고 지금도 중앙은 눈을 감고 있다. 그리고 덩달아 지방의회도 모른 체하고 있다. 기초의회마저 정당에서 공천이 되고부터는 아예 논의 자체가 끊긴 상태다. 국회의 경우처럼, 특별한 사안에 관해서는 '지방의회 직원'으로 하여금 미리 조사할 수 있도록 권한을 부여해 주면 상당한 정도 전문성의 공백을 메울 수 있을 것이다. 그리고 필요에 따라서 전문가의 영입을 통해 감사의 질을 높이는 방법도 적극적으로 고려해야 한다. 어차피 현대 행정의 일정 부분은 관련 전문가가 해소하지 않으면 안 되는 한계를 가지고 있지 않은가.

약간 다른 얘기 같지만, 미국의 레이크우드 시Lakewood city의 경우를 보자. 인구가 약 10만에 가깝지만 그곳에서 근무하는 공무원의 수는 약 80명에 불과하다. 그래도 팽팽 돌아간다. 중요한 업무가 인접자치단체와 계약을 통해 합법적으로 넘겨 줄 수 있도록 되어 있기 때문이다. 예컨대 내린 눈의 처리를, 눈 치우는 기술이 수준급인 인접자치단체인 '롱비치 시'에 주고 담당공무원은 그 계약관계가 잘 이루어지고 있는지를 확인만 하면 끝이다. 이것은 사실 그 나라의 정치문화와도 연관된 결과이겠지만 지방정부의 합리적 경영에서 쌓은 운영의 노하우라고 봐야 한다. 이런 결과를 얻을 수 있었던 것은 주민 대표들이 열성을 가지고 시정에 적극적으로 참여해서 지방정부 운영의 문제점을 지속적으로 발견하고 개선해 왔기에 가능했던 일이다. 지역주민의 대표들로 구성된 우리의 지방의회가 궁극적으로 주민의 신뢰를 얻기 위해서는 감사에 관한 현실적인 문제들을 정확히 인식하고 관련제도의 개선을 위한 연대를 모색하는 일 그리고 끊임없는 학습으로 일정한 의정능력에 도달하는 일이 전제되어야 가능하다.

다음은 이와 대비되는 집행기관의 감사에 다가가 보자. 이미 언급했지만 집행기관은 각 지방자치단체별로 직제상 감사기능을 가지고 있다. 단체장에 의해 움직이는 조직의 일부다. 그리고 이들은 발령 후 일정 기간 동안 다른 곳으로 옮기지 않는 소위 '전보제한'이라는 내부 규정의 적용을 받는다. 하지만 일정한 시간이 경과되면 그들도 자리를 옮긴다. 따라서 그들을 '감사전문가'라고 보기는 어렵다. 여기서부터 심각한 문제가 발생된다. 지금은 감사직책을 맡고 있지만 어차피 시간 가면 자기들도 이동한다는 사실을 항상 염두에 둘 수밖에 없다. 평정상의 약간의 가점이 있기는 하다지만 그것에 연연해서 감사원칙을 고수한다며 강수强手를 두기란 쉽지 않다. 이건 기술상의 문제가 아니고 인간적인 문제다. 오랫동안 한솥밥 먹고 근무하면서 안면을 외면하는 업무가 그리 흥미로운 일이 아니라는 한국적 심리가 짙게 깔려 있다. 따라서 아주 어쩔 수 없는 일이라면 몰라도 근본적으로 감사에 적극성을 띠는 것에 한계가 있다. 이런 상황적 한계는 결국 조직의 핵심을 건드리는 일은 거의 생기지 않는다. 부담스럽기도 하지만 뒤져서 뭔가 있는 것이 노출되면 빠르게 외부에 확산될 것이고 이런 일련의 결과는 바로 자기 단체장에 대한 누라고 여기는 것이 한국의 정서다.

환부를 드러내어 치유하는 계기를 만드는 일이 당연함에도 사건에 자기의 상관이 연루되었을 경우는 말할 것도 없고, 설사 공무원 인사권을 쥔 단체장과 아무런 관계가 없다 해도 문제가 확산되어 여론에 오르내리는 것 자체를 자신의 관리능력 부재로 인식될까 전전긍긍하는 케이스가 너무 많다는 사실이다. 감사가 될 리가 없다. 그러니까 결국 안 할 수는 없고 '해도 그만, 안 해도 그만' 정도로 수위를 조절하며 주로 사업소를 비롯한 하부기관 위주의 감사에 치중하는 경향을 보이게 된다. 이런 관행으로 인해 사업소와 기타 하부기관들은 겉으로 표현을 자제하는 듯하지만 실은 많은 불만들을 가지고 있다. 이런 것의 연장은 심심치 않게 지방의회도 감사대상에 포함시켜 감사하겠다고 해서 논쟁을 일으키는 경우도 발생한다.

이 대목에서 지방자치단체에서 일어나고 있는 감사의 실상에 관해 좀 더 자세히 들여다보자. 광역과 기초를 모두 포함해서 집행기관의 감사범위에 해당 '의회'를 포함하는 경우가 종종 발생하는데 이것은 잘못된 일이다. 원초적으로 집행기관의 장에 소속된 감사기구가 당해 의회를 감사할 권한을 부여받지 못했기 때문이다. 의회운영과정에서 생겨난 위법적 요소가 있고 없고의 문제는 별개다. 광역자치단체든 기초자치단체든 집행기관의 감사기능이 의회에 적용되는 것 자체가 이치상 말이 안 되기 때문이다. 광역자치단체에 의한 기초자치단체의 감사에 있어서도 고유사무에 관해서는 권한이 없기는 마찬가지다. 지방자치법의 관련조항도 허용을 불허하고 있지만 자치원리에도 맞지 않는다. 그래서 지방자치법 제171조는 '지방자치단체의 자치사무에 대한 감사'규정을 두면서 "행정안전부장관이나 시·도지사는 지방자치단체의 자치사무에 관하여 보고를 받거나 서류 장부 또는 회계를 감사할 수 있다. 이 경우 감사는 법령위반사항에 대하여만 실시한다."라고 규정하고 있는 이유를 헤아려야 한다. 즉 이 조문의 입법 의도는 잘못에 관해 그 치유를 소홀히 하거나 중앙정부의 관심을 배제하려는 것이 아니라 개별 자치단체의 자치권을 최대한 존중하고 그런 가운데서 스스로의 자주권을 신장해 가야 한다는 뜻이다. 그럼에도 무차별적으로 자치사무에 관여하는 외부기관의 감사요원들은 "법령에 위반이 되었는지를 알려면 일단 감사를 해 보아야 하는 것 아니냐?" 하는 논리로 아무렇지도 않게 생각하는 경향이 있는데 이것은 입법취지를 무시한 어깃장이거나 무지해서 발생한 사고에 다름 아니다. 대부분의 광역자치단체에서 독자적인 '자치권'을 보유한 시·군·구를 감사대상으로 삼은 근거로 '광역자치단체 자체 감사규칙'을 적용하고 있지만 이건 너무나 자의적이고 근거가 없는 실로 무원칙적인 관행이라고밖에 달리 표현할 길이 없다. 여기에다 법률적 위임근거가 전혀 마련되지 않은 상태에서 '행정감사규정'이라는 행정명령(대통령령)으로, 헌법이 보장한 지방자치단체의 '자치권'에 근거한 고유사무를 감사대상에 포함시키는 것은 우리나라 중앙정부의 자치단체에 대한 통제의지가 얼마나 강한지를 보여 주는 대목이다. 이 문제는 단지 법률에 근거가 있고 없고의 문제도 아니다. 우리가 선택한 제도보장에 입각한 '헌법'의 문제이고 자치이론의 근거를 제공한 '자유사상'의 문제이기도 하다.

국회의원들이 제정하는 법률이 언제나 옳은 것도 아니지만 법은 만능이라는 일종의 '습관적 인정認定'에 훈련된 개인이나 공조직 스스로가 잘못된 인습을 개선하려 들지 않는다면 이 사안은 어쩌면 치유가 어려울지도 모른다. 현행법 체계상 「감사원법」에 의한 감사원 감사라 하더라도 개별 지방자치단체가 선택한 '합목적적'(정책수행을 위한 고민과정에서 고려된 가치와 수단의 총합)인 부문까지 직접 감사하는 것은 잘못이다. 하물며 중앙이 광역자치단체의 자치사무를 감사하거나 광역자치단체가 기초지방자치단체의 고유사무를 감사하는 것은 당연히 불법이다. 이를 수용하지 않으려는 입장에서는 "그러면 당장 어쩌란 말이냐?"라고 물을 수 있다. 근본적인 문제의 해결을 위해서는 종합적인 관련제도 검토나 다양한 방식의 입법정책적 접근이 필요하겠지만 급한 대로 지방자치법 하나만 손질해도 상당한 성과를 얻을 수 있다.

이렇게 하면 간단하다. 단위 자치단체별로 집행기관과 의회와는 독립된 별도의 감사기구를 확보하면 된다. 즉 일본처럼 양 기관의 영향에서 자유로운 독립된 '감사위원회'를 구성하도록 지방자치법에 명시하면 바로 해결된다. 이렇게 하면 크게는 지방자치단체의 감사로 인한 감사원의 부담도 현저히 줄일 수 있다.

감사원에 근무하는 인원은 3월 말 현재 정확히 913명이다. 이 가운데 감사요원으로 분류되지 않는 인원을 제외하면 실제 감사요원의 수는 약 80%로 현저히 줄어든다. 800명도 채 안 되는 인원이 전국을 다 감당한다는 말이다. 지방자치단체의 감사는, 감사원 제2사무처장 아래 '자치행정감사국'이 있고 그 아래 6개 과로 조직을 구성하여 지역별로 분담하여 맡고 있다. 예컨대 제3과의 경우 '인천광역시, 대전광역시 그리고 충청도와 그 하급지방자치단체에 관한 감사사항'을 처리하도록 직무분장에 구분해 두고 있다. 거듭 밝히지만 이렇게 적은 인원으로 엄청난 범위를 수비한다는 것은 우리나라 감사원이 효율성보다는 합법성을 감사의 초점으로 두게 된 이유이기도 하다.

말하자면 중앙정부와 지방정부를 막론하고 공무원들이 효율성을 외면하고 합법성에만 집착하게 된 이유가 여기에 있다는 말이다. 감사가 논리를 파고드는 것이기보다는 체크리스트 하나하나를 물어 가면서 칸을 메우는 방식으로 전개되다 보니 감사과정에서 컨설팅 능력을 발견하는 일은 거의 없다. 감사원의 노고를 부정하고 싶은 마음은 애초부터 없다. 감사원에 근무하는 구성원들이 원론적 방향을 몰라서 지금의 결과를 만들었다고 보기는 어렵다. 장기간에 걸친 과거의 권위적 정부의 운용과정에서 만들어진 결과라고 봐야 한다. 감사가 법률해석에 치중하는 것이 전부일 수는 없다. 그러나 대부분 대한민국 감사가 법률해석에 치중하고 있다. 이미 여러 차례 언급했지만 법률에 치중할 만큼 우리의 법률이 언제나 모든 판단의 정확한 준거가 된다면 그건 가능할지 모르겠다. 그러나 우리의 법률이 그렇지도 않을 뿐만 아니라 현실적으로 그 기대는 가능하지도 않다. 경영에 근거한 수리분석기법을 배경으로 시스템적 사고가 전제되어야 감사의 효율이 증대된다.

그런데 지금의 사정은 어떤가? 중앙정부는 물론이고 그 산하의 수많은 공기업 그리고 246개 지방자치단체까지 감사원이 모두 감당하고 있다. 이는 뒤집어서 말하면, 제대로 된 감사를 기대할 수 없다는 얘기다. 여기에다 국가의 특별행정기관 수만 하더라도 4천7백 개가 넘는다. 아무리 생각해도 가능하지가 않다. 감사가 권력기능의 분담이 아니고 오직 국민을 위한 감사의 기능으로 거듭나려면 현행처럼 대통령 아래 있을 것이 아니고 국회로 임명권이 전환되어야 한다. 대통령이 임명권을 쥐고 있는 한 국민의 입장보다는 사안에 따라 대통령의 눈치를 볼 수밖에 없기 때문이다. 이런 측면에서 본다면 지난달 2월에 마련된 「공공기관의 감사에 관한 법률」은 인력운영상 약간의 문제가 있지만 잘만 활용한다면 지금보다는 훨씬 나은 성과가 기대된다.

6.
자치경찰제 도입을 서둘러야 할 이유

브라운 국장은 소속 경찰관들에게 담당순찰구역을 할당했다. 그는 인근지역에 있는 20개의 상점 앞에 초소를 설치했다. 또한 경찰관들에게 교회, 실업인, 사친회 그리고 다른 지역 단체들과 긴밀한 유대관계를 맺도록 하였다. 범죄다발 지역에서는 순찰대원을 확보해서 그 지역의 3분의 1 이상의 가구를 방문 순찰하게 하고 이웃에게 자신들을 소개하고 그들의 애로사항을 묻게 했다. 브라운 국장은 한 칼럼니스트에게 다음과 같이 말했다. "우리가 하고 있는 일은 미국의 정책실현에 있어서 혁명적인 일이다. 우리는 순찰대원의 역할을 재정의하고 있다. 즉 순찰대원이 지역사회의 조직자 또는 지역사회의 활동가, 문제해결사가 되어 주기를 원한다. ……미국의 젊은이들이 평화봉사단원이 되었던 것처럼 사람들이 이웃사람들의 문제에 다 함께 참여하기를 원한다."

Brown assigned most of his officers to neighborhood beats. He set up 20 storefront ministrations in the neighborhoods. He instructed his officers to build strong relationships with churches, businesses PTAs, and other community organizations. In one high-crime area, he had officers on the beat visit more than a third of all homes, to introduce themselves and ask about neighborhood problems. "What we're doing is revolutionary in U.S. policing," Brown told one columnist. "We're redefining the role of the patrol officer we want him to be a community organizer, community activist, a problem solver…… I want people as committed to neighborhoods as young Americans were to the Peace Corps."

데이비드 오스본David Osborne과 테드 게블러Ted Gaebler의 공저 『정부혁신의 길reinventing government』에 실린 글로 텍사스 주 휴스턴 시에서 '리 브라운Brown'이 시경국장에 부임해서 취했던 조치의 일부다. 좀 더 현장감이 있으면 좋겠다 싶어 관련 원문도 그대로 실었다. 1982년 일이니까 벌써 30년 전 일이다. 경찰 스스로의 필요에 의해 판단한 것이 아니라 시민들이 가장 필요로 하고 또한 원하는 것이 무엇인가를 정확하게 읽고 그에 따라 결정된 조치들이다. 자치경찰이 주민의 곁에 있어서 좋은 이유를 이보다 더 효과적으로 표현하기는 어려울 정도로 브라운이 핵심을 잡고 있다. 이를 보면서 우리의 자치경찰 어디쯤 가고 있는지 한번 살펴보고 가자.

우리의 자치경찰에 대한 논의는 벌써 오래되었다. '2000년대를 향한 경찰발전방안'이라고 하는 자치경찰제 기획안이 치안본부시절인 1980년 12월에 나왔으니까 논의의 개시시점으로만 보면 30년이 되었다. 이후 1990년대에 이르러 행정쇄신위원회를 거쳐 1998년의 김대중 정부에서 '지방자치경찰기획단'이 구성되어 활발한 연구활동을 벌였으나 광역범죄 대응능력, 수사권 문제, 남북관계 등 문제로 도입이 유보되었다. 그러다 참여정부 들어 지방분권 핵심정책과제의 하나로 지정되고 2005년 11월 3일 '자치경찰법안'이 만들어지기에 이른다. 주 내용은 현행 국가경찰체제를 유지한 채 기초자치단체장(시장·군수·자치구청장) 직속으로 '자치경찰대'를 설치한 뒤 종래의 보건, 위생, 환경 등 기초자치단체의 단속업무를 자치경찰대가 수행하도록 한 것이다. 하지만 이것도 결국 입법화되지 못했다. 대신 2006년 2월 21일 「제주특별자치도 설치 및 국제 자유도시 조성을 위한 특별법」을 근거로 제주지역에 한정하여 국내 최초로 같은 해 7월 1일 자치경찰이 출범하게 되었다.

이 장에서 자치경찰 도입에 관한 얘기를 다루는 이유는 분명하다. 자치경찰의 도입이 너무도 긴요한 것임에도 바뀌는 정부마다 제도도입에 관한 논의만 있었지 그 결과가 없었다는 점이다. 이 문제에 관해 지방의 대표들이 이제까지의 방식대로 이 눈치 저 눈치 보면서 머뭇거리기 시작하면 이 문제 해결은 정말 요원해진다. 자치경찰과 관련해서 중앙이 급해질 하등의 이유가 없다. 자치경찰문제가 지방의 일이지 중앙의 일이 아니라는 인식이 두텁게 자리하고 있기 때문이다. 그래서 중앙은 계속해서 지금이 더 좋다고 말할지도 모른다.

우리의 헌법은 경찰에 관하여 직접적인 조항을 두지는 않았다. 그러나 넓게 해석해 보면 경찰의 기능은 주민들과 가장 가까이 있는 지방정부에서 다루어질 수 있는 위치에 있는 것이 바람직하다. 경찰의 기능은 주민의 생명, 신체와 자유 그리고 재산의 보호 및 사회질서유지를 그 내용으로 하고 있는 관계로 국가사무와 자치사무의 성질을 동시에 가지고 있다. 지방자치법 제9조는 지방자치단체의 사무를 '자치사무'와 법령에 의해 자치단체에 속하는 사무, 즉 '단체위임사무'로 구분해 두었다. 중요한 것은 지방자치법에 경찰사무를 직접 규정해 두지 않았다고 해서 경찰을 꼭 국가사무로 보아야 하는 것은 아니라는 사실이다. 그렇다고 물론 자치사무로 볼 수 있는 규정도 없다. 해석상의 문제이기는 하겠지만 경찰사무를 '행정경찰'과 '사법경찰'로 나누었을 경우에는 사법경찰을 현행법상 국가사무로 볼 수는 있겠다. 그렇다면 협의의 행정경찰은 자치사무로 봐야 한다는 것이 필자의 판단이다. 즉 행정경찰을 사회질서 유지를 담당하는 본래적 의미의 경찰로 본다면 이는 당연히 자치사무에 가깝게 보아야 한다는 말이다. 다시 말해, "지방경찰청은 시도지사 소속하에 둔다."는 현행의 경찰법 제2조를 근거로 볼 때, 경찰조직이 비록 지방경찰청의 지휘·감독을 받도록 같은 법률에 명시(경찰법 제14조)해 두었다고 해도 국가사무를 분담·수행하는 지방자치단체장에게 있다고 봐야 한다는 말이다. 경찰법에서 경찰사무를 자치사무 혹은 국가사무로 직접적인 규정을 두지 않았다고 해서 경찰사무를 무조건 국가사무로 보아야 할 타당한 이유는 없다는 뜻이다.

흔히 지방제도권에서 자치경찰문제가 나오면 개괄적 총론에서는 '해야 하지 않겠나?' 하는 정도인데, 실제적인 각론에 들어가면 왜 해야 하며 무엇을 어떻게 해야 하는지에 대한 사회적 동의 형성이 구체적이지 못하다. 특히 지방정치 쪽에서의 대응논리는 취약하기 이를 데 없다. 따라서 6·2 지방선거 이후부터는 이 문제가 좀 더 직접적으로 다루어져야 한다. 이미 형성된 논의의 골간이지만 국가경찰제가, 시위나 폭동의 진압 그리고 공공의 질서 유지를 위해서 국가권력을 배경으로 한 강력한 집행력, 전국적인 통일성, 유기적인 협조를 중심으로 그 역할을 맡고 지방경찰은, 주민과 직접적인 치안 서비스에 몰두할 수 있는 구조로 구분하자는 것이다. 그렇지 않고 지방의 치안문제가 계속해서 국가경찰에 의해 관리된다면 지방정부의 일반행정과 치안행정 간의 분리로 인해 지역문제의 종합적인 해결이 어려워지기도 하지만 지역의 치안요구에 대한 신속하고 효과적인 대응도 취약해진다. 좀도둑에서부터 대형범죄에 이르기까지 사건이 벌어지면 바로 알릴 수 있는 경찰이 언제나 우리의 곁을 이웃처럼 버텨 주고 있다는 믿음의 구조가 지방경찰을 지향하는 이유다. 그럼에도 불구하고 지금까지처럼 설득력 없는 정치적 이유나 경찰 자신들의 입지와 관련한 유리·불리의 고려 때문에 자치경찰제의 도입이 늦어지는 상태가 지속된다면 치안행정에 대한 지역주민의 참여와 협조는 계속 낮아지게 되고 결국 치안행정에서의 지역적 특성이 반영되지 않거나 소홀하게 되는 악순환은 계속 반복될 것이다.

7.

지방공무원 그들은 누구인가

지 금 사방에서 표출되고 있는 정치에 대한 짜증은 시민들의 자기 부정의
한 형태이기도 하다. 이것은 하부정치의 가능성을 보지 못하며 다른 사
람들도 보지 못하게 만든다. 사람들은 틀린 장소에서 틀린 용어로, 틀린 사무실에
서 그리고 틀린 신문에서 정치를 찾고 있다. 즉 사적 부문, 기업, 과학, 지방자치
단체, 일상생활 등이 모두 정치적 갈등의 폭풍우 속에 휘말려 들어가고 있다. 하
부정치가 정치를 결정하며 개방하고 힘을 부여한다. 냉전 종식 후에 새로운 정치
를 발명할 수 있는 바로 이러한 가능성을 드러내고 새롭게 조명해야 한다.

울리히 벡Ulrich Beck이 『적이 사라진 민주주의』에서 한 말이다. 냉
전 이후 판도라 상자를 열고 튀어 오르는 듯한 사회의 제 문제를 다
룬 이 이야기를 현시점에서 한국의 지방공무원들이 지닌 일반적 특
성과 연관시키는 일이 지나치게 자의적恣意的이지 않느냐고 묻는다면
지금 당장으로서는 정교한 답변을 찾지 못할 수도 있겠다. 그러나
정치가 문화를 만들었고 그 문화 생산 한복판에 중앙정부의 강력한
영향 아래 놓인 단위 지방정부가 오랜 세월 동안 시민사회와 가까이
있었던 점을 상기해 내면 적어도 하부정치의 실현 여부에 대한 가능
성의 열쇠를 쥐고 있는 지방공무원들의 실체를 확인해 보는 일을 일

방적으로 자의적이라고 할 수는 없겠다. 지방정부가 선거를 통해 구성된 대표들에 의해 움직이고 있는 듯 보이지만 사실은 20년 가깝도록 여전히 중앙정부가 핸들을 잡고 있고 지방의 구성원은 아직도 운전연습 중이다. 그나마 시민사회가, 자기들이 보내 준 대표들의 운전연습을 보면서 자신들이 어떻게 소외되어 왔던가를 구체적으로 알게 된 것은 정말 다행이다. 그렇다면 지금에 와서 '정치에 대한 짜증'의 근원을 왜 지방정부 안에 있는 공무원들에게서 찾으려는 것일까? 여러 가지 이유가 있겠지만 우선 지방정부가 '하부정치'를 담아내는 그릇 역할이라면 그 정부에 속한 소위 지방공무원(지금에 이르러서도 지방공무원을 국가공무원에 비해 낮게 인식하는 듯한 뉘앙스를 풍기며 구분하는 일이 너무 우습지만)들은 싫든 좋든 그 그릇 만들기에 가담할 수밖에 없는 주역들이기 때문이다.

지방공무원들은 대체로 위로부터 주어진 일에는 비교적 성실하게 임하는 편이다. 하지만 자기가 속한 조직의 근원이나 자신들의 입지와 관련된 문제를 헤아리는 일에 대해서는 그 생각의 온도가 낮기도 하지만 참으로 이해하기 어려울 정도로 몸을 사리는 면도 있다. 인식 자체가 없어서도 아니고 조직의 성원으로서 최소한의 예의를 지키기 위해서도 아니다. 그저 긴 세월 동안 중앙정부의 권위적이고 억압적인 풍토 속에 눌려 지내다 자신도 모르게 몸에 익숙해지고 체화된 결과다. 나이가 많고 지방자치시행 이전의 공직풍토에 노출되었던 시간이 많았던 사람들일수록 그 정도는 심하다. 지방자치단체에 소속된 공직자 스스로 '행정의 중심에 설 수 없다.'는 소외와 위축의 결과가 지방공직문화를 '창조적 자율'로의 기반을 조성하는 데 실패함으로써 '외부적 의존'에 관성이 붙도록 만들었다. 또한 이런 상황의 연속은 자치단체 내 '공정한 경쟁 룰'도 조성되지 못하게 하는 결과를 만들었다. 중앙정부 주도로 지방자치단체에 대한 주요 포스트가 결정되는 상황은 언제나 지방정부조직의 중심축을 필요 이상으로 흔드는 결과를 가져왔고 이는 그 구성원들로 하여금 불필요한 눈치보기와 개인의 이익만을 생각하게 하여 조직 전반에 기회주의를 만연케 하는 배경이 되기도 했다. 동시에 이 같은 환경은 이후 지방자치를 경험하면서 의회를 비롯한 외부 세력들에 의해 거친 비평과 비난을 들어야 했다. 하지만 적극적으로 실태를 진단하여 적절한 대책을 강구하려는 노력보다는 수세적 방어에 급급한 경우가 더 많았다.

특히나 자신들 스스로 시민사회를 향해 변신을 선언한 케이스가 거의 보이지 않는 것은 '의존적 외부관리'에 얼마나 철저하게 길들여졌는지를 알 수 있는 증거라 할 수 있다. 그러한 근원적 한계는 결국 지방으로부터의 변변한 대응논리 하나 만들어 내지 못했다. 물론 근래 들어 높은 경쟁을 뚫고 등장한 신진그룹으로 인해 변화에 약간씩 속도를 보이고 있긴 하지만 켜켜이 쌓인 폐쇄적 그림자는 여전히 그들 곁에 길게 드리워져 있다. 상당히 정교한 것 같지만 매력이라고는 거의 찾을 수 없는 낡은 계급구조 속에 아직도 절대다수가 안주해 있거나 유사한 안주를 준비하고 있고 또 한편으로는 적지 않은 숫자가 자신들을 그 안에 몰아넣고 자학自虐을 경쟁(?)하기도 한다.

어느 나라건 정도의 차이가 있을 뿐 관료사회를 비난하는 것은 매우 일반화되어 있다시피 하다. 언제나 옳은 기준이라고 말할 수는 없지만 생각만큼은 비교적 자유로운 미국에 있어서도 관료사회를 비판하거나 조롱하는 일은 우리와는 상대가 안 될 정도로 거칠고 경우에 따라서는 노골적이다. 『공무원을 위한 변론』을 쓴 '찰스 T 굿셀'

이 예로 든 내용을 한번 살펴보자.

공공관료제는 규모 면에서 지나치게 커져 있고 민간기업에 비해 비능률적이며 일하기엔 질식할 것 같은 장소이고 해결책이기보다는 문젯거리라고 말한다. 전국적으로 방영된 한 대통령 후보의 TV 광고에서는 '관료들Bureaucrats'이라는 단어를 살짝 비추어 주면서 '쥐새끼들Rats'이라는 의미의 마지막 네 글자를 강조해 보여 주기도 한다. "누가 당신의 자녀를 책임지겠습니까? 관료인가요? 아니면 당신인가요?"(워싱턴 포스트 1995.10.3) 관료제는 심지어 정부 안에서조차 비난의 대상이 된다. 한 국회의원의 홈페이지에 등장한 낭비측정기Waste-O-Meter는 정부 내에서 발생할 것으로 여겨지는 낭비들 중 밝혀진 허비된 양이 여기에 표시된다. 버지니아 주 정부는 '정부, 엿 먹어라Govtsux'라고 쓰인 자동차 장식 번호판을 판매하고 있다. 매사추세츠 주州 몽고메리 군의 군수는 군청의 모든 공식적인 편지 양식에 정부라는 단어 사용을 금하고 있는데 이는 정부라는 용어가 지닌 부정적인 느낌 때문이라고 한다. 한 우익 종교 방송사는 핵무기로 국무부를 폭파시킬 것을 제안하기까지 했다(Roanoke Times 2003.10.12).

굿셀이 든 예만큼은 아닐지 몰라도 한국의 많은 시민들도 우리들의 정부 특히 지방정부를 이런 눈으로 보고 있다. 물론 시민들은 아이엠에프 이후 근래에 들어와서 공직사회의 구성원이 된 것이나 앞으로 될 기대에 관해 매우 선망하는 것처럼 말한다. 그러나 그것은 취직이 쉽지 않은 시대적 심리를 반영하는 것일 뿐, 시민들은 예나 지금이나 관료사회에서 만들어 낸 성과에 관해 매우 탐탁지 않게 여기는 것은 전혀 변하지 않았다. 시민들의 눈에는 시민들과 자주 만나는 동사무소나 보건소 직원들의 행태가 언제나 모든 지방공무원의 수준을 결정하는 척도가 되고 있다. 예를 들어 보건소의 직원이 슬리퍼를 신고 껌을 씹으며 근무 중에 러닝머신을 타는 것이 목격되었다면 모든 지방정부의 공무원들은 그 시간에 모두 슬리퍼를 신고 입에다 무엇인가 넣고 우물거리며 사무실을 배회하고 있을 거라고 믿는 것처럼 말이다.

흔히들 많은 행정학 교과서들은 막스베버를 관료제의 친구이자 예찬론자로 그리는 경향이 있는데 사실 당대 독일의 자유주의 활동가였던 그는 관료제를 의회민주주의에 위협적인 존재로 여겼다. 그는 선출되는 정치인들이 이론적으로는 관료제의 주인이지만 관료제의 월등한 힘 앞에 한낱 불운한 호사가로 전락하게 될 위험에 처해 있다고 보았다. 뒤를 이은 베버의 후예들은 관료제를 독재 또는 전체주의 정부와 동일시하는 것으로까지 주장을 확대시키고 있다. 심지어 '볼프강 크라우스' 같은 이는 대규모 관료제가 지닌 압도적인 힘을 지적하면서 "우리는 자유를 획득하기 위해서가 아니라 자유를 소진하기 위해서 싸우는 '사복 입은 군대'가 되어 버린 것은 아닌지 의문을 제기한다."고 말하고 있다.

강력하게 관료제 개혁을 주장했던 제럴드 케이든은, 공무원들이 극복해야 할 가장 큰 장애물은 자기만족과 타성이라고 주장했다. 이는 관료들이 게을러서가 아니라 다음과 같은 15가지 관료 병폐가 그렇게 만들었다는 것이다. 즉 ① 현상유지에의 집착 ② 지체 ③ 변화를 두려워함 ④ 질질 끌기 ⑤ 제안에 둔감함 ⑥ 학습능력부재 ⑦ 우유부단 ⑧ 유연성 부족 ⑨ 상상력 빈곤 ⑩ 반칙 ⑪ 꾸물거리기 ⑫ 경직성 ⑬ 정체 ⑭ 핑계대기 ⑮ 기득권 등이다. 그러면서 제럴드 케이든은 관료의 이 같은 속성들이 "정해진 스타일에 따라 업무가 진행되고 표면상으로는 모든 일이 잘 돌아가는 것 같은 안락하고 청명하며 편안한 분위기를 만들어 낸다."고 말하고 있다. 그 결과 관료제 기관에서는 똑같은 낡은 패턴과 관례가 지켜지고 약점과 결점이 영속화되며 실수와 잘못을 반복한다고 주장한다. 조직이 변화하는 경우에도 천천히 점진적으로 예측가능하게 변화하며 반드시 올바른 방향으로 가는 것은 아니라고 주장하면서 말이다.

본의 아니게 제시된 위의 사례가 우리의 지방공무원들을 공격하기 위한 사실적 재료로 인식되었는지는 모르겠다. 하지만 누구를 공격하기 위한 것이 아니다. 다만, 1991년에 케이든이 지적한 위 15가지 병폐와 우리나라 지방공무원들의 행태가 얼마나 닮아 있는지 혹은 얼마나 많은 차이가 있는지 확인해 보자는 것이다. 오랜 경험을 축적한 그들의 입장을 충분히 감안하고 또한 그들과 상당한 시차를 인정한다고 해도 위의 평가와 우리 지방공무원의 실정이 크게 다르지 않다고 한다면 서운한 혹평이기만 한 것일까? 그러나 우리의 지방공무원 스스로 그 같은 자괴감을 가질 필요는 없다고 본다. 굳이 변명하자면 그것은 개인의 능력과 연관된 것이 아니고 작게는 행정, 크게는 정치풍토에서 비롯된 모두가 공유해야 할 책임이기 때문이다.

따라서 이렇게 마음을 정하고 보면 특별한 부담을 가질 필요도 없겠다. 어느 조직이든 드러난 결과에 대해 인정을 한다는 것은 그만큼 그 문제에 관해 해결의 방법을 이미 알고 있다는 뜻이기에 그렇다.

솔직히 말해 그동안(당분간 더 지속되겠지만) 정치권이든 중앙정부든 지방공무원조직에 관해 공식적인 언급방식은 비교적 점잖고 우호적인 편이었다. 그렇지만 그것은 지방공무원이 그들의 이익을 보장해 주는 정치적 수단으로 기능할 때만 그럴 뿐이었고 여타의 경우는 전문성이 취약해서 보호를 받아야만 하는 부족한 집단이어야 했다. 지방의 역할이 하늘을 찌를 정도로 강조되었던 노무현 정부 시절에 '자치권확대'를 둘러싼 논의과정에서 가장 속을 끓이던 문제도 결국은 '지방정부가 과연 수권능력이 있느냐' 하는 점이었다. 과시적 분권이 요란했던 것에 비해 수확이 거의 없거나 미미한 것은 이를 말해 주고 있다. 사실, 자치단체가 기본적인 자치권을 확보하지 못한다면 나머지 문제는 다 객담이고 헛소리에 불과하다. 즉 작금의 한국 정치행정상황에서 자치권을 획득하는 일은 다분히 정치적이고 논리적인 게임이 전제되어 있다는 말이다.

그럼에도 지방정부에 소속한 공무원들 대부분이 이에 관해 관심이 없다는 사실은 무엇을 의미하는 것일까? 나름의 이유가 있겠지만, 글로벌 환경에서 능력을 키운 지방정부의 독자적 기능이 얼마나 확실한 부가가치를 만들어 내는지에 대한 기본적인 인식이 형성되지 않았다는 것이 내 생각이다. 거듭 밝히지만 이를 지방공무원 자신들에게만 책임을 돌릴 수는 없다. 하부정치의 기능이 부족하다는 의미는 단순히 지방정부 속에 있는 구성원들의 문제가 아니다. 그것은 시민들의 '삶의 질' 내지는 '시민사회의 격'을 결정하는 문제다. 이쯤에서 2009년도 9월 오세훈 서울시장이 쓴 『시프트 - 생각의 프레임을 전환하라』는 책을 통해 이 문제를 좀 더 들여다보자.

직원들의 업무역량은 일반시민들이 공무원에 대해 가지고 있는 편견과는 아주 달랐다. 내공이 단단한 직원들이 상당히 많다. 다만, 조직문화가 문제였다. 때가 되면 알아서 승진되고 정년까지 보장되다 보니 굳이 일을 벌여 문제를 만들 필요가 없다는 인식이 퍼져 있었다. 실수 없이 시간이 지나면 저절로 승진이 되는데 공연히 의욕이 앞서서 일을 벌이다 실수라도 생기면 오히려 감사를 받는 상황이 벌어지기도 했다. 조직에 창의성이 발현되기 힘든 구조였다. 이를 바꿔 보겠다고 시작한 것이 인사혁신이었고 그 첫 결실이 3% 퇴출이었다. 분명히 실국장 및 사업소장의 책임하에 태만하거나 조직 내 화합에 현저하게 해를 끼치는 직원을 전출 대상자로 선정해 제출토록 했는데도 퇴출 후보자를 선정하기 위해

인기투표 식 직원투표를 실시한 사업소까지 나왔다. 솔직히 말하면 한심해서 말이 안 나왔다. 최고 간부들조차 인사혁신의 취지를 제대로 인식하지 못하고 있다는 것이기도 했다. 곧바로 책임자를 직위 해제했다. 내가 가장 신경을 쓴 것은 퇴출 후보군 선정이 최대한 공정하고 타당하게 이루어지도록 하는 일이었다. 그 결과 실제 일 잘하면서 퇴출 후보로 뽑히는 경우는 단 한 건도 없었다. 업무시간에 술 먹고 추태를 부리는 일이 허다한 직원, 9개월 중 2개월을 병가와 연가를 번갈아 내며 개인휴가로 사용하더니 출근해서는 개인용무를 보기 위해 무단으로 자리를 비우는 것이 습관인 직원, 휴게실에서 TV 보다가 낮잠 자는 것이 일상인 직원, 민원인의 전화를 받기 싫다며 아예 전화벨 소리를 들리지 않도록 해 놓고 업무는 뒷전인 채 승진시험에 몰두한 직원 등 동료들이 봐도 심하다 싶은 직원들이었다.

최선이 아닐지는 몰라도 적어도 '효과적인 인사조치'(현장시정추진단)를 하고 있다는 오 시장의 확신이 이 책 여기저기에 묻어난다. 누구든 임기 동안 자신이 생각한 정책들을 위해 조직을 정비하는 것을 두고 잘못되었다고 말할 수는 없다. 하지만 지금의 지방공무원들이 진정 무엇이 문제인지를 근원적으로 살피지 않고 단순히 자신의 임기 동안 그려 낼 성과만(?)을 겨냥하는 것은 일종의 '치적 쌓기'에 지나지 않을 뿐 '지방'을 몰라도 한참 모르는 소치다. 이 책의 공무원운영에 관한 내용을 뜯어보면 볼수록 하책의 '조치'만 보일 뿐 '근원적 접근'은 눈을 씻고 봐도 없다. 물론 이런 방식으로 조치하면 지방정부의 구조적인 문제를 잘 이해하지 못하는 많은 시민들로부터 당장의 박수를 받을지는 모른다. 특히 그를 자신의 로망이라고 여기며 따르는 무조건적인 유권자들은 묘한 카타르시스마저 느꼈을지 모른다. 그러나 그 박수소리는 장마에 처마 끝을 타고 내리는 낙수만큼이나 공허하다. 문제의 핵심을 '조직문화'라고 본 것까지는 틀리지 않았다 하더라도 그런 종류의 후진 조직문화가 왜 생겼는지를 파악하는 것이 더 중요했다. 물론 속으로는 했을 것이라고 믿고 싶다. 그러나 미안한 얘기지만 지방자치 하면서 근본적인 문제를 과감하게 드러내어 치유하려는 시도는 제쳐 두고 백날 속으로만 생각하는 것보다 시민을 철저하게 배신하는 일도 없다. 3% 퇴출 같은 촌스런 방식보다, 다소 고민이 되고 시간은 걸리겠지만 선진국 지방정부가 지향하는 수준의 경쟁력을 갖추려 시도했다면 확실한 인사개혁의 본이 되었을 것이다. 위의 예는 한마디로 조직에 경쟁력이 도입되지 않았기에 생긴 결과다.

그러면 경쟁력의 근원은 무엇인가? 행정 수비범위의 자율적 결정이 가능한 '자치권의 확보' 외에는 방법이 없다. 그래서, "서울시장이 자율적으로 결정해서 할 일이 없다."며 근원적인 문제를 제기한 초대민선 조순 시장이 세월이 가면 갈수록 더욱 그리워지는 것이리라. 오 시장이 말하는 그런 종류의 3% 퇴출은 현행의 법률과 관련 규정을 적용해서도 얼마든지 징계와 퇴출이 가능하다. 오히려, 인사혁신의 취지를 모른다고 직위 해제당한 그 간부가 더 합리적이다. 3% 퇴출의 인사혁신정책으로 지방정부의 후진적인 조직문화가 획기적으로 개선되었다고 믿었다면 그는 지방정부조직을 지나치게 감상적으로 보았던 것일 게다.

같은 시기에 김문수 지사가 펴낸 『나는 일류국가에 목마르다』를 추가로 살펴보자. 그는 '관료제도 자체의 효율성'을 묻는 조갑제의 질문에 다음과 같이 답하고 있다.

효율성에는 문제가 있다고 봅니다. 부서마다 형평성이 맞지 않아요. 어떤 부서는 업무가 과중하게 주어지는 반면에 어떤 부서는 여유가 많고 하급자들은 비교적 업무가 많은데 중간계급은 부서 간 업무량이 정반대가 되어 있기도 하고요. 그런 면에서 문제가 있지만 공무원의 자질이라는 면에서는 전 세계적으로 보더라도 우리나라가 매우 우수하다고 말할 수 있습니다. 너무 우수해서 문제지요. 이건 뭐 몇 백 대 일의 경쟁을 뚫고 들어오니까요. 사실 이게 말이 안 되는 겁니다. 공무원의 업무라는 것이 그렇게 우수한 사람들이 할 일은 아닙니다. 창의력보다는 꼼꼼하게 관리하고 집행하는 것이 공무원의 본질이니까요. 또 다른 문제는 앞장서서 일하는 사람이 없다는 겁니다. 뭐 해서 가져오라고 하면 잘 써서 가져오는 사람들이 없어요. 능력발휘를 안 하는 거지요. 그렇다고 능력이 없는 것은 아닙니다. 일을 안 해서 그렇지 시키면 잘하거든요.

대담형식의 일부를 끊어서, 대화한 내용을 가지고 김문수 지사의 지방공무원관을 단정하는 것은 성급할 수 있다. 하지만 지방공무원을 둘러싼 현실적인 문제에 접근하는 태도가 어떤 것인지는 충분히 엿볼 수 있지 않은가. 문제의 근원을 가볍게 보고 있지는 않지만 그것에 대한 일반적인 의견만 있지, 근원적인 문제해결을 위해 무엇을 어떻게 해야겠다는 처방적 차원에서는, 1990년대 말 이후 내부적 지방행정환경이 거의 바뀌지 않았는데도 조순 시장과 같은 정곡正鵠이 없다. 눈코 뜰 새 없이 바쁜 광역자치단체장의 입장을 백번 감안한다 쳐도 아직 '자치정착기'에 불과한 이 시점에서 광역자치단체장이 이 문제를 이렇게 단편적으로 인식하고 있는 것이 확실하다면 문제가 심각하다. 물론 현재 몸담고 있는 자치정부를 발판으로 삼아 더 높은 개인의 정치적 목표를 실현하는 것을 비판할 필요는 없을지 모르겠다. 하지만 적어도 우리나라가 제대로 된 민주주의 국가로 성장하는 과정에서 현시점의 '자치정착기'에 가장 영향력을 크게 미칠 소지가 다분한 두 지방정부의 장들이 이제까지 논의한 근원적인 문제를 정치쟁점화하여 그 근원을 바로잡는 데 관심이 부족하거나 역량이 달린다면 우리의 지방정부는 대표만 오갈 뿐 중앙의 불편한 간섭에서 벗어날 길은 영원히 없다.

당초부터 철저하게 의도한 것은 아니었지만 두 광역자치단체장의 생각을 예로 든 것은 이를 통해 한국 전체 지방공무원들이 누구인지를 살펴보는 계기를 만들고 싶어서였다. 행정기관의 사이즈에 관계없이 최고 책임자가 자치정부의 근원적인 문제들을 소홀히 하면서 자신이 세운 공약수행(개인의 정치적 목표라는 것이 적합)에만 급급하다 보면 자치정부의 미래는 기대할 것이 없다. 그렇게 되면 너무하다 싶을 정도로 중앙정부의 일방적 논리에 훈련된 지방공무원들은 지금까지의 경우처럼 더 높은 차원의 전문성을 익힐 기회를 확실하게 차단당한 채 수동적으로 살아갈 게 뻔하다. 광역지방정부의 업무를 두고 "창의력보다는 꼼꼼하게 관리하고 집행하는 것이 공무원의 본질"이라고 판단하는 최고 책임자의 생각이 바뀌지 않는 한 그렇다는 얘기다.

> "인사대상에 오른 이들은 그 순위가 공개됩니다. 진급이 가까워 오면 순위관리에 들어가지요. 경력은 일정 햇수가 지나면 만점으로 채워져 변별력이 없어요. 시험성적은 들쭉날쭉하지만 차이가 없고요. 게다가 시험이 이수제로 바뀌었어요. 중요한 것은 평정인데 상급자가 점수를 매깁니다. 다분히 주관적이지요. 상관에 대한 충성심이 평가항목 1순위라는 말은 그래서 나오는 말입니다."

공무원 생활 30년에 이른 어느 구청, 6급 공무원의 고백이다. 얼마 전 한 구청의 전 직원을 대상으로 조사한 설문에 의하면, 진급에 가장 영향을 미치는 요인으로 처세술(50.8%)과 학연 및 지연(18.1%)이 각각 1, 2위를 차지했다. 진급에서 실력은 중요한 척도가 아니다. 자치단체마다 '인사위원회'가 있는 것이 사실이지만 명목상일 뿐 허수아비가 된 지 오래다. 이미 내부적으로 결론 다 만들어 놓고 있으나 마나 한 인사위원들의 도장을 받는 것이 대부분 지방자치단체 인사위원회의 기능이다. 당연히 평정권자에게 충성할 수밖에 없다. 아니 충성이 아니라 목을 맬 수밖에 없는 구조다. 그러니까 진급명단에 오른 공무원들은 시간만 나면 인사 관련책임자의 방을 개미 풀 방구리 드나들 듯 오고 가면서 비굴한 눈도장을 찍어 대야 한다. 경조사에 기술(?)을 부려 몇 십만 원을 부조금으로 내는 것은 이미 고전이고 일부 여성공무원인 경우는 시도 때도 없이 과일이며 빵이며 사들고 기어(?) 들어가서 '호호'거리는 것을 비롯해 스스로 정보원을 자청하기도 한다. 쉽게 드러나지는 않지만 이와 관련한 조직구성원 사이에 돌아다니는 얘기들을 듣노라면 참으로 가관이다. 얼마 전 서울시의 한 사무관은 토익 '듣기'점수를 105점에서 405점으로, '읽기' 점수를 65점에서 365점으로 바꾸고 총점 170점을 770점으로 고쳤다가 자격증을 위조한 사실이 들통 나 파면됐다. 사무관 승진심사에서 가산점을 받기 위해 저지른 일이다. 승진심사위원회 대상자 명단과 승진후보자 명부를 받는 대가로 인사담당자에게 100만 원을 건네기도 했다. 진급도 진급이지만 6급과 5급 공무원이 퇴직 후 받는 연금 등을 계산하면 2억 4천만 원 차이가 난단다. 전부는 아니지만 지방정부에서 승진한 자를 진정으로 존중하는 일이 여간해서 생기지 않는 것은 결코 우연이 아니다.

지금 지방공무원 사회는 두 부류로 나누어져 있다. '충성에 올인' 하는 케이스와 '다 포기하고 월급만 타자' 하는 케이스가 그것이다. 공조직에 맞지 않는 인사제도로 인해 지방공무원들이 골병들고 있는 형국이다.

간단하게 예를 하나 들어 보자. 공무원의 근무평정은 4단계(수우양 가)로 구분된다. 이를 다시 세분화된 평정단위별로 잘게 썰어 점수를 관리하게 되는데 평가자가 원하는 사람을 승진시키기 위해서는 다른 직원의 평정을 깎는 경우도 생긴다. 승진자리가 제한되어 있어 순위권의 다른 직원을 뒤로 밀어내는 것이다. 반면에, 평정이 처지는 공무원은 아예 승진을 포기한다. 평정관리 자체가 피를 말리는데다 비합리적인 인사고과를 쳐다보느니 차라리 적당히 일하고 월급만 받아가겠다는 심보가 작용한 탓이다. 처리방치, 적당주의, 선례답습, 책임전가 이 네 가지가 지방공직사회를 규정하는 일반적 특징이라고 한다면 억울해할 공무원들이 많겠다. 이는 공무원 자신들의 문제가 아니라는 것을 당사자 공무원들이 더 잘 알기 때문이다. 사실 많은 공무원들이 이런 풍토를 더 답답하게 생각하고 있다. 그러나 대부분의 시민들은 공무원들의 고민을 이해하려고 하지 않는다. 그렇다고 시민들을 향해 푸념할 수는 없지 않은가.

다만, 두 가지는 확실하게 해 두고 넘어가야겠다. 첫째, 앞으로는 지방공무원들에게 전문성이 없다는 말을 되도록 하지 말자는 거다. 요즈음 들어 취직이 어려워 소위 SKY(서울공대 점수보다 서울교대나 경인교대 점수가 높다는 사실을 모르는 사람들이 많지만) 출신들마저 9급으로 입문하는 경우가 있는데, 이들이 모두 능력이 뛰어날 것이라고 예단하는 버릇도 우습지만 아무튼 이들이 들어와 봐도 지금처럼 자치권이 부족한 상태의 지방정부구조 속에 몇 년 구르다 보면 전문성은 고사하고 오히려 기존의 구성원보다 더 나빠질 가능성이 크다. 능력이 있어 그 재주를 뽐내고 싶은데, 이런 인원들에게 지금까지 그랬던 것처럼 단순업무만 강요한다면 되레 갑갑증만 키워 놓아 불평만 늘게 될 거라는 말이다. 둘째, 정권 바뀔 때마다 개혁의 중심에 서기를 좋아하지만 실력은 없고 과시만 하는 무책임의 극치를 달리는 정치인들의 책임도 동시에 따져야 한다. 선진국에서는 이미 버린 지 오래된 불편한 관료제의 망령이 아직 한국 지방공무원들의 머리 위에는 둥둥 떠 있다. 글로벌 환경에서 지방정부의 역할이 무엇인지 전혀 인식하지 못한 채 상명하복이나 뇌까리고 앉아 승진과 보직이라는 권력을 계속해서 즐기도록 이 판을 키워 간다면 우리나라 지방공무원 사회는 계속 후퇴만을 거듭하다 고사될 것이다.

8.

의정비 논란의 실상과 그 근원

대한민국 국민들 가운데 절대적인 숫자는 지방의원들에게 지급되는 의정활동비에 관해 우호적이지 못하다. 각자의 생각에 따라 의견이 분분하지만 한마디로 말하면 "하는 것도 없는 놈들에게 왜 우리들의 아까운 세금을 주는지 모르겠다."는 것이 불만의 주류다. 틀리지 않다. 일을 하지 못하는 것이 확실하다면 시민들의 피 같은 돈을 지방의원들에게 주는 일은 결코 유쾌한 일이 아니다. 아니 유·불쾌의 감정조절 차원을 떠나 단 한 푼도 지급해서는 안 되는 것이 맞다.

사실 2005년까지만 해도 지방의원들에게 지금과 같은 의정비의 지급은 없었다. 소위 무보수 명예직이라고 해서 100(광역의회기준)일 이내에서 회의에 참가할 때마다 수당만을 지급하던 것이 고작이었다. 하지만 이후 시간이 지나고 경험이 축적되어가자 사정이 많이 달라졌다. 말하자면 이런 거다. 지방자치를 하지 않았던 시절에 생각하기를, 지방의회 특히 기초의회는 1년 중 그저 80일 정도 일정을 정해놓고 안건이 있을 때마다 의회를 열면 주민들을 대리해서 주민대표기관의 역할을 다 할 수 있을 것이라 믿었었는데 막상 행정 중심을 자세히 들여다보니까 그게 아니더라는 사실을 아주 구체적으로 발견하게 된 것이다. 즉 시민들을 말뿐이 아닌 제대로 섬기기 위해서는 우선 쉽지 않아 보이는 재정을 비롯해서 법률·조례·감사·환경·복지·재산관리 등을 공부할 수밖에 없다. 그런데 이는 하나같이 시간을 요하는 일이었다. 얼떨결에 1994년 초대 의회를 지나 이런 경험들을 거듭하면서 그 필요는 더욱더 절실해졌다. 의정활동의 질을 높이기 위해서는 학습은 기본이고 현장확인 그리고 주민들과의 잦은 접촉이 전제되지 않고는 아무것도 할 수 없다는 사실을 배운 것이다.

그러나 이를 어쩌랴. 그들의 주인인 주민들에게 유급제로 해 달라고 요구하기에는 이미 너무나 많은 실수를 한 뒤여서 밉보일 대로 밉보인 것을. 연수를 명목으로 세계 각지로 돌아다니면서 부린 추태가 연일 신문방송에 오르는가 하면 급기야 선진국 지방정부로부터 우리의 외교채널을 통해 '방문사절'을 요구받게 하지를 않나, 걸핏하면 이런저런 형태의 비리로 처벌을 받거나 수사선상에 오르는 일이 늘어나자 주민들의 실망은 생각보다 빠르게 분노로 변해 갔다. 물론 지역과 개별 의회에 따라서는 문제의 사실들이 침소봉대된 면도 없지 않았으나 그런 사실을 헤아리기에는 우리의 시민사회가 너무도 격해 있었다. 제대로 된 민주주의라고는 경험해 본 적이 없는 우리 민족의 업보라면 약간은 위안이 될지 모르지만 어쨌든 이 사실을 부정할 수는 없지 않은가. 오죽하면 지방의회 폐지론이 나왔겠는가. 그런 우여곡절을 겪은 뒤 논란을 거듭하다 결국 2006년도에 이르러 '무보수명예직'을 떼게 되는데 이때도 역시 시민들의 반응은 냉랭하기 이를 데 없었다. 다음은 이와 관련한 2005년 5월 20일자 국민일보 사설을 한번 보자.

지방의원 유급화 문제는 지방자치가 부활된 1991년 이래 지속돼온 논쟁이다. '무보수 명예직' 규정이 지난 2003년 삭제됨으로써 지방의원들이 수당을 받아 왔지만 지방의회와 한나라당은 정식유급화를 계속 주장해 왔다. 이번에 정부와 열린우리당이 이를 수용함으로써 지방의원들의 오랜 숙원이 풀리게 된 것이다. 사사건건 대립하는 여야가 의기투합한 배경은 말할 필요도 없이 향후 정치일정 을 염두에 둔 것이다. 내년 지방선거와 2007년 대선 등을 앞두고 지역득표 기 반을 가진 지방의원들의 환심을 살 필요가 있기 때문이다. 정략을 앞세운 정치 인들에게 매년 1천억 원 이상의 예산이 추가로 소요되는 등 국민의 부담 따위 는 안중에도 없다. '돈 많은 토호들이 지방의회를 장악한다'는 식의 유급화 논리 는 지방자치의 본질을 호도하는 것이다. 주민들이 지방의회에 원하는 것은 국회 와 유사한 직업정치인이 아니다. 자신의 생업에 지장이 없는 범위 내에서 지역 사회에 대한 봉사와 지방행정에 대한 감시자 역할을 수행하면 충분하다. 하지만 막대한 비용을 들여 선거에 나서는 이들의 생각은 전혀 다르다. 지방의원직을 일종의 벼슬이나 중앙정치를 향한 통로로 인식하고 있는 것이다. 지금도 재정이 열악한 자치단체에 부담이 되는 지방의회가 적지 않다. 재정형편은 아랑곳없이 호화 청사를 짓는가 하면 선진제도 견학을 핑계로 관광지 순례를 연례행사로 벌 이는 등 물의를 빚고 있는 것이다. 정치권은 지방자치 시계를 거꾸로 돌리고 여 야가 추진하는 지방행정개혁에도 걸림돌이 될 지방의원 유급화 움직임을 즉각 중지해야 한다.

　최악의 민심이 지방의회를 주시하고 있는 형상이다. 20년동안 지 방자치법을 먹고 있는 사람의 입장에서 볼 때도 이 같은 비난들은 당연하고 또한 받아들여야 한다고 생각하고 있다. 그러면서도 다른 한편으로는 진한 아쉬움이 밀려든다. 이 대목에서 다시 신문의 옳은 역할을 거론하는 것이 내키지 않지만 비난 그 자체에만 모든 초점을 맞추고 있는 듯한 신문도 그렇게 잘한 것처럼 보이지 않는다는 말은 해야겠다. 누구든 어떤 결과에 관해 비난하는 것은 그리 어려운 일 이 아니다. 왜? 비난만 하면 그뿐이니까. 그러나 그 비난의 근원이 무엇인지를 밝히면서 가해지는 비난에는 모든 이들이 경청한다. 한국의 많은 언론들은 의도적(?)인지는 모르겠으나 적어도 지방의회 발전에 관한 한 그 사명을 너무할 정도로 소홀히 다루고 있다는 느낌이 든다. 물론 지방자치의 본질을 깊게 이해하지 못해서 그런 비난만을 일삼고 있다는 사실을 감안해 봐도 그 정도는 지나치게 심하다.

유급화에 따른 지방자치법이 개정되고 연봉의 결정을 지방의회에 맡겼더니 일부 의회에서는 연봉잔치가 일어났다. 경기도의회 7천2백5십2만 원을 비롯해 증평군 4천2백만 원 등 2006년 대비 거의 100%를 인상한 의회가 생겨나기도 했다. 그러자 전국의 시민단체가 발칵 뒤집혔다. 많은 의회에서 예년의 수준과 비슷하거나 오히려 줄여서 책정한 의회도 여럿 있었지만 그것은 대세에 짓눌려 보이지도 않았다. 그러나 그런 사회적 내홍이 있은 후 개별 의회에서 자발적으로 의정비의 규모를 정한 것과 행정자치부에서 지방자치법시행령을 보완(행자부는 방정식을 만들어 개별의회에 의정비기준을 제시하였다)하여 지방의회별로 기준을 정한 것을 비교했을 때 전체적인 차이는 그리 크지 않았다.

그때 즈음해서 필자는 당시 정관용이 진행하는 **KBS** 라디오 오후 7시 시사토론 참여를 요청받았다. 의정비의 현실화방안에 대한 찬반 양론을 듣는 계획인데 현실화의 필요에 관해 의견을 개진하라는 거였다. 당시만 해도 이 시사프로는 굉장한 애청자층을 확보하고 있었던 터라 절대로 반대자가 많은 상황에서 찬성 입장을 밝힌다는 사실이 약간 신경이 쓰이기는 했지만 실상을 정확히 국민들에게 알린다는 측면에서는 오히려 좋은 기회라고 생각했다. 방송국으로 가는 택시에서 기사께 슬며시 이 문제에 관해 의견을 물었더니 바로 뜨거워

진다. 말이 필요 없단다. 완전히 잘못되었다는 거다. 왜 무보수명예
직인 그들에게 보수를 주어야 하는지 모르겠다는 것이 반복되는 그의
말이다. 잘못하면 방송 끝나고 방송국 앞에서 얻어맞을지도 모른다는
우스운 생각이 잠시 들기도 했지만 실체를 정확히 모르고 틀린 정보
에 의존해 정립한 사고가 '신념'으로 진화된 케이스를 확인하는 것
같다는 생각에 미치니 징그럽다는 생각이 들었다……

　발언 순서가 와서 이렇게 말했다. "우리 사회에 의정비와 관련해
서 너무나 잘못된 오해가 형성되어 있는데 이것이 문제다." 첫마디
를 이렇게 흔들고 나가니까 사회자도 의아스러운지 되묻는다. "오해
의 형성이 무엇이죠?" "예. 물론 우리 국민들께서 걱정하시는 것 당
연하다. 일도 못하고 빈둥거리는 의원들에게 세금으로 만든 세비를
왜 주어야 하느냐 하는 것이 반대의 요지인 것 맞다. 이를 한마디로
표현하면 지금의 지방의원들 대부분 능력도 없고 주민들이 신뢰할
수 없으니까 돈 못 주겠다는 거 아니냐? 즉 이를 뒤집어서 말하면,
민주주의의 정착과 발전을 위해 자치를 운영하는 그 자체는 반드시
필요하지만 제도권에 들어온 대부분의 인사들이 못마땅해 우리 돈
못 주겠다는 얘긴데, 능력 있고 똑똑해서 주민들이 신뢰하는 인사들
이 들어온다면 그 돈 아깝지 않다는 말이기도 하다. 따라서 그들을
유인하는 수단으로 일정한 돈의 크기가 제시되어야 하는 일은 너무
나 당연하다. 물론 능력 있고 신뢰받을 만한 인사들이 자기들이 애
지중지하는 일들 다 버리고 무보수명예직에 매력을 느끼고 대거 들
어온다면 그것은 말할 것도 없다. 최고다. 그러나 그것이 가능한 것
인가 하는 문제는 단순히 감정 차원의 문제가 아니라 현실이다. 자
본주의에 있어 일의 가치는 돈의 크기로 결정되는 경향이 있다. 제

의견에 동의한다면, 돈의 크기를 더 이상 키우지 말라는 국민들의 요구는, 지방의회는 주민들이 싫어하는, 게으르고 능력이 없으며 문제가 있는 사람들로만 채우고 지금처럼 있으라는 말인데 이건 말이 안 되지 않느냐? 오늘의 지방의회 의정비 이런 차원에서 다루어져야 한다고 나는 본다."고 주장했다.

반면 모 대학 교수를 포함하여 반대하셨던 분들의 입장의 주된 요지는 "최초에 '무보수명예직'을 시작으로 봉사하겠다고 나선 것이니만큼 그 정신으로 주민들이 원하는 결과를 내면 되었지 의정비의 현실화로 물의를 일으키는 것은 문제가 있다."였다. 그 자리에서 인신공격 같아 예의상 말은 하지 않았지만 그 교수는 현장을 너무나 모르고 있었다.

솔직히 말해 이제까지 제도권에 진출했던 경험이 있거나 진출해 있는 지방의원들을 두고 대한민국 국민의 보편적 수준이라고 말하기는 어려울지 모르겠다. 그렇다고 그 이하라고 단정하기도 어렵다. 다만 확실한 것은 경제적 수준이나 학력 정도를 중점 삼아 본다면 보편 이상의 수준을 유지하고 있다고 봐야 하지 싶다. 즉 제도권 밖에 있는 절대다수가 그토록 매섭게 보낸 비판을 당해야 하는 그들이지만 그들이 곧 우리의 수준이라는 사실을 부정하기가 말처럼 그렇게 쉽겠냐는 뜻이다. 그런 그들에게 열심히 일한 결과에 대해 인정할 만한 금전적 대가도 없이 무조건 성직자 정도에게나 요구할 만한 도덕성에 기반을 둔 의정활동의 결과를 내놓으라고 한다면 그것 역시 또 다른 형태의 폭력이라고 보고 싶다. 앞장에서 나는 우리 국민들 중 아주 많은 사람들이 금과옥조처럼 여기는 유교의 폐해에 관해 '재수 없다'고 언급했지만 우리나라 사람들은 나 아닌 다수를 위해

하는 공공의 일쯤은 언제나 공짜로 하는 것이 미덕이라고 여기는 아름다운 악습(?)을 가지고 있다. 지금 우리 곁에 있는 지방정부의 일들은 엄청난 개인의 노력과 금 같은 시간이 들여져야 비로소 소기의 성과가 나오는 것들이 대부분이다. '공공의 일'을 단순한 봉사로 여길 만큼의 단순한 세상 같으면 돈 더 내라고 요구하는 지방의원들에게 '제발 그만 좀 징징거리라.'고 뭇매를 가하는 것이 효과적일지 모른다. 그러나 우리나라만 해도 공식적인 직업의 종류가 4만 가지를 넘는 복잡한 경제구조로 이루어진 사회에서 살면서 이를 다루는 지방정치를 애써 농경시대의 품앗이 정도로 판단하려 든다면 그것은 사고의 안이함을 넘어 무지의 극치로 보는 것이 더 타당하지 않은가.

지방자치의 본령이라고 하는 영국은 아직도 지방의회의원직을 명예직으로 인식하고 있다. 그러면 그들은 아직까지 돈을 받지 않고 우리가 원하는 방식의 봉사만을 해왔을까? 아니다. 그렇지 않다. 명예직에 대한 인식은 변함없지만 의정활동에 문제가 생기지 않도록 기본적인 수당은 계속 지급되었다. 일례로 런던의 경우 전체 32개 버러(Borough 자치구)가 있고 그 자치구의 수당규모는 제각각 다르다. 물론 해당 지방정부에서 자체적으로 정한 규모다. 지금으로부터 4년 전 영국 자치구의 의원들에게 지급되는 수당의 월 평균은 1,700파운드였으니 지금의 우리 돈으로 환산하면 약 300만 원에 가까운 금액을 받았던 셈이다. 명예직을 떼고 받는 우리의 세비보다 훨씬 많지만 그들은 여전히 지방의회의원을 명예직이라고 말한다. 지방의원직을 수행하다 보면 그 정도의 비용은 필수적으로 들어간다는 그들 방식의 합리성이 작용한 이유다. 이웃나라 일본은 지방의회의 규모와 지방정부 재정 정도에 따라 차이가 있어 일률적으로 말하기 곤란하나 도도부현의 지방의회에 소속된 지방의원은 우리나라 국회의원 세비보다 큰 경우가 많다.

우리나라 지방의원의 세비와 관련해서 지금까지 대강을 살펴보았지만 한 가지 꼭 짚고 가야 할 것이 있다. 현행의 지방자치법 제33조는 지방의원에게 의정활동비의 지급기준을 정해 놓고 그에 따라 지방자치법시행령 제34조에는 민간인으로 구성된 '의정비심의위원회'를 가동하도록 하였다. 그리고 그 과정에서 각 사회단체와 지방의회 의장의 추천을 받은 인사들의 위촉권한은 지방자치단체의 장이 갖도록 하고 있다. 그럴듯해 보일지 모르겠으나 한심하기 이를 데 없는 막장(?)구조다. 지방자치의 원칙이고 뭐고 하나도 찾을 수 없는 그야말로 엉망에 가까운 엉터리 법률적 조치다. 헌법소원 내면 당장 패소될 문제의 판이란 말이다. 입법취지는 합리적 조치임을 주장하고 있지만 지방자치를 조금만 공부한 사람이면 이것이 전혀 이치에 맞지 않는다는 사실을 금방 안다. 즉 명예직 떼고 지방의원들에게 스스로 정하라고 맡겨 두니까 일부에서 마구 올려버려 사회적으로 물의를 일으킨 것은 안타깝지만 그렇다고 이를 민간으로 구성된 위원회에서 결정하라고 하는 발상이 한국의 지방자치를 못 쓰게 만들고 있다.

말하자면 이런 거다. "너희들은 자신의 세비조차도 스스로 처리하지 못하는 구제불능이니 이를 민간에 맡길 수밖에 없다."는 말이다. 황당함의 극치다. 지방의회는 지방정부의 '최고의사결정기관'이다. 이 말은 지방의회는 그 권능을 헌법에서 보장받은 헌법기관인 것이고 지방정부 내의 모든 중요 결정은 지방의회가 스스로 결정한다는 뜻이다. 이것은 그 어떤 이유로도 침해되어서는 안 되는 대원칙이다. 그럼에도 지방의회는 철저히 배척되고 전문성이라고는 전혀 찾을 수 없는 민간위원회를 구성토록하여 괴상한 형태의 '옥상 옥'을 만들어 놓았다.

　그러나 현실적으로 이보다 더 분통 터지는 일은 위 원칙을 그렇게 강조해도 막상 민간위원회가 구성되고 가동되기 시작하면 대단히 많은 지방의원들은 그 위원회에 포함한 위원들에게 연통을 넣고 조금만 잘 봐 달라고 읍소하는 등 한바탕 소동이 벌어진다는 사실이다. 가관이다. 논의 중간에 흘러나온 토막 난 얘기 가운데 '동결한다'거나 조금이라도 '줄어든다'는 말이라도 듣게 되면 애꿎은 의장에게 핏대를 올리는 것은 예사이고 집행기관 측의 관계자 특히, 부단체장이나 기획실장 같은 공무원들을 호출하여 "얘기 좀 잘 해 달라."고 조르기도 한다. 정말 안된 얘기지만 상태가 이 지경이다 보니 "시민들이 지방의회 없애 버리라."고 소리치는 것도 무리가 아니겠다 싶을 때가 하루에도 몇 번씩 든다. 설사 무리한 결정을 의회가 했다 하여 지역사회로부터 엄청난 저항에 부딪힌다 하여도 "의회가 정치적으로 책임을 지겠다."고 하면서 그 원칙을 시민사회에 알리는 정치적 노력들을 해 왔다면 우리나라처럼 관습에 관대한 시민들이 그렇게 매몰차게 굴지는 않았을 거라는 말이다. 왜 자기의 밥그릇 하나 관리를 못 해 급기야 솥단지까지 빼앗기고 나서 엉뚱하게 권한도 없는 사람들에게 매달려 비겁을 떨고 있는지 대한민국 지방의회가 심히 서글프다.

9.

전국지방의회의장회 기능을 강화하여야 한다

지방자치법 제165조는 "지방자치단체장과 지방의회의장은 상
호 간의 교류와 협력을 증진하고 공동의 문제를 협의하기
위하여 전국적 협의체를 설립할 수 있다."고 규정하고 있다. 2008년
2월의 일이니 지방자치 실시 이후 오랜 시간 동안 지속적으로 요구해
온 것에 비하면 지방자치 4단체의 법제화가 이루어진 것은 극히 최
근이다. 물론 법제화 이전에도 '전국의장협의회'란 명칭으로 이 협의
체를 운영하기 위한 비법제기구가 있었고 의회별 분담금(광역의회 4천
만 원, 기초의회 4백만 원)도 계속적으로 납부되었으니 활동이 없었던 것
은 아니다. 기초의회의 경우는 전체 분담금(약 10억 원) 가운데 일정 금
액을 16개 지역에 역교부해 줌으로써 각 지역의회의 회장을 중심으
로 의장회가 운영될 수 있도록 그 비용을 사용해 왔던 것도 사실이
다. 문제는, 그 기능이 시간이 갈수록 점점 더 부실해지고 있다는 데
있다. 생각하기에 따라 개인 간의 의견차이가 있을지는 모르겠으나
초대의회(1991~1994)를 비롯해서 제5대 원구성 이전(2006년 7월 이전의 정
당공천 이전까지)까지만 해도 지방의회의 기능강화를 위해 전국의장회의

활동은 비교적 왕성했었다. 지금이야 기초의회마저도 정당추천을 당하게(?) 되어 있어 의회의 근본적인 문제들을 정치쟁점화하는 데 엄청난 장애가 생겨버렸지만 적어도 그 이전의 지방의회는 이렇게 무력하지는 않았다.

지방의회의 기본권 쟁취를 위해 최루탄과 물대포가 난무하는 여의도 아스팔트에서 '전국기초의회의장협의회' 회장(강남구의 장 이재창)이 삭발을 하고 눈물을 흘리는가 하면, 전국의 지방의회의원들이 모두 모여 관광버스를 타고 전국을 순회하며 지방자치의 문제점이 너무 심각하다며 이를 지역주민들에게 대대적으로 알렸다. 그렇게 수천 명씩 몰려다니면서도 그들은 이름 있는 정치인을 애써 부르지도 않았고, 지방자치의 중요성을 무시하며 오만하게 구는 국회의원에게 조금의 머뭇거림도 없었다. 그러고는 바로 "우리나라 민주주의의 앞날을 위해 시대에 뒤떨어진 생각을 바꾸라."고 직격탄을 날리는 것은 당시로서는 매우 흔한 일이었다. 당시 김영삼을 비롯해 김종필 등 유력정치인들이 스스로 찾아와 "잘못된 자치제도를 과감하게 고쳐서 보완하도록 하겠다."고 약속하기도 하였다. 미흡하기 이를 데 없었지만 김영삼이 대통령이 된 뒤, 지방자치법을 과감하게 고쳤다며 언론 전면에 나서 의기양양해(?)하는 연출까지 하게 되었으니 위력적이라고 할 만하지 않은가. 그때가 정확히 1994년 3월 16일의 일이다. 문제점들이 어느 정도 드러난 상태인지라 일반의 호응도 예상외로 컸다.

이 과정에서 지방의회의원과 전문가그룹의 연대는 중요한 역할을 했다. 예컨대, 2005년 6월 30일 임시국회를 통과해 8월 4일 공포된 「공직선거법」의 개정요구는 대표적인 케이스였다. 이에 대한 공청회에는 박희태 당시 국회부의장을 비롯해 이재오 한나라당 의원, 전국 기초의원 1,000명이 참석했다. 발제를 맡은 정세욱 교수는 "우수한 인재들을 지방의회에 진입시켜 지방의원의 자질과 지방의회의 위상을 높인다는 것이 공직선거법을 개정한 취지라고 하지만 개정내용을 보면 자주성을 이념으로 하는 지방자치는 조종을 울리게 될 처지에 처해 있다."고 했다. 또한 "국회의원들이 지방의원들까지 휘하에 두고 지방정치를 장악하겠다는 야욕이 아니라면 '민주주의의 꽃'인 지방자치가 만개될 수 있도록 잘못된 법은 개정해 나가야 한다."고도 했다(한국의 지방자치 발전을 위해 고단한 여정에 언제나 함께한 정세욱 교수를 비롯한 조창현 교수 그리고 많은 학자들의 노고는 모르긴 해도 향후 대한민국 지방자치 역사에 굵은 한 획이 될 것으로 믿는다).

그러나 당시 이 공청회에 참여한 현역 국회의원들의 생각은 요지부동이었다. 움직일 이유가 없었다. 지방의 미래가 얼마나 중요한 것인지를 제대로 인식한 소수의 국회의원들이야 문제가 있다고 보았겠지만 대다수의 국회의원들은 지방의원들의 요구를 오직 '괘씸한 권력 나누기'로만 인식했으니 개정할 뜻이 원천적으로 없었다고 봐야 한다. 이런 우여곡절을 거쳐 2006년 7월 지방의회가 개원되었지만 그 순간부터 우려는 모두 현실로 드러났다. 우선 '전국의장회'가 예전처럼 힘을 가지고 일을 추진할 수가 없게 된 것이 가장 치명적이다. 광역이든 기초든 소위 4단체는 경우에 따라 불가피하게도 중앙에 대한 압력단체의 역할도 해야 하는 것은 상식인데, 자신들의 정치명줄인 추(公)천이 정당에 있으니 중앙당에 거슬리는 짓은 아예 할 수가 없는 지경이 되었다.

2008년과 2009년 두 해의 주요 업무처리사항을 통해 전국의장회가 얼마나 구체적으로 힘이 빠지고 있는지 한번 확인해 보자. 공천 후 첫해인 2008년도는 그럭저럭 이제까지 요구해 왔던 사항들을 반복적으로 주장하는 모습을 보인다. 즉 위에서 언급했던 공직선거법(제26조 및 제27조)과 관련된 정당공천 및 중선거구제의 소선거구제로의 개정, 의회인사권의 독립, 의회전문위원의 직급조정 등을 포함해 의정활동비용에 대한 내용들이 예전과 비슷한 정도로 다루어졌으나 중앙의 반응은 지나칠 정도로 냉담한 모습을 보인 반면, 지방회의 요구는 일반건의나 심지어 정책토론회에 참여한 자체를 추진사업에 포함하기도 하는 등의 무력한 모습으로 변해 갔다. 내무부를 없애야 한다며 기세를 올려 당시 내무부가 전전긍긍하던 때와는 너무도 대조적인 모습으로 변해 갔다. 물론 이는 구성원 개인의 문제가 아니라 구조적인 문제가 낳은 폐해라고 해야 할 것이다.

이어 2009년에 이르러서는 그 정도가 더욱 심각해짐을 알 수 있다. 힘이 들어 있는 '요구'는 아예 없어지고 모조리 건의 형식을 통해 의견이 전달되었지만 선거법개정 건이나 인사권독립, 자치권한의 확대 같은 본질적 사안에 관해서는 아예 회신조차 없는 상태까지 갔다. 대신 '비점오염원 저감사업'과 관련된 국비의 지원건이나 '도시가스설치비용 분담완화' 건의와 같은 국가사무와 연관된 사업성 사무 2건은 즉각 반영하겠다는 회신을 받는다.

이 같은 일련의 사실을 돌아볼 때, 전국의장회의 역할은 이제 분명해졌다. 크게는 나라의 장래를 위해 지방을 튼튼히 하는 합법적 단체로서의 거시적 측면의 역할이고 작게는 후손에게 떳떳하고 '건강한 시민사회의 도래'를 위해 개인의 조그마한 정치적 이익을 과감히 버리는 인식의 전환이 그것이다.

그러면 일본의 의장회는 우리와 얼마나 어떻게 다를까? 일단 역사도 깊지만 접근하는 방식이 무척 많이 다르다. 우리로 말하면 광역의회인 '도도부현의장회'는 1923년에 발족되었고 기초에 해당하는 '전국시의회의장회'는 1932년에 발족되었다. 우리의 경우, 4단체가 실무상 필요에 따라 상호 협의하는 케이스가 전혀 없는 것은 아니지만 동일한 지방의 목표를 가지고 '운동 차원'으로 발전시킨 사례는 거의 없다. 그 이유는 역사적 노하우가 부족해서 그런 경우도 있겠으나 내심은 유교적 선입견이 작용한 검증되지 않은 선민적 구분의식이 빚어낸 '못생긴 우월감'이 크기 때문이 아닐까 싶다. 물론 공식적이거나 노골적으로 그렇게 언급하지는 않지만, 기관의 크기가 곧 그 구성원의 능력을 결정하는 촌스런 한국적 잣대 같은 것이 작용되었을 가능성이 크다는 얘기다. 하지만 일본은 전혀 그렇지 않다. 일례로 1951년 9월 미국과 일본의 강화조약 조인을 계기로 그때까지 급격히 진행되던 민주화에 역행하는 정책이 펼쳐졌었다. 시정촌 자치경찰의 폐지, 도쿄도 특별구 구장區長공선제 폐지, 교육위원 공선제 폐지 등이 그것이다. 또한 같은 시기에 행정의 간소화·능률화라는 관점에서 정촌합병이 적극적으로 추진되었고 설상가상으로 극도의 지방재정 궁핍까지 더해졌다. 그때 지방6단체는 개별적으로 움직이지 아니하고 상호 협력하고 일치단결하여 더욱 강력한 운동을 펼쳐 나갔다. 이의 발전으로 지방6단체는 지방재정강화의 실현기관으로서 '지방재정확립대책협의회'를 1995년 10월에 결성하였고 이듬해 11월에는 지사, 시장, 정촌장, 의장 등 지방공공단체의 대표 8,008명을 소집하여 '지방재정확립전국대회'를 개최하기도 하였다.

이러한 지방6단체의 경험과 전략은 최근에 이르러 자치성을 향하여 '지방교부세'라는 교부금의 명칭이 문제가 있으니 이를 '지방공유세'로 바꿔야 한다는 의견을 정식으로 제안하기에 이른다. 뜻은 이렇다. 지방교부세는 국가가 일방적으로 교부하는 돈의 성질이 아닌데 어찌해서 교부주체를 국가로만 규정하느냐는 항의성 논리다. 따라서 이 돈의 개념을 좀 더 명백히 할 필요가 있으니 이를 '지방공유세'로 하자는 것이다. 자치성이 이 요구로 인해 곤혹스러움과 함께 깊은 고민에 빠져 있다.

일본의 3의장회는 의회의 전국적 연합으로서 지방자치의 발전, 도시의 번영 발전을 도모하는 것을 목적으로 ① 지방의회의 의사를 국회·정부·기타 관계기관에 반영하기 위한 조치 ② 국회·정부·기타 기관과의 각종 정보자료의 수집교환 및 배포 ③ 지방의회의 향상 발전에 기여할 수 있는 사항의 조사 및 연구 등 다양한 사업과 활동을 벌이고 있다. 이를 위해 각 의장회는 사무국을 두고 있으며 그밖에도 각각 의원 공제연금을 운용하는 공제회가 설치되어 있기도 하다. 사무총장과 차장 이외에 법률로 규정된 의원공제연금 담당자를 제외하면 직원은 30명에 이른다. 이들의 구체적인 사업은, 재정백서를 비롯한 각종 정부 간행물·개정법안 등 자료 및 정보제공에 관한 사업, 의회활성화를 위한 조사연구 사업, 의원의 연수사업, 직원의 연수사업 그리고 홍보사업 등 다섯 가지로 나눈다.

반면 우리의 사정은 이에 훨씬 미치지 못한다. 전국의장회에는 현역의원으로 구성된 전국회장과 수석부회장, 사무총장 각각 1명 외에 10명의 부회장, 감사 2명이 있고 의장회를 지원하는 직원은 계약직 전문위원 1명을 포함하여 전국회장이 소속된 의회에서 파견형식으로 참여하는 일반직 공무원 5명을 합해 총 6명이 전부다. 구조적으로 원활한 기능을 할 수가 없도록 구성되어 있다. 이것 또한 거기에 소속된 구성원의 의지와는 아무런 상관이 없다. 전국회장의 교체에 따라 파견인원이 적절치 않을 때는 회장이 속한 지방정부의 집행기관에서 인원이 파견되는 일이 벌어지기도 한다. 이런 상태에서 한국의 의장회가 일본의 경우처럼 수준 있는 결과물을 만들어 내기는 현실적으로 거의 불가능하다. 일본이 최선의 기준은 아니라 하더라도 그들은 지금 국제관계를 담당하는 부서도 운용하고 있을 만큼 활성화되어 있는 것을 감안하면 우리의 의장회는 향후 준비할 일이 너무 많고 그에 따른 역할도 과감히 수정하고 보완해서 명실 공히 지방의회의 싱크탱크 역할로 거듭나야 할 것이다.

제3부

자치단상

1.

중앙과의 하청을 청산하라

 "**현**재 국가와 지방의 역할이 불분명하며 중앙이 본래 지방에서 해야 할 일을 담당하고 있는 것이 문제다." "지방분권을 위해서는 중앙정부와의 하청관계를 청산하고 자립경영체제로 거듭나야 한다." 지난 9월 4일 지방행정연구원 개원 25주년 기념, 국제콘퍼런스에서 오사카부 지사 '하시모토 도루橋下徹'가 기조강연에서 쏟아 낸 말이다. 그는 또한 재정개혁에 반대하는 공무원들을 향해 "당신들은 파산한 회사의 직원이기 때문에 감봉은 당연하다."면서 자신의 봉급 30%를 비롯해 지방정부에 소속된 공무원 임금을 15% 삭감하는 조치를 취하는 등 오사카를 일본 지방분권의 선도그룹으로 만들어 가는 인물이기도 하다.

 따지고 보면, 그가 쏟아 낸 말들이 대단히 특별한 것도 아니고 또한 딱히 모르고 살았던 것도 아닌데, 그날따라 유별나게 그의 입을 통해 던져지는 말들이 중압감으로 다가왔다. 참으로 적지 않은 세월을 자치이론과 운영을 구체적으로 체험하며 살아온 한 개인으로서 단순한 동의 차원을 넘어 중압감으로까지 느껴졌다면 적어도 자치과정에서 반드시 전제되어야 하는 지방분권의 문제가 심각하다는 반증이 아니겠는가.

일본은 1999년도에 「지방분권일괄추진법」을 통해 4백여 개의 개별법에 명시된 지방에서 처리되는 국가사무를 모두 없애는 조치를 취했다. 불가피하게 국가가 관여해야 하는 사항에 대해서는 그 이름을 '국가위임사무'가 아닌 '법정수탁法定受託사무'라는 이름으로 순화시키고자 했던 것이다. 가급적 중앙이 지방에 관여하는 인상을 심어주지 않으려는 노력의 일환인 것은 불문가지다. 일본이 메이지유신 이후 중앙집권체제의 강화로 비약적인 경제발전을 이루고 세계의 경제대국으로 도약하는 기틀을 다졌던 것은 틀림없다. 그러나 지금의 세계적인 대세는, 무엇이 국가의 역할이고 무엇이 지방의 역할인지가 명확하지 않고서는 빠르게 변화하는 작금의 이 흐름을 감당하기가 거의 불가능해졌다. 우리가 닮고 싶어 하는 많은 선진국에서, 국가의 존립과 관련한 역할은 국가가 '전략확립'에 집중하면서 일체의 지방사무는 지방정부에 과감하게 위임하여 처리하고 있음에도 우리의 지방분권방식은 여전히 정치구호인 듯한 '과시적 분권'에 비해 지역주민이 필요로 하는 '실제적 분권'은 그 속도가 지나칠 정도로 느리다.

돌이켜 보면, 지방분권을 위한 '지방이양합동심의회'가 가동되던 1991년부터 이후 이 업무가 보강된 최근의 '지방이양추진위원회'까지 무려 20년을 눈앞에 두고 있음에도 국가와 지방사무의 총합 41,603건 단위사무 가운데 지방이 차지하는 사무의 비중은 전체의 30%에 불과한 사정은 이를 잘 설명하고 있다. 그렇다면 왜 지방분권이 이리 더디게 진행되거나 실현되지 않는 것일까?

그 이유를, 지방분권에 관해 우리보다 훨씬 더 적극적이고 기본적인 토양도 비교적 잘 조성된 일본에서 지방정치 체험을 치열하게 하고 있으면서 일본의 중앙과 지방의 관계를 '하청관계'라 칭한 하시모토 도루의 말을 더 들어 보자. "지방분권이 안 되는 것은 가스미가세키(중앙정부) 관료들 스스로 그들의 권한을 박탈당하는 것으로 인식하기 때문이다." 시민들이 그토록 갈망하는 니어 이즈 베터Near is better라는 현실인식에 애써 귀를 틀어막기는 한국 중앙이나 일본 중앙이나 모두 오십보백보를 면키 어려워 보인다.

2.
공직 안의 내부고발이 배신인가?

미국의 거대 담배회사 '브라운&윌리엄슨'에서 연구개발부 부사장 겸 책임자였던 제프리 위건드 박사는 어느 날 갑자기 해고를 당한다. 담배 판매량 증대를 위해 인체에 치명적인 암모니아 화합물질을 첨가하라는 회사의 계획에 반대했기 때문이다. 그 후 그는 2,500억 달러가 걸려 있는 49개 주정부와의 소송에서 담배의 중독성에 관해 증언하여 기업을 궁지에 몰아넣는다. '알 파치노'와 '러셀 크로'가 열연한 영화 '인사이더'의 내용이다.

"대형 건설사 측에서 만나 달라고 문자와 전화 등이 쇄도했어요." "최종 낙찰을 받은 건설사 영업팀장이 연구실로 찾아와 '고맙다'며 10만 원짜리 백화점상품권 100장을 건네면서 '나머지는 다음 주에 상무님이 드릴 것'이라고 했다." 그러면서 그는 "어느 건설회사이건 실력이 아니라 로비를 얼마나 잘 하느냐가 관건"이라고도 했다. 이는 지난 십여 일 전 서울의 한 사립대학에서 가르치는 어느 교수가 현실이 너무 안타까워 시정되었으면 좋겠다는 염원을 담아 건설공사를 둘러싸고 벌어지는 추악한 현실을 폭로했던 내용의 대강이다. 우리는 위의 제프리나 또는 위 교수 같은 사람을 '내부고발자' 또는 '내부제보자' 등으로 부르고 있는데, 이를 영어식으로 표현하면 대체로 '호루라기를 부는 사람Whistle Blower'이란다.

문제는, 이들이 공히 기업과 사회적 공익을 위해 반드시 필요한 존재임에도 불구하고 특정한 국가 몇을 빼고는 이에 관해 제대로 된 사회적 인식을 형성한 예가 없다는 사실이다. 전통적으로 이 땅에서 내부고발을 보는 관점은, 조직에 불만을 품은 사람이거나 혹은 비열한 의도를 지닌 배신자로 간주하는 경향이 유난스러울 만큼 심대하다. '송사를 자주 하는 사람하고는 상대를 하지 말라.'는 소리를 귀에 딱지가 앉도록 들어온 경험들이 있는 터라 이 같은 세뇌(?)는, 개인적 이익과 관련한 사소한 다툼과 전체 시민사회의 공동이익을 위해 싸우는, 시대가 바라는 파수꾼의 역할과도 구별하지 못하는 지경에 이르게 했는지도 모를 일이다. 경우에 따라서는 제보자 자신을 포함하여 딸린 가족들에게도 엄청난 위협과 희생이 강요될 수도 있는데 말이다.

중앙은 차치하고 일단 지방의 입장에서 보자. 246개 지방자치단체의 예산규모가 180조 원에 이르고 이와 연관된 사기업의 경제규모까지 고려하면 내부고발(공익제보)을 더 이상 그저 단순하게 '의리에 대한 배신' 정도로 간주할 수 없을 만큼 지금 시민사회는 복잡하고 지쳐 있다. 게다가 우리 사회가 내부 부정이나 불의를 나서서 거부하기는커녕 투서 형식이 아니고서는 이를 밖에 알릴 수조차 없고 사회 정의를 세우려 애를 쓰는 사람들의 드문 용기조차 체계적으로 담아낼 제도 자체가 부실하다면 결국 정직하게 사는 시민들의 희망까지 빼앗는 일이 될 것이다.

누군가 특별히 불의나 부정을 자신의 인간적 품위에 대한 모욕 내지는 도전 그리고 양심의 고통으로 느껴 항의한다면 적어도 그로 인한 불이익을 받는 일은 없어야 되지 않은가. 호루라기를 불어 여기 불의가 행해지고 있다고 소리치며 세상에 알리는 사람들, 자신이 속한 조직의 이기를 넘어 전체 시민사회의 존재가 더 중요하다고 생각하는 사람들이야말로 의인이고 이 의인을 보호할 줄 아는 사회가 진정 선진사회가 아닐까.

3.

드레퓌스 대위와 김영수 소령

"**도**대체 자네는 무엇 때문에 이 유태인을 위해서 그렇게 애를 쓰나?"

"그는 무죄이기 때문입니다."

"이봐! 국방부 장관과 참모총장이 진실이라고 말하면 그게 진실인 거야, 자네만 입 다물고 있으면 아무도 모를 일이 아닌가?"

1896년, 프랑스는 물론이고 전 세계를 경악하게 했던 '드레퓌스 대위' 사건에 관해 그의 무죄를 주장하며 재심을 주장하는 참모본부 정보국 소속의 '조르주 피카르' 중령이 그의 상관과 나누었던 대화 중 기록으로 남은 실화의 일부다. 좀 더 들여다보자.

1894년 9월, 프랑스 정보국은 자국 주재 독일 대사관의 우편함에서 독일 대사관 무관인 '슈바르츠코펜' 앞으로 배달된 발신인 익명의 편지 한 통을 훔친다. 이어 스파이 활동의 거점인 독일 대사관을 감시하고 배신자를 색출하느라 골머리를 앓던 정보국은 프랑스 육군 기밀문서의 명세서를 작성한 인물로 진범인 '에스테라지' 소령을 제쳐 두고 유태인 출신의 '드레퓌스' 대위를 희생양으로 삼는다. 물론, 이 같은 결정에는 그가 유태인이라는 사실이 크게 작용했다. 대부분의 신문들도 "드레퓌스사건의 재심요구는 군부와 프랑스를 파멸시키려는 유태인 조직의 국제적 음모이므로 어떤 일이 있어도 군부의 위신과 체면은 유지되어야 하고 유태인은 군과 공직에서 추방되어야 한다."고 당국을 두둔하기에 바빴다. 프랑스는 이 사건으로 재심요구파와 반대파로 철저히 갈라졌으나 재심을 요구하는 양심적인 지식인들의 힘은 미약하기 이를 데 없었다. '에밀 졸라'가 대통령에게 보내는 공개장 형식의 '나는 고발한다'의 논설을 써 전 세계를 울렁거리게 했던 것도 바로 이때다. 그의 호소는 갖은 협잡과 혼란, 날조와 비방을 일거에 거두기에 충분한 것이었다.

한편, "먼저 솔직히 두렵습니다. 저는 명백히 군인복무 규율을 위반하였습니다." "지난 3년 반 동안 이 사건을 가지고 심하게 고민했던 것은 군 자체적으로 정화 시스템이 중지되었다는 것입니다."

이는 얼마 전 피디수첩에 나와 군납과 관련된 관행적 비리문제를 방송에 공개하면서 당시의 안타까운 심경을 고백했던 김영수 소령의 말이다. 그는 "이 과정에서 국가계약법상의 경쟁입찰을 피하기 위해 상급자로부터 소액으로 나누어 분할 수의계약 하라는 명령을 받았다."고도 밝혔다.

정확히 115년 전, 유럽 전역은 물론 미국과 러시아까지 들끓게 했던 드레퓌스 사건에, 방송국에 출연하여 양심선언을 시도한 현역장교의 사례를 유추하는 것이 비유의 낭비인지는 모르겠다. 하지만 과거 비정상적인 정치구조에 뿌리를 두고 잘못 형성된 업무환경 속에서 양심을 지키려는 공직자의 행위에 격려는커녕 집단화된 정신적 린치구조가 그를 두려움에 떨게 했다면 그 본질이 다르다고 볼 수는 없을 듯싶다. 여기에 더해 이런 상황에 변변한 제동 하나 걸어 줄 한국형 에밀 졸라마저 가지지 못했다면 이는 분명 총체적 비극이 아닐 수 없다. 비리의 일부가 명백하게 확인되었음에도 불구하고 해군 국정감사에서 김 소령의 사건을 묻는 국회의원의 질문에 "군인의 신분을 망각하고 일신을 위해 행동하는 한 사람에 의해 해군이 매도되는 현실이 너무 안타깝다."고 답한 4성 장군의 답변이 쓸쓸한 가을에 자꾸만 겹쳐 들려오는 10월의 마지막 주가 너무도 시린 이유다.

4.

권력과 돈 그리고 시민

비교적 깨끗할 거라고 믿었던 전직 대통령의 돈 문제로 온 나라가 난리다. 그런데 이를 둘러싸고 벌어지는 방안을 논함에 있어 대저大抵 '지치고 힘들더라도 검은 유혹을 걷어내는 작업을 다시 시작하자.'라는 식의 구호가 마치 이 문제를 해결하는 것처럼 호도되는 상황에 이르면 솔직히 사건의 실체보다 해법을 찾는 방식에 분노가 인다. 권력형 부패의 단절을 우리 세대에서는 영영 못 볼지도 모른다는 안타까운 생각이 들어서다. 최고권력이 가담한 냄새나는 돈 사건은 일반의 그것과는 사뭇 다르다. 특히, 우리처럼 바탕이 허한 정치상황에서 비롯된 부패의 경험이 켜켜이 쌓여 있는 상태에서, 특정하지 않은 대상을 향해 막연한 호소로 이 문제를 풀어보겠다는 시도 자체가 구태다. 확실하게 '이제는 시민이 나설 때가 되었다.' 하면 해결의 실마리가 선명하게 보일 텐데 말이다. 이 땅에 발을 딛고 사는 사람이면 누구라 할 것 없이 권력형 비리에 언제나 뛸 듯이 분노해 보지만 막상 '그 권력에 나는 얼마나 독립적일 수 있을까?' 자문해 보면 그 물음에 즉답을 줄 사람은 그리 많아 보이지 않는다. 한국정치가 품은 배경이 워낙 사납기도 하지만 권력 자체에 인간본성에 관한 복합적인 문제가 녹아 있기 때문이다.

1961년 스탠리 밀그램Stanley Milgram은 권력을 가진 인물이 평범한 사람들에게 얼마나 큰 영향력을 미치는지를 실험했다. 20~50대의 지극히 평범한 40명을 모집하여, 칸막이 너머 학생이 문제를 못 맞힐 경우에 그 벌로 전기충격을 주도록 요구했다. 충격이 강해짐에 따라 상대의 비명은 커져 갔고 그 비명(실제로는 훈련된 연기자)에 피실험자가 "더 이상 못 하겠다."고 버튼 누르기를 거부하자, 흰 가운을 입은 실험주최자가 권위와 엄격을 갖춘 음성으로 계속하기를 요구했고, 결국 피실험자 중 65%는 450볼트까지 전기충격을 가하게 된다. 실험 후 그들은 "내가 왜 그런 무자비한 짓을 했는지 이해가 안 간다. 다만, 시켜서 한 것뿐이다."라고 답했다. 그 실험에 임하기 전 밀그램은 예일대 학생들에게 '당신은 어쩔 수 없는 상황에 처하게 되면 타인에게 비인간적인 행위를 가할 수 있냐?'고 설문했을 때 92%가 '그럴 수 없다'고 답한 점을 상기해 잘해야 0.1% 정도만 450볼트까지 전기충격을 가할 거라고 판단했던 것과는 너무 다른 결과에 놀란다.

대부분의 사람들은 권력을 가진 사람을 믿고 복종하는 경향이 강해서 스스로 지켜 낼 양심이나 도덕, 이성보다는 오직 명령에 복종하는 경향을 보인다는 가설이 증명된 셈이다. 게다가 일반의 명령관계를 넘어 절대권력의 정점에 선 최고당사자가, 잇속이 빤히 보이는 비즈니스를 업으로 하는 사람에게 거꾸로 '요구'하는 단계에 도달하기라도 한다면 그 파괴력은 상상을 초월한다.

그렇다면 지금 우리는 무엇을 어떻게 해야 한단 말인가? 600만분의 1의 확률을 기대하며 세종과 같은 성군이 나타나기를 기다리는 것? 아니면 마케도니아를 건설한 알렉산더 대왕처럼 "내가 죽으면 관 양쪽으로 구멍을 뚫고 양손을 보이게 하라. 인생은 빈손으로 가는 것임을 백성들이 알게 하라."는 유언에 시공을 넘어 깊게 감동해 보는 것? 아니다. 모두 다 아니다. 시민들 각자 스스로 인간적 자존심을 회복함으로써 시대의 중심에 서는 일만이 권력부패를 막는 유일한 길이다.

5.

자유의 근원을 묻다

　　"명령불복종은 처형감이다. '이승만에게 보고해서 목을 자르겠다.'고 분기탱천하더군. 일개 미군대위가 대통령을 '승만리'라 부르고……, 이 일을 보고받은 이승만 대통령은 노발대발하면서 '나와 단장을 당장 포살하라.'고 명을 내렸지." 우리나라 공군의 산증인인 장지량 장군이 한국전쟁 시 사천 제1전투비행단 작전참모로 있으면서 겪었던 상황 중 한 대목이다. 당시 장 중령은 산청경찰서로부터 인민군 1개 대대병력이 해인사에 집결해 있으니 폭격을 해달라는 요청을 받고 미 고문단에 알렸더니 미 공군작전본부는 즉각 해인사를 폭격하라 명하더란다. 하지만 참모와 단장은, 인민군이 식량을 탈취하러 절에 들어온 것이라 판단하고 당장의 폭격을 미뤄 천년고찰의 문화재를 지키자고 의기투합하였다. 전시상황에서 명령불복은 바로 처형이라는 사실을 잘 알고 있었지만 둘은 목숨을 담보로 도박을 하였던 것이다.

　　요즈음 제2롯데월드빌딩 신축과 관련해서 예비역 공군장성들의 공청회 불참을 계기로 잡음공방이 새로운 국면을 맞고 있다. 즉 전에 없이 일부 조종사들의 주장을 들어 비행장 안전상에 전혀 문제가 없음을 강조하고 있는가 하면, 여전히 많은 조종사들은 555미터의 건물은 심적 부담뿐만 아니라 안전에 치명적이라며 대립하고 있다. 게다가 초고층 건물에 부딪치는 바람의 영향으로 생기는 '항적난기류 wake turbulence'가 항공기 안전착륙에 지장을 줄 수 있다는 전문가의 의견까지 보태지면 매우 혼란스러워진다.

그러나 이것과 관련한 문제의 본질은 당장 무엇이 맞느냐보다는 왜 반대 측 진술인이 갑자기 태도를 바꾸고 나오지 않았느냐는 것이 진짜본질이다. 어떤 정책적 사안이든 우리의 생존과 안전보다 우선일 수는 없다. 따라서 그들은 당연히 나와야 했고, 있는 그대로를 국민 앞에 밝혔어야 했다. 한 인사가 밝힌 것처럼 "현역 공군후배들이 워낙 완강하게 압력을 넣어서 그랬다."는 것이 불참이유의 전부라면 그것은 결코 그 개인의 '선택의 자유'에 관한 문제일 수 없다. 불참한 장성들 스스로 우리가 누리는 자유의 근원이 '그리스적 의미의 자유'라는 점에 눈곱만큼이라도 동의한다면, '후배들의 완강한 압력'이라는 궤변의 그늘에 몸을 숨기고 비겁을 떨 것이 아니라, 어느 누구도 나를 타율적으로 지배할 수 없고 사회적 삶 속에서 내가 나의 주인이라는 정치적 자유를 상기했어야 옳았다. 직접민주주의와 추첨을 통한 대표를 선발했던 아테네의 자유도 장군만큼은 엄선과정을 거쳤다. 예나 지금이나 그들의 역할에 비중을 두는 이유는 반드시 지탱하고 있어야 할 자유에 대한 약탈방지의 근원을 제공하기 때문이다.

"전쟁이 끝나고 해인사에 가서 팔만대장경을 보니 명령불복을 정말 잘했다."는 생각이 들더라는 장지량 장군이나, 노르망디에 상륙한 연합군을 막는 데 실패한 히틀러가 오직 파괴를 목적으로 "파리는 불타고 있는가?*Brennt Paris?*”라고 절규하며 파리를 잿더미로 만들 것을 요구하지만 결국 예술의 도시 파리를 태울 수 없어 그 명령을 따르지 않았던 독일군 파리 사령관 ‘디트리히 폰 콜티즈’에게 한 가지 확실한 공통점이 있다면 용기에 기반을 둔 진실 앞에 적어도 눈치를 보며 소신을 팽개치는 일은 처음부터 아예 생각하지도 않았다는 점일 것이다.

6.

우리 안의 권력중독

얼마 전 국정감사에서, 국세청 내부 게시판에 전임 국세청장을 비판했던 이유로 파면 조치된 한 공무원을 두고 벌어진 논쟁이 상당한 시간이 흐르고 있음에도 사건의 실체가 흐려지기는커녕 오히려 선명하게 자꾸 귀에 들려오는 이유는 왜일까. 조직 내 특정한 소수가 결정한 소위 '판단' 아니라 좀 더 근원적인 '본질'의 문제가 개입된 때문이리라. 늘 보고 또한 다양하게 경험하는 것이지만, 우리 안에 타인에 대한 존중은 전혀 갖고 있지 않으면서 자신만이 가치가 있다고 생각하거나 아무도 믿지 못하면서 성공을 위해서라면 어떤 일이든 마다하지 않는 사람들이 있다. 물론 그렇게 하면 고쳐야 할 일이 너무 많은 그 조직이 세운 기준 안에서 앞서 성공하는 자가 될는지는 모른다. 더 나아가, 다른 사람은 모두 멍청하고 무능력하다고 믿기 때문에 그들에게는 일말의 동정심도 지니지 않겠다고 생각하는 단계에 이르렀다면 그는 분명히 권력중독일 가능성이 매우 높다.

심리학자 데이비드 와이너David Weiner는 권력중독자들의 속성을, "겉으로는 매력적으로 보일 수 있으나 실상은 자신의 가치에 대해

과대망상적 신념을 가지고 있으며 나 아닌 타자에게 감정이입은 거의 불가능하고 거기다 교활하기까지 하여 속임수의 명수이지만 죄책감이라고는 전혀 느끼지 않는다."고 분석하고 있다. 인간이 살아가는 세상이라 이런저런 갈등에서 비롯된 고통이 어찌 없겠냐마는 문제는, 우리 구성원들 중 누군가 권력중독에 빠져 정신질환으로 구분될 만큼 상태가 심각하다면 이것은 단순하게 그 당자자의 문제로만 남겨두기에는 그 피해가 너무 크다는 데 있다. 게다가 그런 자의 독점적 권력에 근거한 판단이 한 집단이나 많은 사람들의 이해관계에 미치는 범위로 확대되는 '정책문제'에 개입된다면 이것은 정말 보통문제가 아니다. 특히, 이 같은 문제가 논리적 설계에 의한 합리적 결과마저 허물어 버리는 지경에 이르면 그 파괴력은 상상을 초월한다.

와이너는 다시 이 문제에 관해, 권력중독자를 '상황이나 지위'의 케이스로 구분하면서 한 개인이 권력중독으로 변하는 시기를, '경쟁상황'에 돌입했을 때, '복수심'에 사로잡힐 때, 그리고 '권한'을 부여받았을 때로 나누어 설명하고 있다. 그런데 앞의 둘은 지극히 개인적인 것이어서 파장이 크지 않으나, 맨 뒤의 '권한'을 부여받고 권력중독자로 변하는 경우는 앞의 것들과는 질적으로 다르다. 이 경우는 지배적인 위치에 올라서면 그 순간부터 포장된 공손함을 벗어 던지고 자신의 가치에 대한 과대망상적 신념, 타인에 대한 감정이입의 불가능, 권리에 대한 불합리하고 과장된 인식, 남을 착취하고자 하는 경향, 위대성에 대한 환상 등에 집착하며 추악한 본색을 드러낸다는 점이다. 마치 나폴레옹 콤플렉스가 발동되는 것처럼 말이다. 다행히도 주어진 권위가 사라지면 다시 순종적인 모습으로 복원은 된다지만 그때는 이미 깊은 상처를 남긴 이후라 그 치유는 의미가 없다.

엊그제 경기도의 한 지방정부 신축청사에 설치된 시장 전용엘리베이터를 두고도 논쟁이 뜨겁다. 보도에 의하면 침실까지 따로 두었다는 소리도 들린다. 권력중독의 결정적 징후다. "요람에서 무덤에 이르기까지 무엇보다 두드러지는 인간의 본성은 우월함에 대한 열망"이라고 말한 '존 애덤스'의 의중을 아무리 곱씹어 봐도 우리가 키워낸 권력중독과는 거리가 있어 보인다.

위장된 지방자치

코끼리 프레임과 지방의회

"**올** 에이는 몇 명, 비B 이상은 누구 그리고 전부 디D를 받으신 분도 있습니다. 성과가 좋지 않은 분들은 분발해 주시기 바랍니다."

엊그제 참여연대 부천시민사회네트워크에서 밝힌 부천시의회 의원에 대한 의정활동 성과발표와 관련한 내용이다. 객관적 평가를 위한 '지표설계' 과정이 매우 궁금하기는 했지만 지방의회에 대해 시민사회가 체계적이고 구체적인 방법을 동원하여 다가서고 있다는 자체는 환영할 만하다. 그런데 그런 기대와는 달리 부지불식간에 복잡한 심리가 뒤엉켜 91년부터 지금에 이르기까지 그동안의 지방정치과정이 포개져 다가서는 이유는 뭔가?

지방의회가 가동된 지 거의 20년에 이르고 있지만 시작 이후 지금까지 한 번도 빠지지 않고 명맥이 유지되는 '험담' 가운데 하나를 꼽으라 한다면, "기초의회가 꼭 있어야 돼?"라는 일종의 정보부재 혹은 무지에서 출발한 오해와 편견으로 똘똘 뭉친 '기초의회폐지론'이 아닐까 싶다. 물론, 그렇게 된 데에는 피눈물로 지켜 낸 자유의 구체적 실천공간인 지방의회에 보내는 시민들의 애증이 겹쳐 있기 때문이리라. 하지만 지금 이 순간에도 미래의 우리 터전을 위해 열심히 활동하는 일꾼들이 명백히 존재하고 있고, 전통적인 자치이론 상으로 봐도 자치의 '꽃'은 역시 기초자치단체임이 분명한데, 특정지역에 관계없이 많은 시민들은 왜 그렇게 생각하고 있는 것일까. 개인적 신념? 경험 혹은 짐작의 결과? 그것들보다 더 분명해 보이는 이유를, 본인의 의지하고는 상관없이 우리의 정치문화가 형성한 굴절된 자치 프레임Frame이 만들어 낸 결과로 돌려 보면 지나친 비약일까? 촘스키의 제자이자 언어인지학자인 '조지 레이코프'가 말한 코끼리 프레임의 예처럼 말이다.

레이코프가 말하는 코끼리는 미 공화당을 상징하는 동물을 일컬음인데, 이는 단순한 언어적 유희가 아니라 정치적 목적을 겨냥한 새로운 '정치문화' 창설과 함께 치밀한 그들만의 전략이 숨어 있었던 것이다. 이를테면, 과거 몇 년 전 '세금구제tax relief'라는 말은 공화당 쪽에서 정략적으로 만들어 낸 단어가 확실하지만 그 개념을 반대쪽에 있는 민주당을 포함한 각종 다양한 언론매체 등에서 지나칠 정도로 빈번하고도 자연스럽게 쓰게 되니까 결국 수많은 사람들은 자신도 모르게 그 논리에 빠져들어 똑같은 말을 반복하고 있더라는 것이다. 워터게이트 사건이 터지고 대통령 닉슨이 엄청난 사임압력을 받는 과정에서 텔레비전에 나와 연설하며 "저는 사기꾼이 아닙니다."라고 변명했지만 그 순간 미국인 모두는 그를 돌이킬 수 없는 확실한 사기꾼으로 보았던 것처럼 대한민국의 지방의회가 꼭 그 꼴을 닮았다는 생각을 지울 수 없다.

과거 20년 동안 한국의 지방의회는 헌법이 보장한 시민권리의 구체적 실천의 장으로서의 기능을 잘 수행하고 있다는 칭찬보다는, '지방은 늘 부족하고 믿을 수 없는 사람들'이라는 한국형 레이코프의 프레임에 걸려 초기부터 오늘에 이르기까지 기초적인 제도의 불비로 파생된 많은 문제는 철저하리만큼 외면당한 채 일단 비난당하기 일쑤였다. 어디로 어떻게 가야 할지 방향을 몰라 헐떡거릴 때도 오래된 중앙의 논리에 취한 사람들은 우선, 지방의회는 문제가 많다는 마술 프레임을 걸어 놓고 난도질을 치기에 정신이 없었던 지난날의 자치역사가 무지 딱하다.

8.

폭설과 제설조례 사이

"이 번 눈에서도 보듯이 이 조례는 사실상 유명무실합니다." "「자연재해대책법」의 벌칙조항을 개정해 조례에 과태료를 부과하도록 규정을 신설하겠다."

앞의 것은 한 방송국 앵커의 입을 통해 전달된 내용이고, 뒤의 것은 지난 7일 정부중앙청사에서 제설대책 관계기관회의를 열고 과태료 부과를 위해 올 상반기 안에 개정입법을 추진하겠다며 밝힌 소방방재청장의 언급이다. 둘 다 보는 이의 동의를 자극하기에 충분한 듯하다. 심각한 사태에 대한 걱정과, 관련법 보완을 통해 해법을 찾으려 한다는 차원에서 보면 그렇다는 말이다.

하지만 이를 지방자치단체 '조례입법' 환경과 연관시켜 보면, 위에서 언급한 '동의의 자극'이 오히려 비정상성에 고착된 조례입법 환경의 실제를 왜곡할 소지가 다분하다는 점에서 심히 우려가 앞선다. 즉 아나운서의 발언 속에는 지방자치단체가 가진 '조례제정권' 자체가 실효성 있는 조례를 제정하기에 기본적인 환경과 토양이 갖추어졌음에도 그렇게 하지 못했다는 것으로 인식할 가능성이 매우 크다는 점이고 반면, 관련법률의 개정을 통해 100만 원의 과태료를 부과하는 벌칙조항의 창설 의지는, 시민을 위한 효익적 조례입법은 아무래도 중앙정부가 나서야 비로소 현실화될 것이라는 몰자치적 중앙의 사고가 기저에 짙게 깔려 있다는 사실을 증언하고 있다는 점에서 그렇다.

그렇다면 이 겨울에 지방정부의 제설조례로 인해 빚어지는 논란이 뜨거워지는 이유는 무엇일까? 우선, 방송의 특성상 위 폭설의 사례처럼 조례제정과 관련한 자치단체의 근원적인 문제점을 집중적으로 조명하기 쉽지 않음을 십분 이해한다 하더라도, 적어도 헌법이 보장한 지방정부 '자치입법권'의 실태가 어떤 상태에 있는지를 동시에 살피는 시도가 필요했었다는 점이다. 그래야 민주공간을 가꾸는 가장 구체적 기제인 지방정부에 대한 시민들의 이해가 명확해진다. 또한 그런 과정을 통해 탄탄한 시민의식이 형성되는 것이야말로 민주국가의 미래를 담보할 중요한 가치임에도, 10%의 시청률에 육박하는 주요 뉴스에서 단편적인 사실에 치중하여 답답함 그 자체만을 시청자와 공유한다면 그건 제대로 된 방송의 사명이 아니라는 점에서 문제라는 것이다.

다음은 「자연재해대책법」에 벌칙조항을 창설하여 주민에게 의무를 부과하는 위임근거를 제시하겠다 했으나 이것은 물리적으로 이번 겨울 또다시 일어날지도 모를 폭설을 감당하는 것과는 아무런 상관이 없다. 지방자치단체는 '법령의 범위 안'에서 자치단체의 사무에 관해 조례를 만들 수 있도록 하고 있지만 '주민의 권리제한'이나 '의무부과'에 관해서는 개별법에서 별도의 위임을 주어야만 가능하기 때문에 논란의 '제설조례'처럼 필수적 강제를 도모해야 하는 상황에서도 선언적 의미의 '종이호랑이'만을 다투어 양산해야 하는 것이 현실이다. 노골적으로 말하면, 지역공동체를 위해 상호 간 약간의 희생을 요구하는 선의의 조례를 만들었다 하더라도 '안 하면 어떻게 할 건데?'를 강제하는 장치가 근본적으로 빠진다면 그 법은 이미 실효를 거두기가 거의 불가능해진다. 진정으로 시민들의 안위를 위한다면 비실익적 절차나 유연성 약한 중앙집권적 사고에 매달리기보다는 일본의 경우처럼, 지방자치법에 "지방자치단체는 법령에 특별히 규정된 경우를 제외하고는 조례를 위반한 자에 대하여 징역이나 금고 그 외 벌금을 과하는 규정을 정할 수 있다."라고 규정해 두면 개별 자치단체가 대단히 융통성 있게 조례입법을 할 것이고 이를 통해 지방정부 스스로 책임을 키워 간다면 그것이 곧 현명한 민주주의의 학습이 아니겠는가.

아직 엄동설한의 한복판에 서 있는 것이 분명하고 기후변화가 무쌍해 한나절의 기상예보도 쉽지 않은 시절을 사는 것이 작금의 현실인데, 또 다른 모양의 폭설이 지난번처럼 닥쳐온다 할 때, 방송과 중앙은 그저 똑같은 모습으로 폭설과 조례 사이를 오고 간다면 그것이야말로 시민존중과는 아무런 상관이 없는 일이 될 것이다.

9.

지방정부 영어회의와 영어의 사회적 의미

'**서**' 초구청 대회의실, 매번 열리는 간부회의지만 오늘은 평상시와 다르게 긴장감이 흐른다.' '영어 상용 환경조성을 위해 공무원이 먼저 변화한다.'

"Please explain details about ways to increase awareness of the blog of Dong community service center(동 구민 센터 블로그의 인지도를 향상시킬 수 있는 방안을 구체적으로 설명해 주세요)." "It is true that most of the people are the unaware of this blog. So we are planning to enlarge the theme scope ratter than delivering only Dong news so that move visitors may come to our blog(현재 대부분의 사람들이 동 블로그의 존재 자체를 인지하지 못하는 것이 현실이다. 따라서 단순히 나은 소식만을 다루는 것이 아니라 더욱 다양한 분야의 테마를 다루어 방문객의 검색 가능 범위를 넓혀 나갈 계획입니다)."

지난해 2월, 한 지역신문에서 다룬 기사의 머리글이다. 영어로 의사소통이 가능한 도시를 만들겠다는 서초구 도시조성계획의 일환으로 진행된 영어간부회의는 끝까지 모두 영어로 진행되었다. 서초구는 영어간부회의를 위해 지난해 6월부터 간부들을 대상으로 매일 업무가 끝난 뒤 3시간 반 동안 말하기 중심의 영어교육을 실시하기로 결정하면서 "외국인들에 대한 여러 가지 서비스를 강화할 수 있고 우리가 이렇게 함으로써 중앙정부, 기업, 주민들에게 파급효과가 있을 것으로 기대한다."고 했고, 여기에 참여했던 한 공무원은 "발음도 점점 나아지는 것 같다. 세계 공용어로서 영어가 반드시 필요하다는 것을 느꼈다."고 대답했다. 과연 그럴까? 결론부터 말하면 이건 아니다. 절대로 아니다.

일본의 유카와 히데키 교수는 물리학자다. 스물아홉이던 1935년에 중간자의 존재를 예측하고 관련 연구의 성과를 인정받아 1949년에 노벨물리학상을 수상하기도 했다. 일본은 2008년 고바야시와 마스카와가 공동으로 노벨물리학상을 수상한 것까지 합하면 모두 7명의 노벨물리학상 수상자가 나왔다. 여기서 한 가지 무척 흥미로운 점을 발견할 수가 있는데, 이공계를 비롯해서 사회과학 및 인문과학을 포함하여 하나같이 미국이나 외국에서 공부한 사람들이 아닌 토종 출신이라는 사실이다. 미국에서 학위를 취득하는 것에 대해 덮어놓고 우월적 지위를 고수하려는 우리나라의 풍토와 비교해 보면 부럽기도 하고 일본은 우리와 매우 다르다는 것을 알 수 있다. 그러면 바로 이웃에 있는 두 나라가 이렇게도 다른 풍토를 가지고 있는 이유는 무엇일까.

무엇보다 우리와 중요한 차이 가운데 하나는 일본은 번역문화가 일찍부터 발전했다는 사실이다. 일본 개화 초기에 이토 히로부미伊藤博文을 비롯한 당시 영향력을 가진 사람들이 영어공용화를 주장하기도 했었으나 '바마다쓰이' 등이 나서 그들의 주장에 반대했고 결국 그 대안으로 중앙에 번역국이 만들어져 각 분야별로 엄청난 수의 외래서적을 번역하게 되었다. 일찍부터 일본은 학자건 일반인이건 전 세계에서 출간된 모든 자료들을 자국어로 읽어 볼 수 있는 혜택을 누리게 된 것이다. 많은 원서를 읽고 싶어 하는 내 경험에서도 영어 논문을 읽을 때와, 제대로 번역해 놓은 한글 논문을 읽을 때의 이해도나 속도의 차이는 비교할 수가 없다. "영어는 못한다. 그러나 물리학은 할 줄 안다."는 마스카와 교수의 말에서 영어 자체가 학문 자체를 압도한다고 인식될 정도로 잘못 형성된 우리의 영어사대주의가 너무도 숨을 막히게 하고 있다. 미국 보스턴 지역에서만 생물과 생화학 분야의 한국인 출신 박사 후 과정post ph.D 연구자들이 약 600~700명에 달한다고 한다. 그러니 미국인 교수들이 목에 힘을 줄 만도 하다. 뛰어난 한국 인재들이 몇 푼 되지도 않는 돈을 받고도 경쟁적으로 연구성과까지 내주니 이보다 더 좋을 수는 없다. 한국에서 국내 정치하는 사람들, 시간만 나면 앵무새처럼 "한국의 바이오 분야는 미래가 유망한 업종이다."라고 말하기 좋아하는데 영어와 관련된 그 진실을 제대로 알면서 그러는지 심히 의문스럽다.

이어서 2009년 필자가 모 신문사 필진으로 있으면서 기고했던 영어에 관한 개인적 견해를 다시 한 번 살펴보고자 한다.

정확히 '4군데 23권'. "대학의 교수가 들어오더니 '대학에서 학생들에게 영어로 강의를 하니 여러분들에게도 그냥 영어로 진행하겠다.'라며 정해진 시간을 아무런 호응 없이 혼자 진행하다 나가는데 황당해서 혼났다." 앞의 '4곳 23권'은 며칠 전 송도 견본주택 보러 갔다가 각각 서재 장식용으로 진열되었던 영어서적의 총 합이고 뒤의 것은 비슷한 시기에 한 공무원교육원의 '핵심간부양성반'에 입소해 교육받으면서 겪었던 고참주사들이 쏟아낸 푸념이다. 물론 왜 영어책만의 진열을 통해 이미지 효과를 도모하려 했는지 그리고 공무원 교육과정에서 영어로의 강의 시도를 두고 유난스럽다고 비평할 자유가 내게는 애초부터 없었는지도 모르겠다. 하지만 정도의 차이가 있을 뿐, 이 시대에 '영어의 억압'에서 자유로울 자가 그리 많지 않아 일종의 애환이 작용한 때문으로 넘어가 주면 좋으리라.

삶의 공간으로서 주택이 지닌 의미 이상의 명품아파트(?)를 선보이는 그 뜨거운 장소에 뜻도 모를 영어책들의 등장, 정체성의 교란을 방어해야 할 의무도 있을 것 같은 중견공직자 그룹을 향해 쏟아 내는 영어의 외설猥褻에 대한 염려를 두고 혹여 시대정신에 반한다는 통념이 작동했다면 그것은 아마도 또 다른 형태의 영어지배가 낳은 불행한 열등감일 것이다. 영어가 더 이상, 필요한 자들에게 생활의 수단으로서가 아니라 우리의 의식을 지배하는 '괴상한 권력'의 기제로서 작동하고 있음을 우려하는 것이 과연 이 땅에서 소수만의 기우일까?

지배적인 외국어의 존재는 민족구성원의 삶에 침투하여 그들의 정체성을 왜곡시키게 된다는 프란츠 파농Franz Fanon의 우려는 정말 우리와는 상관없는 일일까? 파농은 「검은 피부 흰 가면」에서 프랑스의 식민지였던 서인도 안틸 섬의 흑인이 프랑스어를 습득함으로써 프랑스 백인과 자신을 동일시하고자 하는 심리를 묘사한다. 말하자면, 흑인은 백인의 인정을 받고 그의 사고방식에 자신을 일치시키고자 하는 욕망을 통해 스스로를 심리적으로 백인과 동일시하고 흑인임을 부정하는 자기분열에 빠지게 된다. 그러나 이 같은 언어체험을 거치면서 흑인은 결국 자신의 존재에서 소외되고, 골백번 죽었다 깨어난다 해도 실현되지 않을 백인이 되는 욕망에 빠져 심각한 정체성의 왜곡을 경험하게 된다는 것이 그의 메시지다. 물론 우리의 경우를 처음부터 영어가 강요되고 강제체화과정을 겪은 구 영어권 식민지와 비교하는 자체가 무리일는지 모르겠다. 하지만 구한말 묄렌도르프가 설립한 관립영어학교 '동문학'이나 '육영공원' 등에 소속한 당시 조선 학생들이 영어를 배우는 목적은 한결같이 '벼슬을 하기 위해서to get rank'였다는 아펜젤러의 증언이 있은 이후 일제강점기를 지나 미군정하에서 영어구사력은 곧 권력을 획득하는 첩경인 동시에 부상하는 권력에 접근하는 가장 확실한 방법이었던 사실을 상기하면 영어를 통해 주류권력에 다가서려는 경쟁의 근원은 그 뿌리가 모질게도 질기다. 그리고 그 권력은 심리적 우월감이 수반된 물질적 이익을 보장해주는 통로가 되었던 것이다.

이 시대를 살아가는 우리가 영어의 도전을 애써 외면하거나 무시할 필요도 없겠지만 영어에 대한 지배구조의 사회적 의미를 통해 이미 내면화되어 있는 영어의 우월성 신화를 자각하여 스스로가 기르고 있는 의식 속의 식민근성을 적발해내는 자성은 지금 매우 절실하다.

"죽겠습니다. 영어로 회의는 한다고 하지, 준비는 하나도 안 되었지, 결국 영어 잘하는 사람한테 한글로 내용 주고 영작해서 그것 가지고 최소한 망신만 당하지 않았으면 좋겠다는 생각으로 적응하려고 하는데 쉽지가 않습니다."

영어회의를 경험한 한 공무원의 솔직한 고백이다. 발음이 조금 나아졌다느니, 면피를 위해 열심히 읽고 있다느니 등등 모두 한심한 노릇이 아닐 수 없다. 분기 또는 그 이상의 기간을 중간에 두고 영어로 회의를 잘할 수 있다고 기대하는 자체가 '빌어먹을 일'이라는 말이다. 지방자치단체에 있으면서 일반적 업무를 수행하는 공무원에게 그렇게 영어를 요구할 필요도 없지만 결심권자(주로 단체장)가 영어에 관심이 있거나 혹은 본인이 어떤 계기에 의해 영어 구사가 가능하다 해서 앞뒤좌우 살피지 않고 영어회의를 강행하는 것은 '효과적 결과'가 전혀 기대되지 않거니와 이것은 일종의 "나는 영어도 잘하고 그래서 국제화의 능력을 갖추고 있는데 너희 지방공무원들은 왜 그것도 못하냐?" 하는 식의 검증되지 않은 우월감의 표현일 수 있고 불순한 의도가 깔린 자기만의 선민의식이 작용된 결정일 가능성이 농후하다는 말이다.

시민에 대한 고민이 깊은 인사가 가벼이 이런 결정을 내리는 예는 쉽지 않다. 나는 그래서 이를 두고 '객기'라 하고 싶은 것이다. 차라리 그 시간에, 주민이 진정으로 무엇을 원하고 있는지 그리고 내가 속한 지방자치단체가 지닌 근본적인 문제점이 무엇인지를 찾았다면 그것이야말로 주민을 위한 행정이 아니겠는가.

10.

지방분권 유감

'**재**정자율부족 78%, 조례입법권 14.2%' 그리고 응답자 71%
는 40대 중견기자.

이는 엊그제 한국 언론재단에서 주관하는 전국 지역언론 소속 일
선기자를 대상으로 치러진 '조례입법'과 관련한 정기연수에 참여했다
가 일선에서 뛰는 기자들이 느끼는 '지방분권 체감온도'를 확인하고
싶어 "귀하께서는 중앙정부의 관여 중 자치단체가 자율성을 확보하
는 데 가장 큰 영향을 미치는 요인을 무엇이라고 보느냐"는 질문에
응답한 결과다. 표본 수가 넉넉지 않아 통계처리상 일반화하기에는
약간의 문제가 있을 수도 있겠으나 이분들이 전국에 고르게 분포하
고 있다는 점을 감안하면 설문결과에 전적으로 의문을 품을 수는 없
으리라. 물론 애초부터 어느 정도 부정적으로 답을 주리라 기대한
것은 사실이지만 이렇게 많은 수가 '재정자율권'이 부족하다는 것에
답하리라고는 예상하지 않았다.

언제라고 정확히 잘라 말할 수는 없지만 그리 멀지 않은 과거 어
느 시점부터 많은 지역언론들은 누구라 할 것도 없이, 적어도 자치

관련 기사에 대해서는 포괄적 지방분권의 확대와 같은 다소 예민해 보이는 권력적 문제보다는 사실적 단편기사에 몰입하는 듯한 분위기에 솔직히 식상했었다. 이런 상황이 너무도 길어 참으로 기이하다 여기던 터에 확인한 결과라 돌아오는 동안 내심 복잡해졌다. 물론 직업의식과 개인적 관심으로 생긴 혼란이겠으나, "지방교부세를 통해 지방으로 이전되는 재원을 포함하면 지금 지방은 총 조세수입의 60%를 사용하고 있는 것입니다." 참여정부 끝 무렵, '시도지사협의회'가 지방분권정책을 비판한 공동선언문을 채택했다는 소식에 당시 노무현 대통령이 몹시 섭섭해하며 반박하던 생각도 났다. 맞다. 전체 조세수입의 60% 이상을 지방에서 소화한다. 그럼에도 광역단체장들이 그렇듯 고육책을 선택한 것은 그 자체를 인정하지 않아서 그랬던 것은 분명 아닐 것이다. 사실 지방재정규모를 양적 수준으로만 평가하면 우리와 비슷한 재정수준을 유지하고 있는 OECD 국가와 비교할 때 세출분권 자체는 매우 높은 편이라고 보아야 한다.

그런데 왜 우리의 광역자치단체장들은 지방재정에 관해 공개적으로 불만을 표출했던 것일까?

그러나 그 이유를 알고 보면 정말 단순하다. 지역의 공공서비스는 기본적으로 '주민의 참여와 책임에 따라 자율적으로' 운영되어야 하는데, 지금의 중앙과 지방의 재정관계는 주민의 편익과 부담이 서로 대응할 수 있도록 설계된 것이 아니어서 중앙에서 아무리 많이 주는 것 같아도 실제 지방에서는 소위 '환상적 세출분권'을 절대 체감할 수가 없게 되어 있는 구조이기 때문에 그런 것이다. 좀 더 노골적으로 말하면, 지방분권은 단순히 집행하는 기능이 많고 적음 혹은 예산의 크기로 표현되는 것이 아니라 아주 가까운 거리에서 주민들의

삶과 관련된 '필요한 권력'을 자기가 속한 지방정부로부터 공급받고
싶은 거라는 말이다. 여기에는 불순한 의도가 개입될 여지가 없다.

"프랑스는 지방분권화되어 있다." 2003년 베르사유 궁전에서 프랑
스가 헌법을 개정하며 제1조에 명시한 지방분권의 선언이다. 나폴레
옹법전 이후 200년 만에 개정된 헌법에서 지방분권을 천명하고 나선
것이다. 프랑스가 어떤 나라인가? 우리하고는 기본적 개념이 다르긴
하지만 유럽에서는 가장 중앙집권적인 국가 아닌가. 지방분권은 우
리의 생존이 되었다.

11.

공금횡령 근절대안

양천 26억, 용산 1억 1천7백, 해남 10억, 벤츠 그리고 직위해제와 체포. 사회복지보조금을 공무원들이 중간에 가로챈 사건이 일어난 후 언론이 지면을 채웠던 말들이다. 저절로 외워졌다. 너무나 많이 들어서 이제는 이골이 났을 법도 한데 사건의 실체를 규정하는 짤막한 어구들이 부지불식간에 구체적으로 다가오는 이유는 무엇일까? 나하고는 직접적 상관은 없지만 공직 구성원의 한 사람으로서 가져야 하는 최소한의 도의적 자괴감이 발동해서일까? 아니면 '올 것이 온 것이 아니겠느냐'는 비겁한 방식으로의 조소? 그도 저도 아니라면 절대로 범해서는 안 되는 사회적 약자를 겨냥한 무참한 침략에 대한 동정심에서 비롯된 특별한 분노? 그래, 이 세 가지가 다 포함되어도 좋고 전혀 그렇지 않다 해도 상관없다. 애초부터 이 문제를 가지고 언농言弄을 하고 싶은 마음은 추호도 없었으니까 말이다. 하지만 불행한 이 사건을 바라보면서 추악한 중심에 선 그들을 각별한 시선으로 단죄하려는 사회적 공분에 동참하는 것과는 별도로 정치문화 형성과정에서 배태된 사회학적 의미의 '공직

부패'와는 그 성격이 전혀 다른 야비한 방식의 약자에 대한 도적질이 끊임없이 생겨나는 근원적인 원인을 따져 보는 일은 분명 객담 차원이 아닐 것이다. 말하자면, 공직수행과정에서 왜 이 같은 일들이 자꾸 일어나는지에 관한 사회학적 고민 같은 것이 될 테니까 말이다. 물론, 그들이 그런 행위를 할 수밖에 없었던 눈곱만큼이라도 동정받을 만한 절박함이 있었는지는 모르겠다. 그러나 드러난 정황으로 보아 전혀 그렇지 않다는 데 문제의 심각성이 있고 우리의 고민 또한 깊어져야 할 이유가 거기에 있는 것이다. 우리 사회가 공무원을 바라보는 시각은 대체적으로 두 가지로 볼 수 있다. 하나는, 공무원은 비교적 격무에 노출되지 않으면서 안정적인 편이어서 많은 사람들이 직업적으로 선호한다는 점이다. 다른 하나는, 공무원들은 언제든지 시민들이 낸 세금을 탐하거나 혹은 낭비할지도 모른다는 생각을 대단히 깊게 품고 있다는 점이다. 그렇다고 공무원 입장에서 시민들이 품고 있을지도 모를 '혐의'에 관해 불손하다고 대들 수는 없는 노릇이다. 우리를 띄워 준 근원도 시민이고 우리를 단박에 배척할 근원도 시민이기 때문이다.

그렇다면 문제도 해답도 결국 공직 쪽에 있다. 시민의 세금을 겁없이 결딴낸 인원과 나와는 상관없다는 식의 소극적인 '이탈의 자유'보다는 여전히 고루하고 봉건적인 습속에서 벗어나지 못하는 우리의 도덕적 가치관과 정신문화를 과감히 바꾸려는 시도 같은 것들 말이다. 지방분권地方分權에 바탕을 둔 시대가 요구하는 시스템의 구축을 통한 단위정부 구성원 스스로의 자율성을 높여 가는 훈련은 훌륭한 대안이 될 것이다. 가정이지만 이 같은 현실적 조치들이 따르지 않고 사건이 일어날 때마다 경쟁적으로 끌탕만 하고 만다면 이와 유사한 사례는 상당 기간 동안 지속될 가능성이 높다. 따라서 우리가 유념할 것은 이 같은 사건이 단순히 가치관에 문제가 있는 한 개인의 몰염치한 행위로 몰아붙이기 이전에 혼란스러운 시대로부터 '자유의 박탈'을 강요받으며 공직사회가 형성되는 과정에서 잉태될 수밖에 없었던 사회학적 측면의 병리현상이 빚어낸 사악한 결과라는 점을 폭넓게 인식하려는 시도는 그 무엇보다 중요하다고 보고 싶다.

12.

소크라테스와 지방자치

"**악**법도 법이다Dura lex sed lex." 이 말도 안 되는 괴상한 명제에 의심을 품지 않고 지방자치를 시작하려 했다면 차라리 할 생각을 말아야 한다. 왜냐하면 지방자치를 잘 하려면 무엇이 악법인지 우선적으로 가려내야 하는데, 이 말은 전후 사정 보지 않고 무조건 법은 악법일 수도 있지만 꼭 지켜야만 하는 강압이 전제되어 있기 때문이다. 우리는 누구라 할 것도 없이 어려서부터 교육을 받아오면서 이것에 대해서는 귀에 딱지가 앉도록 들어야 했다. 아무런 의문도 없이 당연한 것처럼 그렇게 이해하며 살아왔던 것이다. 강자의 해괴한 논리가 숨어 있는 줄도 모르고 말이다. 그러나 정말 그럴까? 법을 지키지 않아서 들어가는 사회적 비용보다, 법을 잘못(개떡같이) 만들어서 들어가는 사회적 비용이 훨씬 크다는 계산을 정확하게 해낼 수 있는 지금의 우리에게 이 격언이 아직도 유효한 것이냐는 말이다. 아니다. 분명 아니다.

연전에 초중고교 일부 사회교과서 가운데 헌법에 대해 잘못된 내용을 찾아 당시 교육부에 수정을 요청한 헌법재판소는, "실질적 법치주의와 적법절차가 강조되는 오늘날의 헌법체계에서 준법이란 정당한 법, 정당한 법집행을 전제로 하는 것이다."라고 의견을 정리하면서 이 '악법' 격언은 준법정신을 강조하기 위한 사례로서보다는 실질적 법치와 형식적 법치의 비교토론을 위한 자료로서 소개되는 것이 바람직하다고 했다.

사정이 이러함에도 여전히 이 땅에 사는 많은 사람들 중에는 '악법도 법이다'에 의문을 품기보다는 아주 어려서부터 구구단 외우듯 입에 붙이고 다닌지라 당연한 것쯤으로 여기고 차곡차곡 체화를 거듭하고 있을지도 모를 일이다. 마치 현 수준의 자치제도를 도입하기만 해도 구체적으로 경험해 보지 못한 최소한의 '생활권력'이 만져질 거라는 다소 무모한 기대를 키워 왔듯 말이다. 마침 강정인은 『소크라테스는 악법도 법이라고 말하지 않았다』라는 저서에서 많은 이들의 법에 대한 오류의 통념을 통렬하게 반박하면서 이는 과거 권위주의 정권의 억압적인 법집행을 정당화하는 데 악용되었다고 주장하고 있다. 말하자면 소크라테스는 악법이 법이기 때문에 죽은 것이 아니라 자신의 신념을 굽히지 않은 것은 물론 자신이 죽음을 택함으로써 대중들의 야만을 고발하고 싶었고 그런 뒤 탄생될 정당한 법을 위해서 죽었다고 보는 것이 고증에 기초한 정확한 해석이라는 말이다.

총 규모 180조 원을 상회하는 지방자치단체의 예산 속에 녹아든 다양한 형태의 '법' 얘기로 때론 심한 격론과 갈등도 있었을 테고, 더러는 약한 자의 한숨에 마음 졸이는 진정한 위무도 있었으리라. 그런 2008년이 어느덧 거의 저물어 가고 있건만 '악법도 법이다'라는 격언이 정당화될 수 없는 세상에 분명히 살고 있으면서도 부지불식간에 이 격언이 상기되는 것은 지방자치에 애정을 가진 나 같은 사람만이 겪는 갑갑증의 징표일까? 그렇지 않을 것이란 단서들이 여기저기 보인다. 중앙이 지방자치단체를 과도하게 통제하고 있는 우리나라 지방자치법을 보고 프랑스의 공법학자 롤랑(Roland Drago)이 "한국에는 지방자치가 없다."고 한 소리를 들은 지 벌써 꽤 지났다. 18대 국회 들어 의원발의로 지방자치법을 개정하겠다고 행정안전위원회에 회부된 안건이 약 30건에 이르고 있으나 롤랑 같은 이들이 고개를 끄떡일 내용은 올해도 결국 나타나지 않을 것이 확실해 보인다. "지방의원들은 조례도 제정하지 못하고 뭐 하는지 모르겠다."는 지적이 올해도 역시 통쾌하게 들리지 않는다. 법이 법다우려면 일정한 강제력 확보는 기본인데 눈 씻고 봐도 그런 조짐은 없다. 선언적 의미만 있는 조례제정에의 집착이 가져올 기막힌 한계를 모르지는 않을 텐데. 어제 물었다. "안에 불과하지만 '도시 및 주거환경정비법 개정안'에 지방의회의 의견을 들어야 한다가 삭제된 이유가 무엇이냐고." "규제완화 차원에서 그렇게 하였다."라고 우렁차게 답변한다. 늘 이런 식으로 지방자치가 오늘도 고개를 넘고 있다.

김회창 ────

1959년 가을, 김포공항을 지척에 둔 인천 계양구 선주지에서 세상을 보았다.

돌이켜 보면, 땅을 차고 오르는 점보기에 꿈을 실어 보내던 어릴 적 습관이, 항상 부족하지만 끊임없이 사고의 지평을 넓히려 시도하지 않았나 싶다.

학부에서 행정학을 시작한 이래 '지방자치' 전공으로 연세대학교 행정대학원 석사를 거쳐, 국립인천대학교에서 『지방정치엘리트의 특성과 인식분석』으로 박사학위를 받았고 인천대학교 행정대학원에서 '지방의회론'을 강의하고 있다.

1991년 지방의회 개막과 더불어 적지 않은 세월을 제도권의 자치상황을 주시하며 살았고, '지방 없는 지방'에 사는 일이 왜 생각보다 녹록지 않다는 것인지 오늘도 구체적으로 확인하고 있는 중이다. 지방은 결국 우리 모두의 유일한 희망일 수밖에 없다는 확신을 품으며.

▌주요 논저

「지방정치엘리트의 특성과 인식분석」(2008, 한국국정관리학회)
『지방의회 해킹하기』(2004)

위장된
지방자치

김회창이 쓰는 지방자치 시리즈 제2권

초판인쇄 | 2010년 7월 29일
초판발행 | 2010년 7월 29일

지 은 이 | 김회창
펴 낸 이 | 채종준
펴 낸 곳 | 한국학술정보㈜
주   소 | 경기도 파주시 교하읍 문발리 파주출판문화정보산업단지 513-5
전   화 | 031) 908-3181(대표)
팩   스 | 031) 908-3189
홈페이지 | http://ebook.kstudy.com
E-mail | 출판사업부 publish@kstudy.com
등   록 | 제일산-115호(2000. 6. 19)

ISBN   978-89-268-1251-8 93340 (Paper Book)
         978-89-268-1252-5 98340 (e-Book)